生活在禅中

[美] 夏绿蒂·净香·贝克 著

陈丽西 译

深圳报业集团出版社
SHENZHEN PRESS GROUP PUBLISHING HOUSE

序言

"生活在禅中"没什么特别：就是好好过日子而已。禅就是生活本身，不需要添加任何东西，如临济大师所说："不要把别人的头安在你的头上。"如果我们试图通过禅（或其他灵性途径）来实现自我的美梦，就与天地、与自己喜爱的人、与自己酸疼的背、与自己痛楚的心及自身的手脚分离开了。美梦或许会让我们"安静"一阵子，但马上现实就会以千百种的方式闯入，然后我们的人生就又变成焦虑的奔走、无声的绝望以及乱糟糟的闹剧了。心烦意乱，拼命去追求特别的事物；生活在别处，永远不在此时此地；什么都好，就是现今这个平凡的生活不好，它太平淡无奇了。

"生活在禅中"意味着要扭转我们对空性（nothingness）的逃避，去对此时此地的空无（emptiness）展开心胸；既缓慢又痛苦地，我们就会安住于人生——心灵沉淀，期盼枯萎。净香有一心得:"一切事情永远就是它们本身的样子。"这句话并不是绝望的建议;相反,它是欢乐的邀请。小我的梦想消失,索取成就的努力终止,我们回归于一颗简单的心。在日常经验的花园中,我们重新发现意想不到的宝藏:淳朴坦白,在自己的本性中过活,从以自我为中心转化成以实相为中心——对生命的神奇开放,放弃不可思议如魔术般的想法,在充满活力的空无中发觉无奇的高贵优雅——生活在禅中。

净香·贝克的生活与教学,她本身的存在,处处显示了不寻常的生活禅。如同作家莉诺·弗里德曼(Lenore Friedman)所观察的:"净香以她绝对的平常心,体现了禅宗'无奇'的特质。她单纯地活在每一个简单无饰的刹那。"净香直指人心的清晰言论影响深远,她的思想已经引起了世界各地无数读者的共鸣。《爱情与工作的每日禅》把她对禅宗的见识融入现代人日常生活的节奏里;《生活在禅中》则把她的教导扩大延伸。相比前者,这本书要更加成熟,对实修的阐述也更加深入,它不仅对西方想更好理解禅宗的人有帮助,更对那些下定决心要转化自己人生的人大有裨益。

跟前一本书一样,这本书不只是净香思想的成果,也是她许多忠实的学生和朋友慷慨支持的结果;他们提供了许多师生对话的资料以及宝贵的建议。再一次地,能够和净香合作真是最大的快乐。经由她带着智慧的慈悲心,净香继续造福她所接触的每一个人。

史蒂夫·史密斯
(美国加州克莱蒙特·麦肯纳学院哲学教授)
一九九三年二月

目录

序　言　　　　　　　　　　　I

一、挣扎　　　　　　　　　I
旋涡与死水　　　　　　　　I
痛苦之茧　　　　　　　　　9
西西弗斯与人生的重负　　　16
对压力的反应　　　　　　　23
插线板　　　　　　　　　　31

二、牺牲　　　　　　　　　41
牺牲与受害者　　　　　　　41
无法满足的愿望　　　　　　45
公正　　　　　　　　　　　52
宽恕　　　　　　　　　　　53
没有人喜欢听的话　　　　　55
飓风之眼　　　　　　　　　65

三、分离与联结   72
我们能被伤害吗   72
主体与客体   82
整合   92
为番茄而战的人   96
不要批判   103

四、改变   112
耕耘土地   112
经验与体验   117
冰冷的睡榻   121
融化冰块   132
城堡与护城河   139

五、觉察   149
觉察——似非而是的隽语   149
回归知觉   158
专心就是专心   170
虚假的归纳   176
聆听身体   184

六、自由 　　189
修行的六个阶段 　　189
好奇与着迷 　　196
转化 　　206
自然人 　　212

七、神奇 　　225
下坠 　　225
鸽之声与批评之声 　　231
快乐 　　237
混乱与神奇 　　244

八、无奇 　　252
从戏剧化到平淡无奇 　　252
平常心 　　259
桃乐丝与锁住之门 　　262
荒漠飘泊 　　272
修行即付出 　　276

一、挣扎

旋涡与死水

我们都像是生命之河中的旋涡。一条河川或一条溪涧往前流动的时候，碰到大石头、枝丫或不平的河床，会形成一个个的旋涡。流入旋涡的水很快又会流出，并和河川汇合，也许会再遇到其他的旋涡，但河水还是这么不停地往前流着。在那短暂的时间里，旋涡似乎是个分开的事物，但旋涡里的水还是河流的一部分；旋涡的稳定只是暂时的。生命之河的能量化身为众生——一个人、一只猫、一条狗、一棵树、一株草——然后呢，把旋涡固定住的某样东西本身起了变化，冲散旋涡，重新进入浩瀚的生命之河里。原本形成某一个旋涡的能量消散了，加入恒河之水继续往前流动，但说不定在哪儿又会被固定住，转化成另一个短暂的旋涡。

然而，我们不愿意把自己的生命想成是这个样子，我们不希望把自己看成只是一个暂时性的构造、一个生命恒河中的旋涡。而事实是：我们在某段时间内，有个实体，然后当某些条件具足时，我们的实体就会消散。这个消散一点也没有错，它是非常自然的一个过程；然而我们总是把自己这个小旋涡想成不是整条溪流的一部分，总是希望自己能够稳定、永恒。我们把精力投注在想要保护自己这个分开的实体上面，而为了保护它，我们就建立起人为的、固定的疆界。因此我们开始堆积多余的东西：一些流进我们的小旋涡而流不出去的废物；废物开始阻塞我们的小旋涡，旋涡变得杂乱无章。这条溪流需要自然、自由的流动，如果我们这个小旋涡完全塞住了，我们也就损害了整条溪流的流动，使它无法流到其他地方去；当我们发狂地想要维持自己这个小旋涡时，邻近旋涡的水量就会减少。当旋涡完全阻塞时，我们就会有身心灵的麻烦。我们为自己与其他生命所能做的最好的事情就是让自己这个旋涡里的水维持清澈、湍急，让水只是流进、流出。

　　我们服侍其他旋涡的最佳方式就是让进入自己小旋涡的水能够很自由地流过，又快又容易地往前流到其他需要搅动的地方。生命的能量寻求快速的转化，假如我们能够如此看待生命而不攀附任何东西的话，生命仅仅只是来来去去而已；当有渣滓流入我们的小旋涡时，只要水流均匀、强劲，渣滓在旋涡内冲击一阵，自然会再流出去。但是我们不这样过日子，我们看不出自己仅是宇宙恒河里的一个小旋涡，我们认为自己是个分离的实体，必须保卫自己的疆界。一个"我觉得自己受了伤害"的评断，是由于我们命名了一个要求被保护的"我"，竖立起一个界限。每当有渣滓流入自己的小旋涡时，我们就尽可能去躲避它、排除它，或是用什么方法去控制它。

　　一个典型的人生大概有九成时间是花在修建旋涡四周疆界的尝试

上面。我们经常提防着:"他可能会伤害我。""这件事情也许会出毛病。""反正我不喜欢他。"这样做是完全误用了生命的功能,我们却多多少少都在这么做。

对资产的忧虑反映出我们一个想要维持固定疆界的挣扎。"要是我的投资不成功呢?也许我所有的本钱就泡汤了。"我们不要有任何事物威胁自己的金钱来源,我们全都认为那将是一件可怕的事情。由于我们的防卫和焦虑,我们攀附资产不放,我们的生命也就塞住了,原本可以流入流出、服侍其他旋涡的水变成了死水;一个在自己四周盖个水坝,把自己与河流隔绝开来的旋涡会变成一潭死水,失去它的活力。修行就是让自己不再沉溺于这个小旋涡中,而能勘透它的本质:它是整体的一个部分。我们几乎把所有的精力都花在制造死水这件事情上面,而活在恐惧中的人是会这么做的。恐惧感的存在是因为小旋涡不了解它自己是什么,其实它自己就是河川的本身。除非我们对这个真理稍微有点认识,否则我们就会把所有的精力用到错误的方面,制造许多淤塞的小池塘,从中产生污染和疾病。建筑水坝以保护自己的这些小池塘会彼此开始斗争:"你好臭,我不喜欢你。"淤塞的池塘造出一大堆麻烦,失落了生命的新鲜清爽。

禅修帮助我们看清楚自己是如何在生命中造出淤塞。"我一直就是这么愤怒,还是由于从来没有留意到它?"修行时,我们的第一个发现是觉察自己的淤塞;它是我们以自我为中心的念头造成的。一些大问题会发生是因为我们看不清楚自己的态度,而不被认清的沮丧、恐惧和愤怒会造成僵硬的态度。当我们认清自己的僵硬和淤塞,小旋

一、挣扎

涡的水就会一点一点地开始流动。所以我们修行最重要的部分就是心甘情愿与生命同在——体验自己感官的知觉——是它创造了我们这些旋涡。

年复一年，我们把自己训练成习惯去做那相反的事情：造出淤塞的小池塘，这是我们的一个虚假成就。这种持续的行动，产生了我们所有的问题以及与生命的分离感。我们不知道如何亲密，如何成为生命之河的一部分；一个淤塞的、有自卫性疆界的旋涡和任何东西都不亲近。陷身于自我中心的梦幻里，我们痛苦受难，就如我们禅学中心每天誓言中的一条所说。修行是要缓慢地改变这种情形，对大多数学生而言，这个转化的过程会是一辈子的工作。这个改变，尤其是在初期，经常是很痛苦的；一旦我们习惯一种自卫性生活的僵硬和拘束，不论一条新鲜的水流是多么令人心神愉快，我们也不会想让它流入自己的知觉中。

实际上，我们并不太喜欢新鲜的空气，我们并不太喜欢新鲜的水流。我们得花上好长的一段时间才能看出自己在日常作息中是如何防卫和操纵生命的，而修行能够帮助我们把自己这些策略看得更为清楚。这种认知永远是让人不愉快的，但是无论如何，我们绝对需要看出自己在干什么。我们修行越久，觉察自己的自卫模式也就会越快。这个过程永远不会非常容易或是不带痛楚，那些希望能够很快速、很容易地找到休息所的人，就不应该从事修行。

这也是我对圣地亚哥（San Diego）禅学中心的成长感觉不安的原因。有太多寻觅的人在寻找既容易又不痛就能解决他们难关的答案。我宁愿有个小一点的中心，限于那些已经准备好又愿意从事修行的人参加。当然，我对初学者的期待不会跟对有经验学生的期待一样，我们全都是边做边学；只是一个中心越大，就越难以保持教学的清静和严谨。我们吸引了多少学生来这个中心并不重要，重要的是能够维持一个坚定的修行，因此我逐渐把自己的教学改得比较严密。假如一个人只想追求人为的宁静、幸福或其他什么特殊状态，就请不要到这个中心来。

我们从修行中得到的是更为觉醒，活得更有意义，对自己喜欢惹祸的倾向更为清楚，清楚得再也不会去对别人这么做。我们会学到由于气恼就对别人怒吼是绝对不可以的。修行帮助我们了解自己的生命在哪里淤塞了；不再像山间湍急的溪流，溪水美妙地流入流出，我们的生命可能会被"我不喜欢这样"、"他真是伤了我的感情"或是"我的日子真苦"等念头全然止住。事实是：存在的只有水流的淙淙不绝，我们所谓的自己的生命其实只是一个小迂回而已，一个突然出现然后又会散失的小旋涡。有些时候，这个迂回很小、很短暂，生命在某地停留一两年，就被冲走了。人们常常不解为什么有些婴儿很早就夭折了，谁知道呢？没有人知道原因是什么，它们全都是生命能量源源不绝的一部分。当我们能够加入这个能量时，我们就会心安；当我们把所有精力都放到反方向时，我们的心就再也不能祥和了。

学生：在我们生命中，是选择某些特别的方向、专注于它好呢？还是随遇而安好呢？立下一些特别的目标会挡住生命的流动，是吗？

净香：问题不在于有目标，而在于自己如何对待它们。我们需要设定目标，比方说：家长们通常都会给自己定下一些目标，像是早早

一、挣扎

计划如何提供孩子将来的教育费用等；一些有天赋的人会定下开发自己天赋的目标。这样做并没有错，设定目标本来就是人性的一部分，造成问题的是我们为达到目标所采取的种种手段。

学生：因此，最好的方式是设定目标而不计较成果吗？

净香：对，一个人只需做为达到目标所需做的事情。比如，任何一个追求文凭的人都需要在某个教育机构里注册和修课。重点是把眼前该做的一份工作做好以增加达到目标的机会，就在此时此地去做，那么，我们迟早会取得文凭或是其他什么东西。反之，假如我们光是梦想着目标而忽略了眼前该做的事情，那么我们的生活大概就会不太顺利——淤塞住了。

不论我们作了什么样的抉择，它的结局都会带给自己一个很好的经验教训。只要我们能够留心、能够觉察，我们就会学到下一步该怎么做。从这个观点来看，没有一个决定会是错的。在我们作决定的那一分钟，我们也就和自己的下一个老师相见了。也许我们作的决定会让自己非常不自在，也许我们会后悔自己做错了什么事情——然而，我们能从中学习。举个例子说：没有一个人会是完美的结婚对象，也没有一种生活方式会是完美的，我们一旦与谁结了婚，就有了一组全新的学习机会、修行燃料。这一点不仅在婚姻关系上能够成立，在任何人际关系上都能成立。只要我们能够用所发生的一切事件修行，它的结局几乎永远都是有回报的、值得的。

学生：我每为自己设立一个目标，就会进入一个"快速前进"的状态，而不去理会河川的流动。

净香：当一个小旋涡试着想要从河川里独立出来的时候，就好像一场龙卷风席卷大地一般,会造成很大的损害。我们通常把一个目标想成是要在将来达到的境界,然而真正的目标永远就只是这一瞬间的生命。我们不可能把生命的恒河推到一边去,纵使我们在自己四周围上水坝、变为一池死水,迟早总会有什么我们预料不到的事情发生。说不定会有个朋友带着她的四个孩子来我们家做一个礼拜的不速之客,或是有谁过世了,或是我们的工作突然起了变化;生命似乎总是会带来什么拨动池水的事件。

学生:用旋涡与河川来作比喻,生与死的差别何在呢?

净香:一个旋涡是个涡漩,水流环绕着它的中心旋转。当一个人的生命往前进行的时候,它的中心就会逐渐减弱;当这个中心减弱到某个程度时,小旋涡就会变平,小旋涡的水会再次成为生命恒河的一部分。

学生:这样说来,一直作为恒河的一部分不是更好吗?

净香:不论我们是不是个小旋涡,我们永远都是恒河的一部分,我们无法避免作为恒河的一部分。只是我们不知道这一点,因为我们有个特殊的形体,而我们不能超越这个形体来领会。

学生:所以认为生与死不同仅仅是个妄念而已?

净香:从绝对的意义来看,是的;虽然从我们人类的眼光来看,生与死显然相异。在不同的层次上,两者都对:是无生无死,也是有生有死。如果我们只知道后者,我们就会对生命执著而对死亡畏惧;当我们两者都懂的时候,死亡的刺痛就会大大减轻。

只要我们等得够久,每一个小旋涡都终归会变平,变化是无法避免的。我在圣地亚哥住了很长一段时间,观察拉荷亚(LaJolla)

的悬崖峭壁许多年。这些峭壁在不断地改变，今天的海岸和我三十年前看到的已经大不相同了。小旋涡也是如此，它们也在改变，最后就会变得虚弱，然后有什么东西崩溃了，小旋涡的水冲入恒河里——这很好。

学生：当我们死后，我们会保持自己本质的一部分吗？还是会完完全全散灭了？

净香：我现在还不想回答你这个问题。你的修行将会带给你对这个问题的洞察力。

学生：你有时候把生命的能量描述成一种天赋的智能，就如同我们人类一般。这种智能有疆界吗？

净香：没有。智能不是一样东西，也不是一个人，它没有任何疆界。我们一旦把一样东西划分了界限，就把它放回物质的现象世界了，如同一个小旋涡把自己看成是与河川分开的一样。

学生：我们禅学中心经常讲到的一个警言中提到"恩典的无界领域"。它的意义是不是和恒河一样，就是我们的天赋智能呢？

净香：是的，人类的生命只是这个能量的暂时形体而已。

学生：但是在我们的生活里，却非有个界限不可。我实在搞不清楚这点和你说的道理之间的关系。

净香：我们的生命的确带有天生的界限，好比我们每个人的精力和时间都有一定的限度。由此来看，我们对自己的极限要有所了解。但这并不表示我们需要竖立起人为的、自卫性的、把生命阻碍住的疆界。即使当个小旋涡，我们也可以认出自己是生命恒河的一部分，而不要成为一池死水。

痛苦之茧

当我们在禅堂里鞠躬的时候，是在尊崇什么呢？回答这个问题的方法之一就是问问自己在日常生活里真正尊崇的是什么？我们的想法和作为可以显示出它的答案。真相是：我们没有在生活里尊崇佛性，我们也没有尊崇那位环绕在一切事物四周——包括生与死、天使与魔鬼以及其他所有的相反事物——的神。我们实际上对这些都毫无兴趣，我们当然也不愿意去尊崇死亡、痛苦或损失，我们尊崇的是一个自己树立的虚假神明。《圣经》里说："除了我以外，你不可有别的神。"然而这正是我们在做的。

我们树立起的神明是什么呢？什么是我们时时真正尊崇、真正专注的东西呢？我们可以称它为舒适、愉悦和安全感的神明。为了崇拜这个神明，我们会摧毁自己的生命；为了崇拜这个舒适和愉悦的神明，人们用吸毒、醉酒、飙车、暴怒和盲目的冒险等方式来谋杀自己。政府则在更大、更带摧毁力的层次上崇拜这个神明。除非我们能够诚实地看透这就是我们现在的生活，否则我们就无法发现自己真正是谁。

我们都有各种各样应付生活的方法，都有各种各样崇拜舒适和愉悦的方式，它们全都是根据于一点：我们对遭遇任何不愉快事物的恐惧感。我们想象自己如果有绝对的控制力的话，就可以躲避任何不愉快的事物。我们觉得自己如果能够事事顺利，并且事情一不顺利就发脾气的话，就可以封闭住对死亡的焦虑，就可以永远活下去。我们认为自己如果去讨好每一个人，生活里就再也不会发生不愉快的事情。我们想象自己如果能像影视明星般耀眼、有效率又令人敬佩的话，就

一、挣扎

会有满场着迷的观众，使得自己不会再有其他感觉。我们觉得如果可以从这个世界退出，光是用幻想、美梦和情绪上的快乐来娱乐自己的话，就可以逃避一切不愉快的事情。我们认为如果能够把每一件事情都想通，能够聪明地把每一件事情都归纳在计划或秩序中，作一个智力上的全盘了解，自己就不会再有威胁感。我们想象如果去服从一个权威，让他来告诉我们该做些什么，我们就可以把自己的生活交给他去负责，就不用再担负这个责任，就不用再为了要作某个决定而焦虑。我们觉得自己如果去疯狂地追逐生命，追逐任何一个能让人愉悦的感觉、刺激和娱乐的话，就不会再有任何痛苦。我们认为如果能够指使别人，把他们踩在自己的脚下，控制住他们的话，他们就无法来伤害我们。我们想象如果可以进入极乐状态，当个没有心智的"佛"，只是享受阳光、放松自己，那么我们就不需要对这世界上的种种不愉快负任何责任，就可以开开心心地过日子。

上面说的是我们真正崇拜的这个神明的各种版本，一个不会让我们不舒服或不愉快的神明，而地球上每个生物多多少少都在追求它。当我们追求它的时候，就和真正的生命失去了接触；而当我们与生命失去接触的时候，我们的生活就会每况愈下，然后我们一直想要躲避的不愉快就会把我们压垮。

这个问题自从有人类开始就已经存在了，所有哲学和宗教都是为了要处理这个基本恐惧所作的不同尝试。只有这些尝试失败后，我们才会愿意开始从事严谨的修行，而这些尝试是一定会失败的，因为我们所采纳的系统并不以真相为依据，所以不论我们多么狂热地努力，也一定会行不通。迟早，我们会觉得有哪里出了差错。

不幸的是，我们经常只会把自己的错误加重，我们要么加倍努力，要么用一个新系统来粉饰这个有缺点的旧系统。比方说：当我们试着在身外寻找什么东西或什么人来解除自己的恐惧时，就会把自己交付给一个虚假的权威或宗教领袖，希望他们能够帮助自己过日子。

昨天有只蝴蝶从一扇开着的门飞进来，在我房间里翩翩飞舞，有人捕住了它，带到外边放了生。这件事情使我想起蝴蝶的一生。一只蝴蝶是由一条毛毛虫开始，毛毛虫爬得慢、看不远。毛毛虫后来会自己做一个茧，待在这个黑暗、安静的空间里好长一段时间。最后，在看来像是无穷尽的黑暗之后，一只蝴蝶破茧而出。

蝴蝶的一生和我们的修行十分相似，不过我们对两者都有些误解。例如，我们可能因为蝴蝶很美，就想象它们在茧里的生命一定也很美；我们不了解一条毛毛虫要变成蝴蝶需要渡过种种难关。同样的，当我们开始修行的时候，也不知道自己得经过那又长又难的转化。我们必须看透自己对身外之物的追求——追求那能带给我们愉悦和安全感的虚假神明；我们必须停止自己各式各样短视的追逐，而能够纯然松弛地进入茧里，进入那生命的痛苦黑暗里。

如此这般的修行需要花上我们很多年的时间，与蝴蝶不同的是我们不会一次就破茧而出。当我们在痛苦之茧里团团转的时候，也许可以非常短暂地瞥见一只蝴蝶翩翩飞舞在阳光之下，这个时候，我们就可以感觉到自己生命的美妙——这是当我们作为一条小毛毛虫，整天为了生活忙忙碌碌时所不知道的。我们只有在接纳痛苦、不再崇拜舒适和愉悦的神明后，才能开始了解一只蝴蝶的世界。我们必须放弃像奴隶般地屈服于自己所设计的那套躲避痛苦的系统，我们必须认清自

一、挣扎

己无法用跑得更快或是更努力来逃避不适。我们逃避自己的痛苦越快，痛苦越会追上我们。当我们依赖的那些带给自己生命意义的东西再也解除不了自己的痛苦时，我们怎么办？

有些人永远也不肯放弃虚假的追逐，最后可能会过量而死，也许是实际的吸毒过量，也许是跟这个比喻相似的下场。在想要获得控制权的挣扎之中，我们竭尽全力，我们更拼命地尝试，我们前行的脚步更快，我们压榨他人更紧，我们压榨自己更紧。可是，生命是不可能真正被控制住的，每当我们躲避真相的时候，自己的痛苦就会增加，而痛苦却正是我们的老师。

打坐并不是要找到一个高兴、极乐的境界，即使这种境界在打坐时可能会发生，在我们一次又一次地真正体验自己的痛苦以后，终于能放下。对新鲜事物的臣服与开放，是我们体验痛苦的结果，而不是由于我们找到一个可以把痛苦关在外面的地方。

禅修时候的打坐以及每天的修行就是要把自己裹在痛苦之茧里。我们不会很情愿这样去做，在初期，我们也许只情愿停留在一丝丝的痛苦里一会儿，就立刻逃开；然后，我们又会再停留在那一丝痛苦里一会儿，又再次脱逃；到最后，我们就会愿意在某段时间内去体验自己的那一丝痛苦；再后来呢，我们也许就会愿意去多忍受一些痛苦。当我们看得比较清楚的时候，就可以单纯地坐在自己的茧里，发现它是我们到过的唯一祥和之处。当我们真正心甘情愿地裹在茧里面——换句话说，当我们愿意体验生命的自然运行，对生与死、愉快与痛苦、好与坏等等相反的事物都愿意欣然接受，并且非常自在的时候，这个茧就会开始融解了。

不像蝴蝶，我们会在茧和蝴蝶的状态之间更迭多次，整个过程会在我们的一生中持续不断。每一次我们发现自己的人生有什么尚未解决的地方，就需要织起另一个茧来，在里面安静地休息，直到这个学习的过程完成。每一次我们的茧破裂，让我们能够往前行进一小步，我们就更为自由了。

变成蝴蝶的第一步，最基本的一步，是明白毛毛虫不可能一下子就变成蝴蝶。我们必须看穿自己对舒适和愉悦的虚假神明的追逐，我们必须把这个神明的样子看得清清楚楚。我们必须放弃自己认为理所当然该有的权利——认为人生亏欠我们。比如，我们必须放弃这样一种概念，就是认为我们只要为别人做了什么事情，就可以要求他们来爱自己。我们也必须了解我们不能操纵生命来满足自己；同时，找自己的差错或别人的差错也不是有帮助的好方法。慢慢地，我们就会放弃自己的自负。

真相是：茧里的生命经常是令人感到挫折的、惹人伤心的，而且它永远不会完全地离开我们。我的意思并不是说从早到晚我们都会觉得自己"被痛苦缠身"，而是我们对自己的本质以及自己在生活中真正做了些什么事情会比较有觉察，而这点是很痛苦的。但是如果没有这个痛苦，我们就不可能获得自由。

我最近听到一个职业运动员引用的一句话："爱，不是分享愉悦，而是分担痛苦。"这真是一个好见识。当然我们也可以和伴侣外出，享受一顿晚餐，我不是在怀疑一同享乐的价值。不过，假如我们想使一个关系更为亲近和真诚的话，我们就需要和我们的伴侣分享那些我们最害怕与别人分享的事情，当我们这么做的时候，对方也就可能同

一、挣扎

样这么做。然而我们却不会这么去做，我们只想维护自己的形象，尤其是在我们一心想要造成好印象的人面前。

"分担痛苦"并不表示要去告诉我们的伴侣，他们是如何如何在惹恼我们。那样做是在说"我在生你的气"，它不会帮助我们粉碎自己的虚伪偶像，也不会帮助我们对像蝴蝶一般的生命坦然开放；与别人分享自己的脆弱才能够帮助我们如此。有时候，我们见到一对一辈子都在做这种困难工作的老夫妇，在这个过程中，他们相偕老去。我们可以感受到他们之间无尽的安详、共享的自在，既美丽，又难得。若是没有这种坦然开放和敏感的品质，伴侣们就没有真正了解对方，他们只是一种形象和另外一种形象在一起过日子罢了。

我们也说不定会为了逃避痛苦之茧而让思绪飘入一种朦胧的、没有焦点的境界，这种带着暧昧愉悦的飘移可以持续上好几个小时。当我们发觉自己在这么做的时候，可以问问自己什么好问题呢？

学生："我是在逃避什么？"

学生：也许我会问："此刻我在体验什么？"

净香：你们两个的问题都很好。奇怪的是，我们总说自己要了解真相，要认清自己生命的本质，可是我们一旦开始打坐或者禅修，就马上会想办法躲避，逃避到这种朦胧如梦的境界里。我们这么做，就是崇拜虚假神明的另外一种表现。

学生：难道去追求痛苦并且把痛苦当成焦点的做法就没有缺点吗？

净香：我们不用去追求痛苦，它们在我们的生活当中已经存在着，每隔五分钟，我们就会陷身于某种麻烦里。我们所有的"追求"其实都是想要躲避痛苦，我们用不计其数的方式来逃避它，在自己四周围上安全壳。但是不管我们多么努力去做，我们的壳终归会破掉；于是我们就更是惊慌失措，更是努力去做。我们去上班，发现老板前晚过得不太好，或者我们的孩子打电话来说他在学校里闯了祸，我们的安全壳不停地被攻击，我们根本就不可能确保它的安全。我们的生命会出问题，是因为我们想要事情照自己喜欢的方式进行，我们受不了任何差错。

痛苦在我们的生命中是不间断的。我们不仅会感觉到自己的痛苦，我们也会感觉到周遭人的痛苦。我们会试着把自己的墙壁垒得厚些或是避开那些遭遇了不幸的人，然而，痛苦永远存在。

学生：假如我在打坐时不觉得有什么痛苦——实际上，我觉得自己还蛮舒服的，回忆自己过去生活里的痛苦，试着处理自己过去一些没有解决的情况，这样做有益处吗？

净香：我们不需要这么做。我们若是能够对这一瞬间自己身体和念头里起的变化保持警觉，就已经有太多的事情可以处理了。

当我们在这一瞬间里完全清醒的话，打坐是蛮愉快的。可是我们不应该为了追求这点而逃避痛苦，否则我们就是把那虚假的神明带进了修行里，拒绝在当下觉醒。

学生：随着时间的过去，我发现自己在打坐时出现的不再是愉快、痛苦或是两者之间的什么东西，而只是好奇心罢了。我们可以用一种好奇心来观察自己的经验。

净香：是的，很有道理。

学生：我们是不是在讨论真理和真理之间的差异呢？我们能不能

说：绝对就是对每件事情都留意，而相对就只是在追求舒适和愉悦？松弛地进入痛苦之茧里是不是一种达到绝对的方法？

净香：我不会把它说成是"一种达到绝对的方法"。我们一直就在绝对里面，只是我们选择不去注意这点，而把自己的经验关闭了一部分。绝对永远是包含痛苦与愉快的。痛苦的本身一点也没有错，然而我们就是不喜欢它。并没有一个超越于相对的可以称之为绝对的东西，它们只不过是同样一个铜板的两面而已。一个有人群、树木和地毯的现象世界与一个纯然未知的"空寂"的绝对世界是相同的东西。我们不应该去追逐一个单面的世界，我们必须对相对中的绝对鞠躬，我们也必须对绝对中的相对敬礼。我们要尊崇万物。

西西弗斯与人生的重负

希腊神话里讲了一个西西弗斯（Sisyphus）的故事。他是柯林斯（Corinth）的国王，被众神判入冥府，受那永世的处罚。他必须永无休止地把一块非常沉重的大石头滚上山坡，而当那块大石头终于到了坡顶，它又会朝坡底滚下去。西西弗斯挣扎着把巨石推到坡顶，然后眼睁睁地看着它滚下坡去，周而复始，永无止境。

就像所有的神话，这个故事也包含了一个教诲。大家如何诠释这个神话呢？它到底讲的是什么？它仿佛是一个公案，包含了多方面的意义。

学生：对我而言，这个神话是说生命是一个循环，有开始、中间和结尾，然后又再从头开始。

学生：它提醒我，修行就像是擦拭一面镜子。我们需要不断地擦拭，直到自己能够放下一切、单纯地在当下里过活。

学生：西西弗斯所受到的处罚，只有在他希望能够结束的时候才是可怕的。

学生：这个神话让我想到当自己陷身在一个行为和念头的不停循环中时，自己有如着魔般的举止。

学生：西西弗斯听来像是一个在与人生以及人生的重负搏斗抗衡的人，他想要从中获得自由。

学生：这个故事听来就像是我们的修行。如果我们活在当下，不去想要获得什么东西或是达到什么目标的话，我们就只是活着。我们该做的下一件事情就是：滚动石头，石头若是滚回，就再去推它。

学生：我觉得西西弗斯的故事代表了一个观念，就是没有希望。

学生：我的本性是不会对自己的成就感到满意，却对达到这个成就的挑战较感兴趣。我只要一达到目标，它对我就不再重要了。

学生：西西弗斯就是我，我们都是西西弗斯，试着想要改变自己的人生，同时说着"我做不到"，那个大石头本身就是"我做不到"。

净香：我想要问的一个问题是："做邪恶之事是什么意思呢？"很有趣的是，曾经有人评断西西弗斯做了邪恶之事，因而被判罪到一个叫做冥府的地方。但是，让我们先把这类问题放到一边去。假如我们能够看出存在的只有当下，那么把石头推上坡或是看着它滚下去，其实可以说是相同的一件事情。一般我们的诠释是西西弗斯的工作很艰难、很讨厌，然而发生的仅仅是他推动那块石头，再看着它滚下坡去而已。像西西弗斯一样，我们也都在当下做我们在做的事情，可是我们在行动之上又添加了批判和意见。地狱并不是推动那块石头本身，而是我们对它的想法，在我们创造的各种希望和失望当中，在我们对自己最后是不是能够让那块石头停在坡顶上头的揣度当中："我已经这么勤奋地做了！也许这一次石头就会停住不动吧？"

我们的努力的确可以让事情发生，而当事情发生的时候，已经到了下一秒钟。说不定那块石头会在坡顶上停留一会儿，说不定它不会，两者本身既不是好，也不是坏。大石头的重量——那个重负——在于我们认为自己的生命是个战斗，认为它不应该是现在这个样子。当我们把自己的重负评断成是可厌的时候，就会去寻找逃避的方法。有些人也许会以喝醉酒的方式来忘记推动大石头这件事情，有些人是操纵别人来帮他推，我们还经常会想把这重负转嫁到另外一个人的身上以逃避这件工作。

对西西弗斯而言，一个觉悟的境界会是什么呢？是在他推动那块石头数千年以后，可能会认知到什么。

学生：他就是在每个当下推石头的那个人。

净香：他就只是在推动那块石头，并且放弃了自己生命有可能不一样的希望；而我们之中大多数人都会把一个开悟的境界想象成要比推动一个石头的感觉好得多！大家有没有在清早醒来就抱怨"我想都不敢想自己今天不得不做的所有事情"呢？但是人生就是如此。我们的修行并不是为了要有个感觉美好的人生，虽然那是十分人性化的希望。我们全都喜欢那些能让自己感觉美好的东西，尤其是喜欢能让自己感觉美好的伴侣，假如我们的伴侣不能让我们感觉美好，我们就认为这个情况需要改变，他或她需要改变！因为我们是人，所以我们会认为感觉美好就是生活的目的。我们若只是在推动自己目前的大石头，并且在推动的时候，能够对自己的感受有所意识，那么我们就会慢慢地转化。这个转化是什么意思呢？

学生：更多接纳，更少批判，更放松，更开放，对人生更为开放。

净香："更多接纳和更开放"是有点词不达意，不过要找到完全正确的词汇真是难。

学生：开悟与到达"零点"、到达"无地"有何关系？

净香：对人类而言，"无地"是什么意思呢？什么是那个"无地"？

学生：就是当下。

净香：是的，可是我们如何活在当下？假如我们一早起床头痛，一天的工作表却已经排得满满的，大家都有过这种日子。在这个情况之下，与"零点"同在是什么意思呢？

学生：它表示单纯地和自己所有的感觉以及所有的念头同在——单纯地在此，不添加任何东西在它上面。

净香：是的。即使我们添加了东西，它也是整个包袱的一部分，是当下的一部分。包袱的某一部分是"我真不想过今天"，当我们承认自己目前有这个念头时，那么我们就只是在推动自己的大石头而已。我们度过这困难的一天，上了床，然后第二天又得做些什么事情呢？当我们睡觉的时候，不知怎的，那块大石头又滑回坡底了，所以我们又得再重复地去推。"我恨死了这件事情……是的，我知道自己恨死了它。但愿有什么借口可以不去做这件事，可惜我找不到借口，起码眼前是找不出来。"就只是这样子而已，非常完美。

当我们真正去体验每一当下时，生命的重负会怎样？我们的大石头又会怎样？如果我们在每时每刻都体现着自己的本质，那么我们就能够体验人生的快乐。挡在自己和一个快乐人生之间的东西是我们的念头、我们的意见、我们的期盼、我们的希望和恐惧。我们并不需要心甘情愿地去推动那块石头，我们可以不情愿，只要我们能够承认自己的不情愿，并且能够去感觉它。不情愿没有关系，任何一个认真的修行都有一个主要部分，就是"我不想做这件事"，我们是真的不想。然而当我们将不情愿转移成一种逃避的努力时，那又是另外一回事了。"我还要再吃一块巧克力蛋糕，应该还剩下一块吧。""我要打电话给我的朋友们，我们可以大谈事情是多么可怕。""我要躲到一个角落去，这样我才能对自己生活的糟糕大大忧虑一番，我才能好好可怜自己。"还有什么其他逃避的方式？

学生：非常忙碌，把自己累坏了。

学生：拖延。

学生：拟订计划，然后三番两次地修改它。

学生：我的方法是生场小病。

净香：没错，我们时常会这么做：着了凉，扭伤脚，患个感冒，等等。

当我们把自己的念头加上标签时，就能够意识到自己是在逃避，就可以看出自己具有一千零一种的逃避方式，逃避活在当下，逃避推动自己的石头。没错，从清早起床直到上床睡觉，我们都在做些什么事情，我们整天都在推动自己的大石头；我们的不快乐是因为我们对自己做的事情下了评断。我们说不定会认为自己是个被害者："他们没有好好对待我。""我的同事对我很不公平。""我根本无从帮自己辩解。"

我们的修行就是要看出自己只是在推动石头而已——认出这个基本的事实。没有人能够时时刻刻都领会这点，我自己也不能够。已经修行有一阵子的人会开始对自己的重负抱着一种幽默态度。本来，认为生命是个重负只是种观念，其实大家都只是不断地在做自己的事情而已。衡量修行是否有成果的方法，是看有没有越来越觉得生活不再是一种负担，而是一种快乐。这并不表示我们生活中不会再有悲伤，而是体验悲伤正是一种快乐。假如过了一段时间以后，这种转化仍然没有发生，那么我们就是还不懂得修行是什么，这种转化是一个非常值得信赖的测量器。

重负总是会在我们的生活中出现。假如我必须和一个自己不喜欢的人共处一段时间，在感觉上就是一种重负；或者我即将有一个星期会十分辛苦，令我感到非常受挫；或者是我这学期教课的班上有尚未准备好的学生。抚养孩子，可能让我们觉得身负重担；疾病、意外、遭遇的一切困难都可能被我们感觉为重负。我们无法过着人类的生活而不遭遇到任何困难，如果我们选择把这些困难称为"重负"，那么，人生就变成沉疴了。

学生：我刚刚想到一个心理学的概念，就是"爱的拖累"。

净香：对，但是我们不能光是把这"爱的拖累"放在自己的脑子里，要能够把它转化为自己的本质。有许多概念和理想都很美妙，不过，要是我们不能真正地吸收它们，它们反而可能变成我们的重负。光是以才智去了解某件事情是不够的，有些时候，这样做比完全不了解更糟糕。

学生：我对这个大家永远都在推动大石头上坡的观念很难接受。

一、挣扎

也许因为目前我自己的一切事情都很顺利。

净香：这是可能的。也许我们正处在一个美满的新关系中，也许我们的新工作仍然很刺激；但是一切都顺利与真正的快乐之间有所不同。假如我们正处在一段美好的时光里，有个好工作或好伴侣，凡事顺利，在快乐以及因我们的处境而觉得愉快之间有什么相异之处呢？我们要如何区分它们？

学生：我们会害怕好景不长。

净香：那个害怕会以什么样的方式显示出来呢？

学生：我们的身体会有些紧张。

净香：假如我们的愉快只是一般性的、以自我为中心的高兴，我们的身体就一定会紧张。然而快乐不会制造紧张，因为快乐是不论发生什么事情，都去接受它。有时，在我们推动沉重石头的过程当中，甚至会有一段好时光。快乐会怎样接受那种愉快的感觉呢？

学生：事情单纯地就是这样子而已。

净香：是的。我们要是身处自己生命里的一段好时光，就尽量去享受它——可是不要攀附着它不放。我们总是担心自己早晚会失去它，因此就抱紧它不放。

学生：对，我留意到当自己只在生活和享受人生的时候，一切都不成问题；但在我停下来想"这样真好"时，我就开始担心："这样能够维持多久呢？"

净香：我们之中没有人会选择去做西西弗斯的角色，然而在某种程度上来看，我们全都是他。

学生：我们脑海中都有那块石头。

净香：对，当我们去款待自己脑海中的石头时，人生的石头就会感觉很沉重；否则，我们的人生就只是自己正在做的那件事情而已。能够对自己过的日子感到更为满意的方法是去体验那个"挑起"。这是一种合格证，可从中能衍生出才智上的了解。

学生：如果我事先知道那块石头每次都会再滚下来的话，我就会想："好吧，让我看看自己这一回能够多快地推石头上坡，也许我可以把时间缩短一点。"我会把它变为一种游戏，或是想办法在自己心中帮它添加一点意义。

净香：但是假如我们永恒地推它，一辈子都在做这件事，那么我们创造出来的意义又有什么意义呢？它纯然只是一种概念，迟早会崩溃的。这也就是"正面思考"的毛病，因为我们无法永远维持住它们。做这种努力绝对不是通往自由之路；实际上，我们已经是自由的了。西西弗斯不是一个冥府的囚犯，活在永恒的处罚里；他已经是自由的，因为他只是在做他正在做的事情而已。

对压力的反应

在开始讲道以前，我们背诵袈裟（Kesa）的诗文："解脱之袍广大无边，一个恩典的无形领域。我穿戴这宇宙的教训，解救众生。"这句"一个恩典的无形领域"含意特别深长，它召唤我们的本性，跟一个宗教仪式的功能一样。禅学修行的主题是成为自己——一个恩典的无形领域。这些字眼听来很美，可是真要在我们自己的生活中这么去过却是十分艰难、令人迷惘。

一、挣扎

让我们看看自己是如何应付压力的。对某人而言是个压力的事情，对其他人而言，却不见得就是个压力。对一个害羞的人而言，走入一个拥挤的派对就可能是个压力；对别的人而言呢，压力却可能是在单独一个人的时候，或是完成工作的限期快到时；还有些人是在过一个漫长、没有任何期限的生活时，会觉得有压力。一个新情人、一个新朋友或是一个新宝宝都可能是压力，成功也可能是压力，有些人能够处理失败，却不能应付成功。压力引起我们紧张，使得我们焦虑。

我们有各种不同的策略对压力作出反应。苏菲教的解译者葛吉夫（Gurdjieff）把我们的策略叫做我们的"主要特征"。我们需要了解自己的主要特征——我们应付压力的主要方法——是什么。当压力存在的时候，有些人倾向于退缩，有些人却以生命为代价以求完美或想当个名角以引人注目。有些人对压力的反应是更加勤奋，有些人则是更为懒怠；有些人是规避，有些人则是试着去掌权；有些人是更加忙碌、更多话，有些人则是比平常更不开口。

我们利用观察压力下的自己来发掘我们的主要特征。每天早上我们起床以后，就可能会有什么事情将带给自己压力。当一切都不顺利的时候，我们的生活就充满了压力。当压力不大的时候，我们会认为事情进行得还算顺利；但是生活或多或少总是在压迫着我们。

在我们生命的早期，就已经形成了对压力典型的反应模式。当我们小时候遭遇了困难时，生命的平滑绸缎就会开始皱缩，那个皱缩仿佛形成了一个可以拉紧来藏住自己害怕的小袋子。我们藏住自己害怕的方式——那个我们当成应付策略的小袋子——就是我们的主要特征。去除自己的"主要特征"以及体验自己的恐惧以前,我们无法成为那没有接缝的整体,那个"恩典的无形领域";反之,我们是皱缩的,凹凸不平。

经过一辈子修行以后,一个人的主要特征就可能会完全地改变。好比以前的我非常害羞,假如我必须走入一个有十多个人在里面的房间——像是一个小型的鸡尾酒会——我大概得在房门外徘徊上十几分钟才能鼓足勇气走进去。可是现在呢,虽然我还是不喜欢大型的派对,起码我可以蛮自在的。害怕得不敢走进一个房间与自在之间差别很大。不过,我并不是指一个人的基本个性会改变。即使我能活到一百一十岁,也绝对当不了一个派对里众星拱月的对象。我喜欢观察别的客人,喜欢和少数几个人聊天,这是我个人的方式。

我们经常会犯一个错误,就是假如自己可以很简单地通过努力和自我分析重新训练自己。我们也许会把禅修想成是对自己的一种研究,让自己学习怎样运用不同的方式思考,就像我们研究下棋、煮饭或法文一样。这是不对的,禅修和学习历史、数学或美食烹饪都不同。像这类的学习当然有它们的价值,但是当我们修行自己的主要特征——我们惯性应付压力的方式——时,是由于误用了我们的心才造成了情绪上的紧缩,所以我们无法利用自己的心来修正自己,我们无法利用自己的小心眼来改正自己的小心眼。这是一个不可轻视的难题:我们正在探索的东西正是我们用来探索这个东西的工具和方法,而我们想法的曲解则会把我们想要改正这个曲解的努力同样也曲解掉。

我们不知道怎么去解决这个难题。我们知道自己是有什么地方不对劲,因为我们的心总是不安。我们会尝试运用各式各样虚假的解决方法，其中有一种是训练自己作正面的思考，其实它只不过是我们小心眼的一种计谋而已。我们训练自己去作正面思考，可是因为我们对自己根本没有真正的了解，所以我们还是会继续遭遇困难。假如我们批评自己的头脑，对自己说："你不大会思考，因此我要强迫你不去思考。"或者是："你想的一向都是破坏性的念头，现在你必须想好的念头、正面性的念头。"这么做的话，我们就仍然是在用自己的头脑医治自己的头脑。这一点最难让知识分子接受了，因为他们一生都在用头脑解决问题，所以自然而然地就会用相同的方式来接触禅修。（我比任何人都知道这点！）这种策略从来就没有成功过，它是永远也行不通的。

只有一种方法可以让我们逃出这个关闭的圈子而能把自己看得清清楚楚：我们必须站到小心眼之外来观察它。因为这个观察者可以观察我们的念头，所以它不是我们的念头。我们必须观察自己的心灵，留意它在干什么；我们必须观察它是如何制造蜂拥的以自我为中心的想法，从而引起我们身体的紧张。这个退后一步观察的过程并不复杂；不过，假如我们不习惯这么做的话，就会把它看成是既新潮又奇怪，也许还会十分吓人。然而只要我们能够坚持下去，它就会越来越容易。

假如我们丢了工作，念头就会像潮水一般涌出来，造成自己的各种情绪；我们的主要特征会跳出来，把我们的恐惧遮掩住，让我们不用直接去与它打交道。当我们丢了工作的时候，我们若是需要那份薪水，只要去四处找到另外的一份工作罢了，然而我们经常不是这么做。我们即使去寻找另外的一份差事，也可能不是很有效率，因为我们正在被自己主要特征的作为搞得心烦意乱。

假如我们在日常生活中被某人批评了，突然之间，我们感觉有个压力，我们会怎么去应付这个压力呢？我们的主要特征会马上跳出来，我们会利用自己所能找到的任何一种心理上的把戏去担忧、辩白或责怪一番；我们也可能会试着想些不管用或不相关的事情来逃避这个问题；我们还可能会去吃某些药物好忘记它。

我们越去观察自己的念头和行为，我们的主要特征就会越淡化；它越淡化，我们就越会愿意去体验那个造出主要特征的恐惧感。我们修行有许多年的时间都是在强化这个观察者。到了最后，我们就会心甘情愿地去做下一件该做的事情，一点也不反抗，然后这个观察者就会淡化了。我们不再需要这个观察者，我们就是生命本身。当这个过程完成的时候，一个人会大彻大悟，成为一个佛——不过我倒是从来没有见过一个已经完成这种过程的人。

打坐和我们的日常生活一样：在我们打坐时出现的会是我们想要攀附的念头、我们的主要特征。我们若是喜欢规避生活，我们打坐时也就会找出什么理由来规避打坐；我们若是喜欢忧愁，我们打坐时就会忧愁；我们若是喜欢幻想，我们打坐时就会幻想。我们打坐时不管做什么事情都像是我们整个生活的一个缩影。我们的打坐会显示出我们是怎样在过自己的人生，而我们的人生会显示出自己在打坐时所做的事情。

我们无法通过对自己说"我应该要不一样"的方式来转化自己，能够对袈裟诗文里所展示的"解脱之袍广大无边"真正领悟才是转化的开始。我们生命的本质是一个解脱的广大领域，一个恩典的无形领域。当我们吸取生命教训、观察自己的念头、体验每一秒钟里自己的感知，我们就可以成为我们自己，然后我们就能够解救自己、解救众生了。

学生：我的"主要特征"好像会根据不同局面而改变。身处压力之下，我通常是擅权、愤怒和想控制一切。可是在别种场合之下，也许我就退缩、不出声了。

净香：即使如此，对任何一个人而言，对压力作出不同的反应其实都来自一个相同的应付恐惧的基本方法。虽然这些行为看来不一样，表现出来的却都是潜在的同样模式。

学生：当我觉得有压力的时候，尤其是在自己被批评的时候，就会勤奋地工作，想要把事情做得更好；我会试着不去作任何反应，而只是与自己的焦虑和恐惧同坐。然而去年我终于领会到当自己被批评的时候，潜伏在那想要表现杰出的努力之下的是震怒，我真正想要做的是攻击，我其实是只吃人鲨。

净香：你的震怒一直存在着，而作为一个好人和一个好演员是你的掩护。每个人体内都有一只吃人鲨，这只吃人鲨就是不被体验的恐惧感。你遮掩它的方法是去当个好人、做很多好事，让大家看不出来真正的你——一个吓得半死的人。当我们揭露这个多层次的震怒时，千万不要把它发泄出来，千万不能把自己的愤怒发泄到别人的身上。在一个真诚的修行过程里，我们的震怒只是一个会过去的阶段；但是在某段时间里，我们会比刚开始从事修行时还更加不舒服。这是无法避免的，因为我们会对自己越来越诚实，同时，我们虚假的表象也会开始融解。这个过程不会永无止境，可是在它进行的时候会让人非常不舒服。我们说不定还是会偶然爆发，然而即使如此，也好过躲避或遮掩自己的反应。

学生：对于别人的问题，如果我是关心他们的，就会很想去纠正他们，否则我会觉得好像眼睁睁看着一个朋友即将淹死而不丢个救生圈一样。但是当我真去干预的时候，又常常会觉得是在事不关己的情况下闯入别人的生活。

净香：这点的确非常重要。作为一个恩典的无形领域是什么意思呢？大家都见过有人明显地在做伤害自己的事情，那时我们该怎么办呢？

学生：能够觉察到这种情形，并且让他们觉得自己可以随时来找我们，不就够了吗？

净香：是的，一般而言这是最好的一种反应。偶尔会有人来找我们帮忙，假如他们是真心真意地要求，我们就可以回应。不过，我们时常会冒失地抢着给别人忠告，我们大多数人都是修理专家。有条禅学的金科玉律是说："除非被问了三次，否则不要回答。"别人若是真想听我们的意见，他们就一定会坚持要得到它，可是我们常常在没有人想听自己意见的时候，就冒冒失失地给了。我很清楚这一点，因为我自己就曾经这么做过。

观察者不带任何情绪，它像是一面镜子，每件事物都只是在它前面经过而已。这面镜子不作任何评判。每当我们评判的时候，就是增添了一个需要被贴上标签的念头。观察者不评论、不批判，仿佛一面镜子，它仅仅在观察或反映。假如有垃圾经过它的前面，它会反映出垃圾；假如有玫瑰经过它的前面，它会反映出玫瑰。观察者甚至不会接受，他就只是观察。

学生：这个观察者难道不是我们小心眼的一部分吗？

净香：不是。这个观察者是我们意识的一个功能，而这个意识只有当我们在现象世界的经验里有什么事物出现的时候才会产生。要是没有任何事物出现（比如当我们熟睡的时候），这个观察者就不在那儿。当我们终于与意识成为一体，不再需要观察者的时候，它就消失了。

不管我们寻找多久，我们永远也找不到这个观察者；但是纵然我们永远也找不到它的下落，我们却可以观察。我们可以这么说，观察者是我们心灵的一个不同层次的空间，却不是我们小心眼的一个现象；我们的小心眼是在平常一直线的层次上面。我们的本质就是意识，虽然从来没有人见过意识，它却是我们的本质———一个"恩典的无形领域"。

学生：好像一个不愉快的感觉倒是可以把我固定在此刻，把我的注意力集中在此时此地。

净香：俗话说，人类的绝境是上帝的良机。当事情很愉快的时候，我们就想抓紧它不放；而当我们攀住这个愉快的时候，也就把它毁了。当我们好好打坐、真正静止不动的时候，我们的不舒服和痛苦就会把我们带回到眼前来，打坐会把我们想要逃避的欲望显现得更为清楚，我们会发现自己无路可逃；除非我们不舒服，否则我们很难学到这一点。大家越对自己的不舒服以及自己为了逃避它所作的努力不知觉，这个现象世界就越会发生大混乱———上至国与国之间的战争，下至人与人之间的争执，以及自己与自己之间的辩论；种种这些问题会发生，都是因为我们把自己和自己的体验分离开来了。我们的不舒服和痛苦并不是我们出问题的原因，我们出问题是因为我们不知道该如何去处理它们。

学生：即使是愉快也会带着不舒服的成分在内。好比能够有些祥和和平静是件很愉快的事情，然而我又会有不舒服的感觉，觉得那些喧闹可能又会再出现。

净香：愉悦和痛苦是相同一件事情的两端，反之，快乐则是心甘情愿接受事情的原貌。快乐中不存在两端，如果喧闹开始了，它就开始了；如果喧闹停止了，它就停止了，两者都是快乐。但是因为我们喜欢攀附愉悦而推开痛苦，所以就发展出了一套逃避的策略。当我们小时候有什么不愉快的事情发生在自己身上时，我们就发展出一套系统——一个用来应付不愉快的主要特征——然后我们就看不出生命的本质了，而只是利用自己的主要特征在过一生。

插线板

我们在日常生活里全都带着一个假想的插线板在生活：一个每当我们觉得自己好像是遭遇了什么问题的时候，就会震撼我们的插线板。这个插线板上面有千百万个插座，每当我们觉得气恼或受了威胁的时候，就把自己插入这个插线板，对自己的遭遇作出反应来。这个插线板代表了我们的一个基本决定，就是决定自己应该要怎么做才能够生存，才能够得到我们在生活中想要得到的一切。在我们小时候，就已经发现生活不能总是尽如人意，以我们个人的眼光来看，经常是有事情出了差错。我们不希望有任何人反对自己，我们不希望有不愉快的经验，所以我们就创造出一种防御反应来抵挡那些可能发生的不幸，而这个防御反应就是我们的插线板。我们永远都插在插线板上面，尤其是在有压力和威胁的时候，我们就更会留意到它。我们已经作了一个决定，就是我们不能接受平常的生活——生活的实际样子——然后我们会试着反抗实际发生的事情。

这样做是避免不了的。在我们小时候，还没有成熟到能从容应付一切的地步，而我们的父母也不是彻悟的人或佛，其他人物和事件也好像经常在和我们作对，所以我们就插入自己的插线板，大发脾气、装疯卖傻或者冷淡退缩。从那个时候开始，我们过日子就不再仅仅为生活而过，而且是在为自己的插线板而过。听来虽然很滑稽，我们却真是在这么做。

一旦这个插线板被设置好，每次有不愉快的事情发生时——纵然只是有人稍微斜眼看了我们一下——我们就一头插入自己的插线板里。这个我们构造的插线板可以有无限的插座，我们天天可以千百次地插进去，结果呢，我们就对自己的人生发展出一套非常奇怪的看法。例如葛罗莉亚对我说了些什么不耐烦的话，事实上她就只是说了些话；她和我之间也许有些小争端需要讨论，事情的真相就只是她说了些话而已。然后我一下子就觉得和葛罗莉亚分离开来了，对我而言，葛罗莉亚是有什么地方不对劲："看看她做的事情！她真是一个最惹人不愉快的人。"实际上，我的不满并不是针对葛罗莉亚，和她毫无关系。没错，她是说了些话，可是我的气恼并不是从她而来，而是从插入自己的插线板而来。我的插线板经验了一种紧张，一种不愉快的压力，而我当然是不想和这种感觉有任何关系，所以我就对葛罗莉亚宣战了。

其实是我的插线板造成了我的苦恼。

如果是件小事情，在一段相当短的时间里，我就会忘记它而去把别的事情插入自己的插线板；假如事情很大，我就可能会采取激烈的行动了。我还记得以前有个朋友，在那段大萧条的时期，他被从工作四十年的岗位开除了，他冲到屋顶上，往下一跳，结果了自己。他不了解自己的生命是什么。没错，是发生了什么事情，不过这并不表示他就得去自杀；然而他插入了自己的插线板，所产生的痛苦强烈得使他承受不了。

每当有什么大事件发生在自己生命中时，我们就从自己的插线板受到一个尖锐的电击。我们不晓得该怎么去处理这个电击，虽然这个电击是从我们体内产生的，我们却假定它是从外界而来：有人对我非常不好，我是个受害者。在葛罗莉亚的事件中，我觉得问题非常明显地出在葛罗莉亚身上："还会有谁？今天又没有其他人侮辱过我。一定是她！"我开始反应性地图谋："我该怎么反击她呢？也许我再也不和她说话了。她要再有那样的举动，我才不和她当朋友呢。我已经有太多的麻烦了，不需要增加个葛罗莉亚。"实际上，我的苦恼的真正来源并不是葛罗莉亚；她是做了什么我不喜欢的事情，但是她的行为并不是我的痛苦的来源，我的痛苦的来源是自己虚构的插线板。

打坐的时候，我们就会逐渐对自己的身体有所觉察，我们会发现它总是紧缩着。通常这个紧缩很微细、很含蓄，旁人是看不出来的。当我们非常气恼的时候，紧缩就会增强。有些人紧缩得十分厉害，对别人而言非常明显，它是根据每个人的历史而定的。即使一个人生活得颇为快乐和容易，这个紧缩还是时常会以一种在知觉边缘的紧张存在着。

我们应该如何处理这个紧缩呢？第一件事情就是要能觉察到它的存在，通常这就需要我们花上许多年的时间打坐。在刚开始打坐的几年，我们通常是在处理自己的显意识；这些思绪是我们从自己和宇宙之间似乎有的麻烦中产生出来的，它们会遮蔽底层的紧缩。我们必须先处理这些思绪，把自己的生命稳固到自己的情绪化反应不再那么骚扰难制的地步。当我们的生活比较稳定和正常的时候，我们对那个一直存在于底层和知觉边缘的紧缩就会有所觉察，然后，每当有事情不照自己的意思进行时，我们就能够比较强烈地觉察到自己的紧缩。

修行跟过去发生在我们生命中的事件无关，它只是和我们的插线板有关，这个插线板会把过去发生在我们身上的事件记录下来。根据各个事件的不同以及我们的插线板是如何记录下它们的，我们就把自己的反应叫成气恼、愤怒或抑郁；其实我们的苦恼并不是事件造成的，它是我们的插线板造成的。比如一对夫妻吵架，他们自以为是在和对方吵架，其实他们并不是在和对方发生口角，他们是插线板和插线板在发生口角。两个人在对另一方作出反应的时候，各自插入自己的插线板，因而口角就发生了。所以当我们为了要解决一个争执而去对付自己的伙伴时，会达不到任何效果，因为我们的伙伴并不是问题的根源。

另外有件事情会增加我们的迷惘，就是我们对自己插线板的喜爱，它让我们觉得自己很重要。我若是不了解自己的插线板，就可以利用和葛罗莉亚吵架的方式得到很多注意，我就可以报复她，让她知道到底是谁厉害。当我这么做的时候，就可以保存这个被我看成是在这世间保护着自己的插线板；我从小就在依赖它，我才不要放弃它呢。如果我放弃了它，就得面对自己的害怕，而我宁愿去和葛罗莉亚吵架。打坐所做的就是面对自己的害怕，体验身体的紧张，不论是在知觉边缘还是巨大的紧张。我们却不喜欢这么做，我们喜欢通过自己的插线板来应付我们的问题。

多年以前，我在一家大公司上班。我的单位是科学研究中心，而我是这个单位主管的助理。我有一个固定的停车位靠近实验室的入口，这点倒是蛮不错的，碰到下雨的时候，我可以从车子出来直接冲进建筑物里而不会淋得很湿。可是后来发生了一件事。因为那个入口直接通到副总经理的办公室，而副总的秘书觉得我的停车位是最好的一个，于是她就小题大做。公文的便笺开始飞来飞去。她把便笺送给人事处、我的老板、她的老板以及其他几个部门。由于她的职位要比我高，所以她就生气我有最好的停车位；而我心想：她想把我的停车位抢走，那个停车位一直就是我在用，本来就是我的。我的老板是科学研究中心的主管，他和我的看法一致，因此他就开始和副总争斗起来了。这件事情关系到他们的自尊，是谁比较重要？如今，不仅我们两个在争执，连我们双方的老板也在争斗了。每天傍晚当我从停车位把车子开出的时候，我就确信自己是对的一方！

这场战争进行了好几个月。便笺慢慢地减少，然而每当那个秘书看到我的时候，它们又会开始满天飞。最后，有天晚上，在一个十字路口，当我坐在车上等着红灯转变的时候，突然领悟到："我又不是和那个停车位结了婚。既然她要，就给她吧。"所以第二天，我也开

一、挣扎

始写便笺了。我得到人事处的同意，把停车位让给了她。我的老板气得不得了，不过这到底不是什么大事，渐渐地他也就习惯了。过了一个礼拜之后，那个秘书打电话约我一道吃午餐。我俩一直当不成好朋友，但是我和她之间的关系还算是蛮诚心的。

这件事情的真正焦点并不在那个秘书和我之间，那个停车位只是别种斗争的一个象征。我可不是在暗示一个人永远都得放弃他的停车位；然而这个事件于我个人只是小事一桩：我只不过得走上四五十尺的路，代替原先的七尺，并且一个冬天里会有一两次，得多淋点雨罢了。可是在整个纷争解决以前，它让好几个人忙了好几个月。

我们的问题永远都不在别人身上，而是在自己的插线板上面。假如我们有一个插线板，上面有很多插座等着被插入，那么几乎任何事情都可以用上它。我们喜欢自己的插线板；若是没有它，我们会觉得很害怕，就像我们小时候的感觉一样。

修行的一个重点是和自己的插线板亲近。我们无法一次就把它完全驱除，因为我们太喜欢它了，做不到这点。但是当我们的心真正平静下来，对与这个世界的战斗少了些兴趣的时候；当我们在某些没有意义的交战中放弃了自己的立场的时候；当我们看清楚争斗的本质而发现自己不需要那么做的时候，我们静心的能力就会增加。那个时候，我们就会开始意识到真正的问题是什么：是那个早年的由悲伤——一个小孩子对生活总是事与愿违而起的悲伤——造出的插线板；这个悲伤包含了一层层的愤怒、恐惧和其他类似的感觉。我们要想从这种进退两难的状态中逃开来，就得从来时的路倒回去，去体验那些感觉。然而我们没有兴趣这样做，这也就是为什么静心很困难的原因。

在我们回到自己身体的时候，并不表示我们就会在自己体内搞出什么大闹剧来。我们大多数人在大部分时间里都很难觉察自己身体的紧缩，因为它是在知觉的边缘；不过，它一定是在那儿的。当我们打坐而越来越能感觉身体的紧缩时，就可以学习越来越久地专注于它：五秒钟、十秒钟、半个钟头甚至更久的时间。因为这个插线板是我们创造出来的，没有根本真实性，所以它就会一点一点地融解。在一次禅修以后，说不定我们会发现它消失了一段时间，然后又会再次出现。假如我们了解自己的修行，在打坐多年以后，这个插线板就会变薄，不再那么控制我们，也许还会出现顷刻的开口。这些开口本身并不重要，因为我们一旦和谁有了一次不愉快的遭遇，这个插线板就马上会再开动。我对造成插线板上的开口并不特别重视，真正的工作是慢慢地把它完全融解。每当我们对某人、某事气恼的时候，就知道自己的插线板又在运作了。毫无疑问，我们与外界会有一些问题需要解决，而且有些争端会是相当困难，可是这些问题并不是我们气恼的原因。我们的气恼源自我们插入插线板之中，当我们这么做的时候，就会失去沉着与祥和。

我们的修行——直接修行我们的插线板——会比参公案艰难。公案是一个自相矛盾、不合逻辑的概念，是禅宗传统上用来省思之一环。在参公案的时候，一个人经常会有什么动机或回报想要通过下一个公案。这样做并没有错，我自己有时候也会和学生们一起研究公案；然而这种方式却不如修行插线板基本，因为插线板是我们每个人都具有的。我们知道自己有插线板吗？我们知道修行的意义是什么吗？我们把自己和别人、和生活之间的困难看得有多严重呢？当我们插入插线

一、挣扎

板的时候，人生是多么的无望，而我们或多或少地都会插入，包括我自己在内。这些年来，我比较能够觉察自己是在什么时候插在插线板上面，已经比较不会错过它。我们可以通过观察自己如何对自己或他人讲话的方式来留意插线板："他有哪里不对劲。都是他的错。他应该不一样。""我应该要好一点。""生活对我真不公平。""我实在是无可救药了。"

当我们在自己脑中转着这类念头而不加置疑的时候，我们就是在作一个虚假的斗争，而任何一个虚假的斗争终归会使我们陷入无处可去或有更多麻烦的地步。我们必须进行一个真实的战斗：和自己不想面对的事情同坐。修行需要勇气，我们一边修行，一边就会增加勇气，但是一个迅速、容易的解决是不存在的。纵使在多次打坐以后，我们一生气就还是会本能地想去攻击对方。别人若是做了什么事情，我们就会想找出什么方法去处罚他们；像这样的行为并不是在体验愤怒，而是在逃避它。

有许多学派的治疗法鼓励病人表达自己的敌意。可是当我们表达自己的敌意时，我们的注意力就会偏向于外，转向另外的一个人或事物，而不是在真正的问题上面。表达自己的感觉是十分自然的事情，它本身并不是一件坏事情，不过它时常会带给我们麻烦。当真正被体验的时候，愤怒是非常安静的，带着某种威严。愤怒不求表现，没有举动，它只是和我所谓的插线板的基本紧缩在一起。当我们真正体验愤怒的时候，私人的和以自我为中心的念头就会脱离开来，剩下单纯的能量，而我们就可以用慈悲的方式运用这个能量了。

修行就是在做这些。一个可以贯彻到底这么做的人就是我们所谓开悟的人。光是有一个短暂的不带插线板的经验并不是真正的开悟，一个真正开悟的人几乎永远可以转化愤怒的能量。并不是说这个能量不会再产生，问题是我们如何去处置它？要是有人不小心撞到我们的车身，我们当然不会甜蜜地微笑，我们会有个反应："去他的！"然后呢？我们会带着这个反应多久呢？我们大多数人都会延续这个反应，并且将之扩大。有一个例子就是大家对打官司的嗜好。我的意思并不是说诉讼永远是没有道理的，有些时候得有个诉讼才能解决纷争；然而许多官司是为了别的理由而打，它只会造成反效果。如果我对葛罗莉亚发泄自己的怒气，葛罗莉亚就一定会以某种方式把这个怒气转回到我身上，而我和她之间的友情可能就此中断。当个人因素——我对她的感觉——被除去的时候，剩下的就只是能量而已。当我们与这个能量很有尊严地一同共处时，虽然刚开始时会十分痛苦，到了最后，却会转化成一个大祥和之处。此刻，我想到巴哈赞美诗里的一句："在你的怀抱里，我安息。"意思是：安息于真正的自己。"要强暴我的人找不着我。"为什么他们找不到我呢？因为没有人在家，没有人在这里。当我只是纯然的能量时，我不再是我自己，我是一种永恒的作用力。这种转化就是我们为什么要打坐的原因。转化并不容易，也不会在一天之内就发生，可是只要我们能够好好地打坐，慢慢地，我们就越来越不会再去进行人与人之间的争斗，伤害自己，也伤害别人。打坐会烧毁自我中心的成分，留下的是我们情绪的能量，不再带着破坏性质。

禅修、定期的打坐以及一生的修行是转化的最佳方法。我们的能量会一点一点地聚集，我们的插线板会有更多的部分被烧掉。一旦我们以自我为中心的成见逐渐减少，我们就无法再回到过去的样子了；一种根本的转化已经成形。

"安息在你的怀抱里。"当我们安息于紧缩里，体验自己的身体时，就会有真正的安详与平静。如同法国作家胡伯特·贝诺特（Hubert Benoit）在他的《至高教义》（*The Supreme Doctrine*）里所讲：当我真正绝望的时候，至少让我能安息在那冰冷的睡榻之上。假如我能够真正地安息在睡榻上面，让自己的身体和睡榻吻合，两者之间就没有分隔了。在这个时候，某件事情就会发生。如今我觉得葛罗莉亚怎样呢？嗯，我们两个人之间有个小争执，所以今天我们要一起散个步，好好谈一谈。一切不成问题。

二、牺牲

牺牲与受害者

我在听大家谈论自己生活的时候，常常惊讶大家在修行打坐时最先碰到的是"自己是受害者"的感觉——一个我们曾经被别人牺牲过的感觉。我们的确是被别人的贪婪、愤怒和无知牺牲过，为他们不知道自己是谁而受害过。这个受害经常是从我们的父母而来；没有人的父母会是两个佛，我们的父母是人，不是佛，他们也有缺点，也会迷惘、生气、以自我为中心——就跟我们自己一样。我的父母曾经苛待过我，我也曾经苛待过我的孩子。纵然是天下最好的父母偶尔也会苛待自己的孩子，只因为他们是人。

修行的时候，我们会开始觉察到自己曾经被牺牲过，我们会对这个事实感到气恼。我们觉得自己被伤害、利用，有人曾经不按我们应该被对待的方式对待我们——这些都是事实。它们是无法避免的，它们已经发生过了，让我们感到痛心，起码我们有这种痛心的感觉。

修行的第一个阶段是开始对这个我们曾经被牺牲过的事实有所觉

察。第二个阶段是和觉察到的感觉在一起：我们的愤怒，我们想要扯平的欲望，我们想要伤害那些曾经伤害过我们的人的欲望。这些欲望的强度会有很大的差异：有些十分温和，有些强烈又持久。有许多治疗是在揭露我们受伤的经验，不过它们对于该如何处理这些经验却有很大的不同。在观念上，我们似乎认为应该要反击回去。我们可以反击回去，我们也可以采取别的举动，别的举动会是什么呢？

当我们修行的时候，会开始觉察到自己对事件的愤怒，自己想要扯平的欲望，自己的迷惘、退缩和冷酷，我们要是继续练习下去（保持自己的觉察，给念头加上标签），那么在我们的知觉里就会开始产生某种不一样、会让我们痛苦的东西。我们不仅会看到自己曾经怎样被牺牲过，我们也会看到自己曾经怎样牺牲过别人，后者可能要比前者更让我们痛苦。尤其是当我们从自己的愤怒和反感中做出报复的行为时，会发现如今自己正在牺牲别人，就如同先前自己被牺牲过一样。《圣经》里说：魔鬼会一代又一代地现形。当我们为自己对别人做了坏事而感到悲痛，就像别人对自己做了坏事而感到悲痛一样，我们的修行就成熟了。

假如我们真想要治愈自己，就需要赎罪。赎罪是什么意思呢？它意味着合一。我们不能抹除自己过去做的一切，因为我们已经做了。罪恶感是自我牺牲的一种方式，我们觉得自己在过去牺牲了别人，自己现在就应该要有个罪恶感，其实那帮助不大。说自己很抱歉——向对方道歉——也不一定就是赎罪，虽然它也许是有必要的，却不足够。宗教的修行跟赎罪有关，修行我们的人生，看出自己一生气就想牺牲别人的欲望；我们必须学会看出自己这种欲望，而不从中采取行动。

赎罪的过程是一辈子的事情，人类的生命也就是无尽的赎罪。反之，罪恶感是自我的一种表现，如果我们迷失在自己的罪恶感中，就可以好好地可怜自己一番（带着一点高贵感）。真正的赎罪不专注自己的罪恶感，而是去学习关爱自己的兄弟姐妹、自己的孩子、任何一个在痛苦中的人。要想让这种努力真诚，我们就必须先去处理第一个层次——要能觉察到自己过去的全部念头、感觉和愤怒。然后，我们需要培养一双锐利的眼睛和一个灵敏的知觉，要能知道自己目前有什么想牺牲别人的欲望。这点非常重要：重要的不是别人对自己做了什么事情，而是我们对别人做了什么事情，总要有人把整个伤害的循环过程终止。我们如何终止它呢？我们必须从对过去和未来所起的辛酸念头中抽身而出，而只是与此时此地所发生的一切同在，尽己之能，留意自己的所作所为。一旦这个过程变得清晰时，我们真正想做的事情就只剩下一件：去打断那个伤害的连锁反应，减轻世间的痛苦。假若世上十个人中有一个可以打断这个连锁反应，整个循环就会崩溃：它不再有足够的力量维持下去。

这和圆融的合一以及开悟之间又有什么关系呢？一个开悟的人会情愿牺牲自己以打断那痛苦的循环。心甘情愿被牺牲并不表示"比你圣洁"，那种态度只不过是小我的表现罢了，情愿被牺牲要比它更为简单和基本。当我们打坐的时候，当我们对自己以及自己人生的了解增加的时候，就会得到一个自己应该怎么做的选择机会：我们可以选择要不要牺牲另外一个人。比如：我们可以选择要不要对谁口出恶言，它看来像是一件小事，其实是件大事；我们也可以选择要怎么对待和自己亲近的人。我们不是要去当个烈士，去选择当个烈士实际上是很自我中心的；我们也不是要放弃生活中的乐趣（我们当然不喜欢和没有乐趣的人在一起）。重点是对自己曾经被牺牲过的感觉能够有所觉察，然后，看出自己又是怎样在牺牲别人。大家对这个阶段必须了解得非常清楚，我时常听到："为什么我不应该反击？看看在我身上曾经发生过什么事情！"

学生：在我觉得有罪恶感的时候，我会进入一种自我惩罚的状态。我该怎么离开这种状态呢？

净香：自我鞭挞只是一种念头而已。我们可以去觉察这种念头，并且去体验与之同来的身体的紧缩。我们可以质问自己：这样再三处罚自己有什么好处呢？从某个角度来看，我们喜欢自我鞭挞，因为它是以自我为中心的——它把我们变成事件的中心。

学生：那么和那些自己曾经很亲近却已经不喜欢的人相处呢？愤怒就如一团阴影般地出现。我每次一想到他们，就有一种沉重的感觉。

净香：你就只需要留意自己的感觉，留意自己在想些什么。假如在某些场合，你非得和这些人在一起的话，就去留意情形会怎样。不要躲避那些引发你愤怒的人，我不是建议你故意去找他们，但是起码不要躲避他们。

学生：我经常觉得有罪恶感，因为自己没有花很多的时间和父母相处。我觉察到自己再三重复这种感觉，却还是经常这么做。

净香：你是在用一个理想形象衡量自己。当你和父母相处的时候，就全心全意和他们在一起，看看会发生什么事情，仅此而已，其他的都是关于自己理应如何如何的幻想罢了。谁知道你该怎么样呢？我们全都在尽己所能。迟早，我们会对自己的过去完全失去兴趣的。

无法满足的愿望

我们的一切麻烦都是因欲望而起。不过,并不是所有的欲望都会造成麻烦。欲望有两种:强求("我非拥有它不可")与偏爱。偏爱是无害的,我们想要有多少就可以有多少;强求才是大问题。就像我们一直觉得口渴一样,为了要解渴,我们试着把一根水管接到生命之墙的一个水龙头上面。我们不停地想:从这个或那个水龙头中,我们一定可以得到自己想要喝的水。从聆听学生的谈话当中,我发现每个人似乎都会对某样东西口渴。

我们为了解渴而把自己接到什么样的水龙头上了呢?也许是一个我们觉得自己非有不可的工作,也许是一个"合适"的伴侣或是一个"循规蹈矩"的孩子。把亲密关系搞好似乎也是获得饮水的一种方法。我们很多人还认为只要把自己整顿好就可以解那个渴了;其实整顿自己根本就没有任何意义,然而我们却固执地非这么做不可。我们从来就无法完全接受自己眼中的自己:"我永远做不了多少事情。""我还不够成功。""我总是在生气,我真是不值一分钱。""我是个成绩很差的学生。"我们对自己和这个世界作了数都数不清的强求,任何东西看来几乎都是蛮值得要的,都可以变成自己能够接上的水龙头,可以让我们得到那个我们相信是自己所需要的饮水。书店中摆满了各种"自助"书籍,宣称为各种解渴的药方,像是《如何使你的丈夫爱你》和《如何建立自尊》等。不管我们看来是不是很有自信,我们的内心总是觉得缺少了什么。我们都觉得需要整顿自己的生活,需要解渴,需要把自己的水管接到水龙头上接水来喝。

问题是没有一个方法能真正行得通。我们会发现我们对自己许下

二、牺牲

的愿望——我们的口渴一定可以在某个地方以某种方式解决——是永远无法实现的。我的意思并不是说我们永远不可能享受人生；我们是可以享受自己生活中的许多东西：某些人际关系、某些工作和某些活动，等等。可是，我们强求的是完美的东西，我们希望自己能够永久性地解渴，随时能取得自己需要的水喝。像这种想要完全满足的愿望是无法实现的，它永远也不可能实现。在我们得到自己想要的东西的那一分钟，我们也许会暂时性地得到满足——然后，我们的不满又会开始。

假如多年来我们一直在把自己的水管接到不同的水龙头上去，而每一次都发觉这样做还不够的话，我们就会有一个深深的失望。我们会开始明白其实问题并不在于自己无法和外界某样东西接上，问题是没有一件外界的东西可以解决我们的口渴。这个时候，我们就可能会开始一个诚心的修行，而这个没有任何东西可以满足自己的发现可能会十分吓人。也许我们有个好工作、好家庭和好的人际关系，然而我们依旧口渴——我们终于发觉根本就没有一样东西可以真正满足自己的需求。我们甚至会发现改变自己的生活方式——重新安排家具等——也同样是行不通的。那个绝望的时刻其实是一种祝福，真正的开始。

当我们放弃自己的所有期望时，就会发生一件奇怪的事情。我们会瞥见另外一个水龙头，一个过去见不到的水龙头。我们把自己的水管接上去，然后，非常高兴地发现有水源源而来，我们心想："我得到它了！我终于得到它了！"再来，会发生什么事情呢？水又再一次地干了。我们把自己的强求同样带进了修行里，因此我们又会再一次口渴。

　　修行的过程带着无止境的失望。我们必须看出自己强求（甚至获得）的任何东西终归会使我们失望。这个发现就是我们的老师。这就是为什么我们对遭遇麻烦的朋友要特别小心，不能为了同情他们就随便答应什么虚假的希望和保证。这种同情——不是真慈悲——只会耽误他们学习的机会。从某一方面来说，我们能够提供给任何人的最好帮助是促进他们的失望；这听来虽然很苛刻，实际上它不是一件残忍的事情。当我们开始看出自己平时的强求全是误导的时候，就可以开始帮助自己和其他人了。最后，我们就能聪明地预期自己下一次的失望，知道自己下一次解渴的努力照样会失败；解渴的愿望是永远无法满足的。即使修行得很久，我们有时候也还是会照样去追求虚假的解答，只不过在我们追逐的时候，可以早些认清它们的无益。当我们认清的速度加快时，我们的修行就产生效果了，而打坐是可以加快这个速度的。我们必须留心自己希望从他人身上索取承诺，必须放弃它们可以解渴的幻想，必须认知所有这些作为都是没有希望的。

　　基督教徒称这种认知为"灵魂的黑夜"。我们把所有可能做的事情都做尽了，不知道还能够再做些什么，所以我们就会痛苦。虽然在这个时候，我们会觉得非常不幸，然而这个痛苦却是一个转折点。修行带领我们进入这种有益的痛苦中，帮助我们去体验它。我们若是可以这样去做，这个痛苦在某个阶段就会开始转化，就会开始有水流出。而要想让它发生，我们就得放弃对于生命和修行的所有美梦，包括相信一个好修行——或是其他任何事物——会让自己快乐的想法。那个无法满足的愿望是根据一种信仰而来的，它是一些自我中心的想法，

二、牺牲

使自己不停地困乏和口渴。我们有几千个这种念头，我们不可能把它们完全灭绝，我们活不了那么久。修行并不是为了要消灭这些念头，而是要让自己能够看穿它们，能够觉察到它们的虚无和无效。

我们到处运用这些信仰就好像在一个婚礼宴会中抛掷米粒一般，无所不在。比方说，当圣诞季节来临的时候，我们会有一个它将是愉快、有趣的期盼，然后在它不如自己期望的那样，就会很抑郁和气恼。实际上，圣诞节是什么样子就是什么样子，它跟我们的期望是不是能够达成毫无关系。当我们发现禅学的修行时，也可能同样地抱着一个希望，希望它会解决自己的问题，使自己生活完美。但是禅修仅仅是把我们带回生命的本质里，让我们越来越能体验自己的人生；我们的生命就是这样自然运行着，而禅学是帮助我们认清这个事实。一个"只要我能够耐心修行，一切就都会不一样"的想法只不过是另外一种信仰，另外一种无法实现的愿望的版本。其他还有什么信仰呢？

学生：如果我勤奋工作，就一定会成功。

净香：是的，这是典型的美国信仰体系。

学生：如果我对别人好，他们就不会伤害我。

净香：这一点经常会让我们失望。人们会是什么样子就是什么样子，仅此而已，没有任何保证。

学生：如果我天天运动，就会健康。

净香：我刚听到一个消息，有个定期做运动的朋友自己绊倒，把臀骨跌碎了。

学生：如果我住在别的地方，就能更享受生命。

学生：如果我帮助别人，就是一个好人。

净香：那真是一个陷阱，一个十分诱人会带给我们麻烦的信仰体系。当然，我们应该给予他人适当和必要的帮助；然而从更深的层次来看，我们是无法帮助另外一个人的。

学生：我已经打坐多年，不应该再会生气。

净香：如果你在生气，你就是在生气。

学生：如果我的车子能够一下子就发动，我就会有顺利的一天。

学生：如果我在一个值得做的事上面尽心尽力，这个世界就会更美好。

学生：我所体验的痛苦应该使我成为一个更好的人。

净香：你目前就已经很好了。

像这样检查自己的信仰体系是很有益处的，因为我们总是会有哪一点看不出来。在每一种信仰体系里，都隐藏着一个承诺。在禅修中，我们唯一可以相信的承诺是：当我们的生命觉醒的时候，会成为一个更自由的人。我们假如能够对如何看待生命产生觉醒，并且好好地处理这一点的话，就会渐渐地更为自由——不一定是更开心或更好，而是更自由。

我见过的每一个不快乐的人都曾经陷身于一种信仰体系中，这个体系带着承诺——一个没法兑现的承诺。而修行很久的人只有一点不同，他们认得这个制造不快乐的过程，并且在学习能够对它保持觉察——这样做和想办法改变它或处理它非常不一样。这种做法本身十分简单，可是我们人类却会觉得它太过艰难。我们对保持自己的觉察丝毫不感兴趣，我们喜欢去想些别的事情，任何事情都好。于是，我们的人生就会带给自己无穷无尽的气馁，真是多么恰当的礼物。

二、牺牲

每次人们听到这些话，就想站起来走开，然而生命会追逐着他们，他们的信仰体系会不断地使他们痛苦。我们都想攀附着自己的信仰体系不放，但是当我们这么做的时候，就会痛苦。从某种意义上来说，每件事情都很完美。我从来不在乎有谁离开修行或是加入修行，它不会造成任何不同，修行的过程无可避免会继续下去。不错，有些人好像在一生中从来也不曾知道这个过程，我们都认得一些这样的人。无论如何，它仍然会继续下去。在一定程度的修行之后，即使我们说："我不想再修行了，它太难了。"我们也已经不可能再逃避它了。在一段时间以后，我们就会自然而然地修行；一旦我们的觉察被唤醒，我们就不可能再把它塞回盒子里去。

修行的基本要义其实非常简单，不过，要能实践它，同时对之有真正的了解，却需要很长的时间；许多人以为修行个两年就可以明白透彻了。实际上，我们要是能够在十年或十五年的时间之内把修行搞清楚就很不错了，大多数人需要二十年的光阴。那个时候，我们对修行就会有一定的了解，并且从一早醒来到晚上上床都尽力地修行；然后呢，我们连在晚间睡觉的时候都可以继续修行。所以什么"即时成佛"是不存在的。在我们不断地修行以后，它就会越来越有乐趣。我们的膝盖也许会酸痛，我们的生活也许会遭遇各式各样的困难，但是修行能够带来乐趣，纵然它可能是艰难、痛楚和令人感到挫折的。

学生：有些时候，修行能够让人兴奋。每当我自己修行到一个无痛的境界时，就会开始发笑。

净香：是因为你看到了什么过去不曾看到的东西吗？

学生：当然是的。

学生：你曾说过，以某种意味来讲，并没有什么东西叫做禅修。请问你能不能解释一下？

净香：是有一个保持觉察的修行；从这个角度来看，禅修是存在的。不过,只要我们活着一天,觉察的问题就会存在,我们无法躲避它；若是从这个角度来看，我们根本无从逃避修行，我们甚至无法从事什么修行，因为修行就只是活着而已。虽然有一些正式的活动在帮助大家觉醒（我们可以称它们为修行），真正的"禅修"只是在此时此地，不添加任何东西。

学生：让我们回到那个生命之墙的例子，当我们找到一个水龙头，并且把自己接上去的时候，我们是会得到一些水，不是吗？

净香：是的，我们是可以在短时间内解渴。举例而言，假如有六个月的时间，你一直想约会一个女孩子，你终于鼓足了勇气去问她，而她说好，霎时之间你会得意扬扬。我们可以将之称为得到水，虽然你是不是真的满意又是另外一回事。迟早，你的得意就会消退，然后人生似乎又再一次遇到麻烦了。

禅有宗教修行的意味。"宗教"其实就是把看起来分离开来的东西合起来，禅修帮助我们这么去做。可是换个角度来讲，禅又不是宗教，因为在我们身外并没有什么东西会来照顾我们。很多修禅的人与正式宗教机构没有任何关系。我一点也不反对正式的宗教，任何一种宗教里，都有一些了不起的人真正在修行，知道自己在做些什么。不过,也有些人和正式宗教没有任何关系,却能够很好地修行。到了最后，除了我们每一秒钟在做的事情之外，修行不再存在。

二、牺牲

由于修行与宗教都是在帮助我们把看来分离开来的东西整合起来，因此所有的修行全都和愤怒有关。愤怒是把我们分离开来的一种情绪，它把每样东西都切成两半。

学生：这种修行难道不是很难自己一个人去做吗？每当我的一个信仰体系崩溃，我就会觉得受了欺骗，并且需要别人的支持。

净香："我觉得受了欺骗"当然只是一个念头罢了。独自修行的确是比较困难，却不是不可能。到一个禅学中心打下一个基础是蛮有益处的，然后保持一定的距离，再尽量抽空到中心来和大家一起打坐。一个人独自修行，好像逆流游泳；和一些人一道修行，大家就能够有共同的语言和对修行的共识。即使如此，我有一些很好的学生住得离禅学中心很远，他们和我只是偶尔在电话上联络，却还是修行得非常好。对其中某些人而言，因为修行时只能得到一点点支持而需要作的挣扎说不定反而是最大的帮助。

公　正

当我们对自己以及自己生活中的种种短暂经验——自己的想法、情绪和知觉——更易感的时候，就会发现在自己生命底层的是一种愤怒感。若是有人坚持"我从来没有生过气"，我真是不敢轻信。

因为愤怒和它的附属品——沮丧、怨恨、嫉妒、诽谤、闲话等——驾驭了我们的生活，我们必须小心地研究愤怒的问题。一个不带愤怒的人生是拥有牛奶和蜂蜜的幸福之地与涅槃妙境；身处其中，我们自己和其他人都是极乐的。

一个心理成熟的人，对生活中的病态和不公道会用反击的方式处理，他会试着去消除不正义、制造公道。时常这种努力会变成专横，充满了愤怒和自认的正义感。

　　对一个灵性成熟的人而言，不公平的反面并不是公道，而是慈悲。不是我来反抗你，不是我把现有的病态铲除，不是我来为自己和他人的公道抗争，而是慈悲、不反抗任何事物、满足一切事物。所有的愤怒都是从针对自己或他人的批判而来。认为我们必须表达自己的愤怒才会健康的观念其实只不过是个幻想罢了，把它们发泄出来对我们没有一点用处；认为没有发泄的愤怒会伤害自己，因此将之表达出来以至于伤害了他人的观念是错误的。

　　对不公道的回应不是公道，是慈悲，是爱心。大家也许会问："但是在这种情况下，我该怎么做呢？我非得做些什么事啊！"是的，但是做些什么呢？我们的行动必须永远以自己的修行为根本。一个恰当和慈悲的反应并不是从对公道的讨伐而来，它是从修行的一个基本空间而来，那个"超越了人所能理解"的空间。这样做并不容易，也许我们需要历经几个礼拜或是几个月痛苦的打坐才能做到；然而，这个决心终会来临。没有人可以提供我们这个决心，只有我们的真我能够提供——假如我们能够把修行之门敞开的话。

宽　恕

　　丹麦哲学家索伦·克尔凯郭尔（Soren Kierkegaar）曾经说过："完美的爱是爱一个让你不快乐的人。"有谁是大家不能原谅的呢？我们每个人都列有一张这样的名单，单子上面可能包括自己（经常是最难原谅的）以及某些事件、个人和团体。

我们对曾经伤害过自己的人或事——也许是非常严重、无法挽回的伤害——会有这种不能原谅的感觉难道不是很自然吗？从一个通常的立场来看，答案是"是"；从一个修行的立场来看，答案是"否"。我们必须发誓：自己"会"宽恕别人，纵然需要修行一生才能够做到。为什么我们需要这么一个强硬的声明呢？

不能了解宽恕的重要性是造成人际关系失败的原因之一，它也是引起我们焦虑、沮丧、疾病以及我们所有麻烦的一个因素。我们无法快乐就是我们无法宽恕的直接反映。

那么我们为什么就不能去实践它呢？若是这么容易的话，大家都应该是佛了。要做到并不容易，光是一直对自己说"我应该宽恕，我应该宽恕……"是没有一点用处的，如此这般想法根本就没有多大帮助。而分析和运用才智的努力虽然可以软化不宽恕的僵硬；不过，真正的宽恕是在不同的层次上面。

不宽恕根源于我们惯性的以自我为中心的想法。当我们相信自己这些想法的时候，它们就仿佛是一杯水中的一滴毒药。我们第一个艰辛的工作就是去观察这些念头，给它们加上标签，直到毒药能够挥发掉；然后，我们就可以去做那主要的工作：体验那些留在自己体内愤怒的残留物所造成的身体伤害。这种能够宽恕一切——它和慈悲有非常密切的关系——的转化会发生，是因为我们放弃了由自己的小我以及它所产生的念头形成的二元对立，而去作那不二、无我的体验。单是这种体验就可以带领我们从不宽恕的地狱里脱身而出。

只有在我们深深领会这种修行的万般重要后，我们才能经年累月地带着力量和决心来实践它。一个成熟的修行者知道除此之外，别无其他选择。所以，有谁是大家不能宽恕的呢？

没有人喜欢听的话

如果我们诚实，就必须承认自己真正想要从修行中得到的是让自己的人生更为舒适。我们在修行的初期尤其会有这种想法。我们希望经过足够的修行以后，在目前会烦扰我们的事情就不会再烦扰我们了。我们可以通过两种观点来了解修行，让我们看看它们是什么。第一种观点是我们大多数人心想的修行应该是什么（不管我们承不承认这点），第二种观点则是修行的真正意义。我们在修行一段时间以后，就会慢慢地从第一种观点转变为第二种观点，虽然我们永远也无法把第一种观点完全抛弃。我们全都在这两种观点之间的某一点上。

持第一种观点者的基本态度是：我们从事这个既困难又要求甚多的修行是希望从中得到个人的利益。也许我们不会一次就期盼所有的好处，也许我们会有一点耐心，然而在修行几个月以后，要是我们的生活仍然没有改善的话，我们就会觉得自己受了骗。我们带着一个期望进入修行，认为它将会解决自己的一切麻烦。我们的根本需求是让自己能够舒适和快乐，让自己更为平静和沉着。我们期望自己不再有那些可恶的气恼感，而会得到自己想要有的；我们期望自己的人生不再让自己不满足，而会带来更多的报酬。我们希望自己能更健康、更

二、牺牲

心安、更能掌握自己的人生。我们想象自己可以对别人很友善而不至于对自己有什么不便之处。

我们希望更有安全感，并且越来越能取得自己想要的：即使不是什么财富或名望，起码也是类似的东西，虽然我们可能不会承认这点。我们希望有谁能来照顾我们，我们希望周围的人都能为我们的福祉生活。我们期望自己有能力去创造取悦自己的生活条件，像是合适的人际关系、合适的工作或研习的最佳课程，等等。对于那些自己认同的人，我们希望也能把他们的生活改善一番。

想要获得以上所说那些东西本身并没有错，但是假如我们认为修行就是为了要取得这些的话，我们还是不懂得修行。那些需求全是关于"我们"自己想要的东西：我们要得到开悟，我们要祥和，我们要得到帮助，我们要能够控制，我们要每件事情都很美妙。

第二种修行的观点则非常不同：我们越来越希望自己可以帮助每个人都达成和谐与成长。我们自己也包括在其中，却不是它的中心点，我们只是整幅图画里的一小部分而已。当第二个观点在我们体内增强的时候，我们就会开始享受服侍他人，对服侍他人是不是会和自己的个人福祉发生冲突不再那么感兴趣。我们会开始寻找最能服侍别人的条件———一个工作、一个伴侣或是健康的身体，而这些对我们自己来说，倒不一定总是愉快的；重要的是它们能够教导我们如何好好地服侍其他生命，比如从一个难以应付的人际关系中就可能非常有收获。

当我们逐渐接受第二种观点的时候，就会学习服侍每一个人，而不仅服侍那些我们喜欢的人。慢慢地，我们会觉得自己需要对人生负责，而对别人是不是对我们负责不再那么关心。实际上，我们甚至愿意对那些曾经苛待过我们的人负责。虽然我们也许宁可不要如此，不过，我们会渐渐愿意体验那些痛苦的经历以让自己学习。

当我们向第二种观点转变的时候，很可能会继续保留第一种观点下的种种偏爱，我们会继续偏爱快乐、舒适、安详和健康，会继续偏爱能够得到我们所想要的，能够对事情有些控制。修行不会使我们丧失自己的偏爱，可是在偏爱和能够更有成果的修行相抵触时，我们会愿意放弃自己的偏爱。换句话说，我们生命的中心会从全神贯注在自己身上转移到生命本身去。当然，生命包含了我们，我们并没有从这第二种观点中被除掉；不过，我们不再是中心。

然而修行有个陷阱：我们若是好好修行，第一观点中的许多需求很可能就会实现，我们可能会觉得好受些、舒服些、自在些；由于我们不再用紧张来折磨自己的身体，因此我们也许就会更健康。这些改变可能会使我们误认为第一种观点才是正确的：修行是为了使我们的生活好过些。实际上，我们得到的好处全是附带的东西，修行的真正重点在于全心全意服侍生命。我们对这些很难了解，尤其是在刚开始的时候："你的意思是我应该要照顾一个刚刚才对我很残酷的人吗？真荒唐！""你的意思是我必须放弃自己的方便去服侍一个根本就不喜欢我的人吗？"

我们的自我中心的态度已经根深蒂固，需要我们多年辛苦的修行才能稍微有所转变。何况，我们又确信关于修行的第一种观点，自己将会从修行中获得什么美妙的东西。

真正的修行是要看出我们如何用虚妄和错误的想法与行为伤害自

二、牺牲

己，也伤害别人。我们需要修行以看出自己是如何伤害别人的，因为我们一直专注在自己的利害关系上面，所以看不出这点来。我不认为我们真是在伤害别人，我们只不过是对自己做的事情不自觉罢了。我只要去看一个人对别人是不是关心，就可以看出他的修行进展得如何；这个关心超越了"我"要什么，"我"在被什么东西伤害，"我"的生命有多糟糕等，一个人能够这样做的话，就表示他的修行在进步。修行永远是在我所要的和生命所要的两者之间的一个战斗。

我们本能地会自私，想要我们所想要的；直到我们能够看出还有其他选择之前，我们无可避免地会自私。一个像我们这样的禅学中心，教学的目的是要帮助大家看出别的选择，把大家从自私中拔出来。我们只要陷身于第一种观点里面，只要被想要舒服、至乐或开悟的念头所控制，我们就"需要"被搅和一番，"需要"被惹火一番。一个好的中心和一个好的老师可以帮助大家做到这点。开悟其实就是不再执著自己的福祉而已。到这个禅学中心来不要想感觉舒服，这个中心做的与此无关，我要求大家做的是把自己的生命扩展，去造福更多的人、更多的生命。

今天早上，我接到一个过去学生的电话。这个学生有肺癌，他的肺已经在一次手术中被切除了四分之三。他把自己献身于打坐和修行。在肺部切除手术完成以后一段时间，他的视力开始有问题，并且有严重的头痛。检查的结果，长了两个脑瘤，癌细胞已经蔓延了。他又再次住进医院治疗。我和他谈治疗，谈他身体的状况，我告诉他："我真是非常抱歉这种事情会发生在你的身上。我只希望你可以觉得舒服点，我希望你的病情能够好转。"他回答："我并不是想要你说这些话，我只是希望你能够开心。我已经到了生命的尽头——它却是美妙的。我终于勘透自己的生命是什么了。"他接着又说："这不表示我不会发怒、害怕，不会像爬一面墙壁一样紧张。这类事情通通都还在进行着，然而如今我知道自己的生命是什么了。我不需要你给我任何东西，只要你分享我的快乐。我但愿每个人都能感觉到我现在所感觉的。"

他是在以修行的第二种观点过日子——接纳对众生最有利的所有条件——工作、健康、伴侣，等等。我这个学生已经明白了这一点，不管他能够再活上两个月、两年或更长的时间；从某种意义上来讲，他能够再活多久已经不重要了。我并非认为这个学生是个圣人，他未来还会有很多艰难的日子：痛苦、愤怒、反抗；这些事情已经在他身上发生，它们却不是他想要和我谈论的东西。如果他可以康复，他仍然会有其他每个人都会有的挣扎和难关，会有自我的强求和幻想。这些东西从来不会真正地离开我们，但是我们可以改变自己接纳它们的方式。

我们很难理解从第一种观点到第二种观点的转变，尤其是在修行的初期。我和刚开始修行的人谈话时经常留意到：我的话根本就没有被听进去。像是赤热的洋铁皮屋顶上的一只猫或是滚烫的油锅里的一滴水一般，我的话和他们作了一个短暂的接触，然后很快就跳开来，消失了。不过，渐渐地，这些话就不会再那么快跳开，会有某样东西开始被接受。大家会更久地接纳一个事实，这个事实就是：生命是它本身的样子，而不是我们觉得它可能是怎样或者应该是怎样。经过一段时间以后，我们和生命本质同在的能力就会增强。

二、牺 牲

这个转化不会在一夜之间就发生,因为我们都太顽固了;它却可以被大失所望、大病一场、损失惨重或是其他什么问题促成。我当然不希望这些劫难发生在任何人身上,它们却时常会带来我们所需要学习的功课。禅修十分困难,主要是因为它会造成我们的不自在,并且会带领我们去面对自己生命中的难题。虽然它会帮助我们学习,激发我们向第二种观点转变,我们却不想这么去做。当我们感到不安的时候,能够安静地打坐,是我们需要慢慢学习的课程。当我们认识到修行的价值时,我们修行的动机就会加强。我们会开始感觉有什么事情在发生,我们会得到能够天天打坐、全天打坐以及禅修的力量;我们会开始慢慢理解我那个学生所说的"我现在知道自己的生命是什么了"的意思。假如我们觉得他很可怜,我们就错了;他可以算是幸运者。

学生:你说以第二种观点来看,我们会要求自己的生命更为充实。你是指一个人的修行更为充实,还是什么?

净香:是为生命而充实,为所有的生命而充实,包括越多的生命越好。听来十分不好懂,可当它发生在我们的生命中时,我们自会懂得它。比方说,我们在非常疲倦的时候去帮一个朋友搬家,尽管自己是多么不想去。我们把自己拖出家门,惹得自己不方便,倒不是为了要让自己高贵起来,只是因为朋友需要我们帮忙。

学生:每当我听到这样的故事,就会马上想拟订计划去做会有成果的事情。

净香:是的,我们可以把任何事情都变成一个自己想去追逐的理想;然而,当我们这么做的时候,很快就会遭遇到自己本身的阻力,而这点又会带给我们一些可以修行的东西。一切都是磨坊中研磨的谷物，可以让我们从中获益。

我们不需要驱策自己直到崩溃的地步。我们也不应该把自己塑造成一个烈士；那样做只是另外的一种理想，一个我们"应该怎样"的理想，而非我们真正的样子。

学生：当我设想怎样才能让自己生活更舒适和有保障的时候，我想象那样做就可以使自己得到快乐。但是，我又会有个疑问："我真的就会快乐吗？"我注意到自己在焦虑地想要得到快乐和安全感；而在那个理想之下，是一种不满足感，因为我自己隐隐知道，纵使在得到它们以后，自己仍然是不满足的。

净香：我们追求这些梦想的行为倒是有点价值，因为当我们终于获得自以为是自己想要的东西时，就会把它们仍然没有带来自己所渴望的满足感这点看得更清楚，这样我们就可以从中学习。修行主要不在于改变我们所做的事情，而是要仔细观察和体验在自己体内进行的一切。

学生：那个追求梦想的过程仿佛是无止境的，它到底会不会淡化呢？

净香：它是会淡化的，不过只有在多年修行以后才会如此。有许多年我在禅修的时候总会感觉到自己的一种抗拒："我真不想去做，因为我知道自己在结束的时候会是多么疲惫。"有谁会喜欢疲惫呢？我那个抗拒目前已经淡化了。当禅修开始的时候，它就开始了，如此而已。只要我们去修行，小我的生活目标就会淡化。我们不应该把这个淡化的过程看成是另外一个目标，我们不应该把修行想成

二、牺牲

是到达什么境界的一个方法；除了此地以外，我们再也没有其他地方可去了。

学生：在我目前的生活里，我交了很多新朋友，有很多新交往，感觉好棒。我不知道是谁在帮助谁——到底是我在给他们，还是他们在给我？这跟我的修行是不是有关呢？

净香：修行的确可以改变友谊的模式，它会使一个友谊从算计自己的成本和利益变成一个真诚的友谊。从某种意义上来说，我们是无法帮助别人的，我们无法知道什么才是对他们最好的。修行自己的人生是我们唯一可以帮助他人的方法；我们若是可以成为真正的自己，就可以很自然地服侍别人了。

学生：假如我们想要按第二种观点操作，去做对生命最有成果的事情，我们怎么知道该做些什么呢？我们怎么知道哪个工作或人际关系才是对的？

净香：按第二种观点过日子，我们就不会添加理想或是自我的生活目标；我们只会看清楚自己眼前所需要做的事情。我们不会把一个问题在心里左思右想一番才采取行动。

与一个尚待解决的问题同在是颇有帮助的。当我们留意自己的念头和自己身体的紧张时，就会开始看清楚该如何行动。刚开始从事打坐修行时总是会有些含糊；但是只要我们持续打坐，事情就会慢慢清楚起来。仿佛是一条连续的线，打坐就是延着那一条线往前行进。我们倒不是要到什么地方去，我们只不过是越来越成为自己罢了。我讲的打坐可不是坐在一个垫子上面就好，如果我们修行得当，我们就是永远在坐禅。

学生：我们梦想自己将会知道什么才是该做的事情，其实我们只是在某个时候采取某个行动，然后不管我们的行动是什么，再从中学习。假如我们做错了，伤害了别人，就去道歉。当我能够留意自己的心灵，并且体验自己的身体感受时，就会有某种举动从中产生。这个举动甚至可能是非常迷惘的；可是只要我能够继续修行，就一定会学到什么东西，这就是我能做到的最好的事情。我无法希望自己永远知道该怎样做才是对生命最好的，我只能做我所能做的。

净香：对。在某个时候绝对知道自己该做些什么的想法其实也是第一种观点的一部分。我们在朝第二种观点前进的时候，可以对自己说："我会修行，我会尽心尽力去做事，然后，我会从结果中学习。"

学生：在帮助别人的问题上，我认为当我们越来越能看清楚自己的感觉，同时也能看出自己喜欢操纵一个场面的倾向时，我们就会采取比较和谐的行动，起码造成的混乱就会少一点。所以我们根本不需要多费神就可以帮助别人。当我们与别人交往的时候，只要把自己在做的事情看个清楚，就可以很自然地、不多费事地帮助他们了。

净香：是的。反之，假如我们把其他人看成是自己需要去帮忙的人，那么，我们就知道自己是有毛病了。我们若是可以长期地与自己的迷惘和限度同在，我们不需要去做任何事情，就已经在做该做的事情了。

学生：有时候，有价值的并不是我们为别人做的事情，而是我们没做的事情。

净香：没错。一个恰当的行为经常就是不干预别人。举个例子说：假如我试着为我那有癌症的学生做些什么事情，就是个不智之举。我

二、牺牲

只能当个听众，当我自己而已。他正在体验他个人的遭遇。那是他个人的学习历程，我一点也帮不上忙。

学生：我发现自己最近蛮可亲的，我不会神经过敏，更好商量，更好接近，原因之一是我比以前放松些。别人会来找我谈他们的事；他们并不是找我帮忙，通常他们只是想要有个听众。对一个在电话另一端说"我想让你知道发生在我身上的事情"的人，我就只需要当我自己，让对方觉得有人可以倾诉就好。

净香：对。

学生：净香，你在这一点上好像是个随时都可以倾听的人。

净香：不是随时都可以，我有时候也会不接电话。

学生：我觉得你就算是为了自己也该少接点电话。有些人真是吃定了你。

净香：然而这是我的工作啊。更何况，要记得：是没有人可以"吃定"我的。

学生：你是说随时有人对你喊："我需要帮助，我需要帮助！"你就非回应不可吗？对那些不断地打电话来诉苦的人，你又该怎么办呢？

净香：我会说如此的话："我听到了你所说的，也许你可以去修行。"

我并不在意有人抱怨。我们全都会抱怨，虽然我们也许不承认这点，我们全都是喜欢抱怨的。但是如果有人只想无尽头地谈论自己的遭遇，却不留点空间来想想应该怎么做才能处理自己的生活，我就会非常在意了；我绝对不会参与其事。这些人也许需要痛苦一段时间，直到他们愿意觉醒一点为止。

学生：你所说的你那患癌症学生的事情让我非常感动，我却很难做到面对那么大的痛苦觉得无所谓。

净香：我们没有资格说别人对痛苦是无所谓的。我也不希望他遭受这些痛苦，不过，重要的是他说的话。

生命不断地提供给我们各种课程，我们最好可以学习每个课程，包括小课程在内；可是我们却不想这么做，我们只想把问题怪罪到别人身上、推到一边去或是完全忘却它。当我们拒绝从小问题中学习的时候，就会被迫与大问题面对。修行是要在每一件事情发生的时候从中学习，那么当我们遭逢大事件的时候，就会更有能力去处理它们。

学生：我最近发现一个事实，就是当我开始从自己过去的习惯转向自己该走的方向时，会惹起各式各样的混乱。我一点也不觉得好受。

净香：是的。在我们刚开始严谨的修行以及开始之后的一段时期，常常会觉得人生不仅没有好转，反而转坏了。这又是另外一段没有人喜欢听的话。

飓风之眼

海伦·凯勒（Helen Keller）说过："安全感大体上说是个迷信。它在自然界里并不存在，而人类总体上来讲也无从经历它。躲避危险并不比全然暴露在危险之下安全。人生如果不是勇敢的冒险，就会一无是处。"

这个中心有些学生在从事参公案的修行,虽然不是所有人都在这么做。公案可以提供我们很多学习的机会,然而我相信要完全依赖它们却有个限度。我们要是能够了解自己的生命,就能够了解公案,而直接修行自己的生命则是更为艰难和有价值。那些研究公案的人也许可以得到一些看出公案道理的本领,但是看出与力行却不是一回事。参公案的修行是根据一个理念,就是假如我们能够看出什么是真实的,我们本身也就会真实;这一点却不是永远都能成立的。纵然如此,公案有时候还蛮有用处。让我们从《无门之门》(Gateles Gate)里面的一个公案说起,它是五祖弘忍所讲的"树上之人"——五祖说:"树上有个人用嘴巴咬住一个枝丫挂着;他的双手无法攀住任何大树枝,他的双脚也是悬空吊着。假如这时树下来了一个人,问他:'达摩祖师西来的意义何在?'树上这个人若是不回答的话,就辜负了问者的愿望;他若是回答的话,就会因此丧生。这个时候,他该作什么反应呢?"我们可以把这个公案改为:"生命的意义何在?"不回答是对自己的不负责任,回答是丢掉自己的性命。

要研究这个公案,让我说说另外一个故事。多年以前,我住在罗德岛的一个城市。有一天飓风登陆,蹂躏着整个新英格兰地区。我把婴儿的床搬到墙边,在上面盖了东西,这样做是为了窗玻璃破后,不会伤到孩子。我还做了其他的准备工作。我住的地方正在飓风经过的地带,风雨交加,我的房子前方,有棵非常古老的大树被吹倒。飓风时速是每小时一百三十到一百四十英里。

三四个小时之后,突然之间一切变得非常平静;太阳出来了,小鸟开始唱歌，风也停了。我们正在飓风之眼里。又过了一个小时左右，风眼通过了，风又开始刮起，我们又遭到一轮飓风的扫荡。虽然不如前一轮飓风强烈，不过还是很厉害。最后剩下的是四处狼藉。后来我听到有时候飞机驾驶员会意外地遇到飓风，这个时候，他们常常会试着飞进风眼里，好得到一点恢复的时机。

我们大多数人都像那个悬空在树上的人或是飞机上的驾驶员一样，拼命抓紧，希望自己能够在飓风中安然无恙。我们常常觉得自己陷身在致命的打击里；这个打击也许是天灾人祸，像是严重的疾病，也许是非常不公平的人际关系的麻烦。从生到死，我们都陷身在旋转的风里，其实它就是生命的本质：一个巨大的能量，在不停地转动变化。我们的目标是像那个飞机驾驶员一般，保护自己和飞机。我们不希望停留在自己所在的地方，因此我们尽可能地想要保住自己的生命和飞机，好逃出飓风去。这个巨大的、强有力的存在，我们称之为自己的人生，而我们坐在自己的小飞机里，飞行在其中，希望能够不受伤害地穿越它。

假如在这个飓风中，我们不是坐在一架飞机里，而是在一架滑翔机上，没有飞机引擎提供的控制和马力。我们被横扫的强风攫住，这个时候，我们要是以为自己能有什么办法逃生，那就真是傻子了。纵然如此，只要我们还活在那个巨大的风团里，就可以御风飞翔。带着害怕和恐惧，我们仍然可以欢欣和雀跃——就像是乘坐云霄飞车一样。

那棵树上的人，为了求生紧紧咬住枝丫吊着，就像那飞机上的驾驶员一般，希望自己可以从人生的打击中保住生命。然后，有人问他：

二、牺牲

"生命的意义何在？"他怎么回答呢？我们又怎么回答呢？在我们过日子的时候以及坐禅的时候，我们总是想要保护自己，我们会想、会描绘、会变得兴奋、会变得情绪化、会责怪别人，并且会觉得自己是个受害者，跟那飞机上的驾驶员一样，拼命想从飓风中找出一条逃生之路。在这样的紧缩和束缚下，光要维生就足以让我们精疲力竭了。我们的所有注意力都放在自己和控制板上面，为了拯救自己，我们根本不去留意其他事物。但是滑翔机上面的人却可以享受一切——闪电、温暖的雨水、怒吼的风声，他可以过得很开心。到了最后，会发生什么事情呢？当然，飞机和滑翔机上的人都会死掉。然而，是哪一个了解生命的意义？是哪一个了解快乐？

像飞机上的驾驶员一般，我们把一生都花在保护自己上。我们越想从自己遭遇的打击中保护自己，就越觉得有压力、越悲惨、越不能真正体验自己的人生。当我们着魔于自己的控制板时，就忽略了大部分的风景，而这个控制板无论如何迟早一定会失灵的。

当我们坐禅的时候，可以用观察自己心灵的方式来观察自己的防御机制。我们可以留意自己是如何以怪罪别人的方式试图解释自己的痛苦，我们可以看到自己是如何以各种无情和无益的尝试想要拯救自己。当然，我们的努力全没有用处，我们越努力去尝试，我们就会越发紧张和气恼。

只有一件事可以解决这个问题；不过，没有人会愿意听。想想那滑翔机上的人，我们真愿意在空中滑翔吗？从一开始，他就没有一丝活下去的机会，他只是在那儿随风滑翔罢了——却是世界上最伟大的飞翔。我们的人生也像飞翔，这个飞翔最后不可避免地会在我们去世的时候停止。我们却想做那完全不可能的事情,想要从死亡中拯救自己。这点我们根本就不可能做到,实际上,我们全都在往死亡之路走去。我们还能够再活上几分钟呢?像那个滑翔机,也许我们只能活上一分钟,也许是一百分钟。活多久并不重要,到了最后,我们全都会一头栽下去。可是能够回答"生命的意义何在"的人是那滑翔机的驾驶员,而不是那飞机的驾驶员。那滑翔机的驾驶员在他坠毁之前就会知道生命的意义,而且他很可能会在坠毁的时候喊着:"好棒哦!"

我们来此禅修,希望自己在一团混乱的飓风中,能够找到那小小的风眼,那小小的涅槃妙境。我们心想:"它一定就在那边。它到底在哪儿呢?"我们有时候会碰到一个平静的地方,觉得稍微好过些,然后,我们就想攀附着它;但我们无法抓住飓风之眼不放,飓风在呼啸着往前吹着。涅槃并不是要找到一个小小的平静空间,在那里我们可以躲避风雨,可以被什么人或什么东西保护着,这些全是幻想而已。世界上没有任何东西可以永远保护我们:我们的伴侣不能,我们的生活环境不能,我们的子女也不能;毕竟其他人也都正在忙着保护自己。我们如果把自己的一生都花在寻求风眼上,过的日子就会没有一点成果,我们就会还没有真正过这一生就死了。

我不认为那滑翔机上的驾驶员可怜,在他死的时候,起码他已经过了丰富的一生。我觉得可怜的是那些被自己的各种保护的企图弄瞎了眼的人,他们从来没有好好活过,当我们和这种人在一起的时候,可以感觉到他们的害怕和无用。禅修的时候,我们就可以把自己的错误看得更清楚;我们没有好好地过自己的日子,我们在寻求那飓风之

二、牺牲

眼，那个自己最可以得到安全的地方。

没有人能够知道生命是什么，我们却可以直接体验它。只有我们人类能够得到这份礼物，我们却不接受它。我们不去直接体验自己的人生；反之，我们把一生都花在保护自己的尝试上面。当我们的防御机制崩溃时，我们就去责怪自己、责怪别人。我们都有成套的机制来遮掩自己的诸多问题，我们都不愿意直接面对生命的痛苦。实际上，当我们面对它的时候，生命是一个伟大的飞翔。

当然，我们可以购买人寿保险或确定自己车子的刹车没有问题。不过到头来，这些举动还是不能拯救我们；迟早，我们的一切保护措施都会失效。没有人能够完全解答生命的公案——虽然我们想象别人说不定已经做到了；而因为我们觉得其他人应该已经把生命搞得清清楚楚了，所以我们就经常怪罪别人。我们自己过日子十分草率，可是却觉得别人应该永远不会如此；其实大家全都草率，这是因为我们全都陷身于这个自我防卫的策略里面，以它代替了真正的生命游戏。人生并不是一个安全的空间，它从来也不曾是，将来也永远不会是。即使我们有一两年的时间身处平静的风眼里，也并不表示它就会持续下去。没有一个地方是安全的，我们的财富不安全，我们自己不安全，我们所爱的人也不安全。更何况，我们根本就不应该忧虑这些。

直到我们看穿那个不会成功的保护策略以前，我们不会好好地玩这个真正的生命游戏。有些人一辈子都没有看穿它，因此还没有真正活过就死了，这点真是可悲。我们可以一辈子都在怪别人、怪环境或是怪自己的运气不好，我们可以幻想自己的人生应该是什么样子。只要我们喜欢，我们可以一辈子都这样过，这是我们的特权，但是这样子生活实在没有意思。我们必须对自己是其中一分子的这个正在进行的游戏敞开心胸，我们必须谨慎、细心和耐心地修行，我们必须面对一切。

二、牺牲

三、分离与联结

我们能被伤害吗

　　我有一个禅学学生最近打电话来抱怨说，我总是在强调修行的艰难。她说："我觉得你犯了一个错误，就是鼓励你的学生重视修行。人生应该要尽情享乐，过个好时光才对。"我问她："你这种过日子的方式是不是很如意呢？"她回答："哦，还不到十分如意的地步，不过我抱着希望。"

　　我了解她的态度，我理解任何一个认为修行是一件苦差事的人，因为它是的。可是对那些不愿意从事严谨修行的人，我却觉得很悲哀，因为他们将会遭受更多的痛苦。不管怎样，每个人都得为自己作决定，而有些人就是不能接受严谨的修行。我对那个学生说："你就根据自己的情况选择修行或不修行，我总是会支持你的。"不论人们做什么，我都会支持他们——理由是：他们在那个时候就是处在那个状态，这很好。

　　事实上，对我们大多数人而言，人生并不是十分如意。在我们从事严谨的修行以前，我们对生命的根本看法通常不会有什么大的改变。生命不断激怒我们，而且似乎越来越糟。假如我们想要看穿在人类所有举动、念头和情绪底下的谬见，我们就需要严谨的修行。

作为人类，我们会用感官来体验生命；而因为周遭的人、物看来都像是外在的东西，我们就经历了很多不幸。我们的不幸其实源于一个误解，就是认为大家都是分离的；当然，我们"看起来"好像和这个现象世界的其他人与物是分离的。这个分离的误解制造了人类所有的困境。

我们只要觉得自己是分离的，就一直会痛苦。我们会觉得自己需要防卫，需要快乐，需要在自己周围的世界找到什么能让自己快乐的东西。

而事情的真相是：我们不是分离的，我们全是一个中心点——多维空间的能量——的展现。我们很难想象这个中心点或能量，它无所谓大小，无所谓空间，无所谓时间。我是在隐喻一个无法用一般语言描述的事物。

我们继续使用相同的隐喻：这个中心点放射出亿万的光芒，而每束光芒都自以为和其他光芒是分开来的。其实，我们每个人都永远是那个中心点，而那个中心点也就是我们。因为每样东西都由那个中心点联结着，所以我们都是相同的一件东西。

然而，我们看不出这个联结。假如我们对近代理论物理多点了解的话，也许就可以运用智慧看出这点来。不过，在我们修行多年以后，这个真相会渐渐地在我们的经验中显现出来，我们就不会再觉得自己和别人是分离的。当我们开始这么感觉的时候，在我们四周发生的事

三、分离与联结

情就不会再那么烦乱，而每个遭遇、人事纠纷和难关也不会再是那么大的重负。一种微妙的转化在进行着。这个过程在我们打坐中会慢慢加强，我们甚至会在某些瞬息即逝的时刻忽然悟到自己真正是谁，但这些时刻本身并不重要；比它重要的是一个慢慢增长的认知，知道自己不是分离开来的。以通常的语言来讲，我们看起来仍然是分离的，但是我们不再觉得有分离感，因此我们也就不再那么地和生命抗争，我们不需要和它争斗，不需要取悦于它，也不需要担心它，这就是我们的修行之路。

如果我们不和生命抗争，生命是不是就不再伤害我们了？在我们身外，有没有什么东西是可以伤害我们的？作为禅修者，我们会回答"是"和"没有"。然而我们真是这么想吗？有没有一个人或遭遇是可以伤害我们的呢？

当然，我们全都认为是有的。当我和学生在一起的时候，听到过无数被伤害或被惹火的故事，它们全都是"这件事情发生在我身上"的各式版本。我们的伴侣、我们的父母、我们的子女、我们的宠物——"做了什么事情，使我气恼"。我们全都如此，没有一个人例外。这就是我们的人生。也许在一段时间里，一切都很顺利，突然之间，发生了什么事情，就把我们惹火了；换句话说，我们就会觉得自己是个受害者。这是人们对生活的一般看法，这个看法是根深蒂固的，几乎可以说是与生俱来的。

当我们觉得在被这个世界伤害的时候，就会去身外寻找什么可以把痛苦带走的东西，它也许是一个人，也许是得到什么我们想要的东西，也许是职位上的变动、获得赏识，等等。由于我们不知道该往哪里找，而自己又正在痛苦，所以我们就会去身外追求安慰。

我们直到真正看出自己与他人是不可分离的之前，一直会和自己的人生抗争；而我们在和人生抗争的时候，就会造出问题来。我们做些愚蠢的事情，或是觉得气恼，或是觉得不满足，或是觉得缺少了什么东西。人生仿佛在带给我们一系列无从回答的问题；而事实上，那些问题的确是无法回答的。

为什么呢？因为它们是虚假的问题，不以真相为依据。当我们能够看出这个模式有什么不对劲时，严谨的修行就开始了。那个打电话给我的年轻女学生还没有到达这个地步，她还在想象有什么外在的东西可以让她高兴，也许是一百万元吧？

另一方面，对修行者而言，好像是盔甲中发出了一点铿锵的声音，开了一点窍。我们也许不想承认自己获得了这份洞察力，但是无论如何，我们开始了解人生有另外一种生活方式。我们不能只是觉得被生活攻击，而需要试着找出一个诊治药方。

其实从一开始，就没有什么事情是错的，万物没有分离，都属于一个辐射的整体。但没有人相信这点，在我们修行多年以前，也很难了解它。可是我们只要有半年的时间运用才智修行，自己那个虚假的信仰结构就会开始有一点动摇，开始有一点破裂；在我们修行多年以后，整个结构就会变得脆弱、不稳固。当它完全破碎的时候，就是一个开悟的境界了。

是的，我们是需要郑重地对待自己的修行。大家若是对这点还没有准备好的话，也没有关系。去过你们的日子，你们还需要被生活踢打一番。人们不应该来到一个禅学中心，除非自己真觉得再也没有第二条路好走了,那个时候才是修行的时候。

让我们回到刚才那个问题上面:有没有什么人或事能够伤害我们呢?让我们从一些大灾难开始谈。假如我丢了工作,又病得很厉害;假如我所有的朋友都离开我了;假如一场大地震毁了我的房子,我能够被这些伤害吗?当然我会觉得自己受了伤害。这些事情的发生是很可怕;不过,我们真能被这类事件伤害吗?修行会帮助我们勘透它的答案是:"否。"

修行的重点并不是让我们逃避被伤害的感觉,我们所谓的"伤害"仍然会发生。我可能会丢了差事,一场地震可能会震毁我的房子;但是修行能够帮我处理这些灾难,帮我渡过难关。我们要是沉溺于自己的苦恼里面,蜷缩在一团悲哀之中,对任何人都没有好处。反之,假如我们可以不执著于自己的痛苦中,那么即使在一个灾难当中,我们还是可以有所作为。

那么,在我们好好修行以后,会发生什么事情?为什么那种被伤害的感觉会随着时间减轻呢?发生了什么事情?

只有一个以自我为中心的"自己",一个执著的自己,能够被伤害。这个自己其实只是我们信以为真的种种念头所形成的一个观念而已,像是:"要是我得不到那样东西的话,我就会很凄惨。""要是这件事情不顺利的话,我就惨了。"或是:"要是我没有一栋房子可住的话,就真惨了。"这个我们叫做自己的东西其实只不过是我们执著的一系列想法罢了。当我们执著于这个小我,实相——宇宙的基本能量——就根本不会被留意到。

假如我觉得自己没有朋友,十分孤单。带着这个念头打坐的话,会发生什么事情呢？我会开始看出这个孤单的感觉仅仅是个念头而已，实际上，我只不过是坐在这里罢了。也许我是单独地坐在自己的房间里，没有约会，没有人打电话来。但是孤单和凄凉的感觉只是我个人的想法，是我对事情应该不一样所作的评判。我觉得自己很凄惨是因为我执著于一个想法——若是没有既风趣又呵护我的伙伴，自己就会很凄惨。我还没有看透这一点，我还没有觉察自己的不幸是自己酿造出来的。事情的真相是：我就坐在自己的房间里面，仅此而已。我们需要修行一段时间以后，才能够看出光是坐在那儿是可以的，是不成问题的。

我可不是建议大家去过一个隐士的生活，好从执著中解脱。执著并不是针对我们所拥有的东西，而是针对我们对拥有东西所抱持的态度。举例来说，拥有一笔财富一点都没有错，执著是我们觉得自己若是没有这笔财富就无法过日子。同样的道理，我并不是要大家不再与别人共处，和别人相处可以是非常愉快的经验；然而有些时候，我们也要面对单独一人的情况。比如我们需要花上六个月的时间，在沙漠中的某个地方，做一项研究工作。对我们大多数人而言，那真是太困难了；但是，如果我需要在一个荒漠里做上六个月的研究工作，那么事情就是这个样子，我只是在做自己需要做的工作罢了。

修行时，那种艰难、缓慢的改变会把我们的人生变得实在，使它更为祥和。我们会发现自己不需要拼命求得祥和，生命暴风雨的打击自然就会越来越轻。我们会开始从对一些念头——我们以为是"自己"的那些念头——的执著中解脱出来，那个"自己"只不过是一种概念，随着修行它就会逐渐减弱。

三、分离与联结

事实是没有任何东西能够伤害我们，但是我们却"认为"自己被伤害了，我们当然也可能挣扎着想补救这种被伤害的感觉，因此做出一些没有结果的事情来。我们是在尝试用一个虚假的解答补救一个虚假的问题，当然就会造成各种大混乱来。

如果我们拒绝修行——我们在准备好之前不会去做这件事——我们就会或多或少地痛苦，我们周遭的所有人也会跟着痛苦。虽然一个人修行不修行并不是一件好或坏、对或错的事情，我们需要有所准备才会做这件事；可是当我们不修行的时候，就得付出悲哀的代价。

当然，那个原初的"一"——那个多维空间能量的中心——不会被打扰，我们根本就不可能去打扰它，它永远就是它的样子。我们也永远就是我们的样子；然而，以我们现象世界的观点来看，我们是在付出代价。

我并不是想要大家产生罪恶感，罪恶感本身其实只不过是一些念头而已。我也不是在批评那个不想认真修行的年轻女学生，那是她目前所能到达的地步。对她而言，那恰恰是好的。我们一边修行，一边对修行的抗拒就会减弱。无论如何，修行的确是需要花上很多时间。

学生：我能够了解我们是如何和别人融为一体的，但是我实在不懂和一张桌子之类合一的意思。

净香：和桌子合一，我认为要比人类容易多了！从来没有人对我抱怨过和一张桌子起了冲突。我们的麻烦几乎总是与其他人——或是个人或是团体的冲突。

学生：也许我是对你说的"合一"不理解。

净香：合一就是不存在会造成分离感的东西。

学生：可是我就是不觉得自己像张桌子。

净香：你不需要觉得自己像张桌子。我说的"和桌子合一"的意思是：你与桌子之间没有一种对抗感。合一并不是有什么特别的感觉，它只是没有一种情绪上的分离感。桌子通常不会激发情绪，这就是为什么它和我们之间少有麻烦的原因。

学生：假如有个人患了风湿，经年累月地痛，你还会说风湿没有伤害到他吗？

净香：我不会这么说。假如我们的身体持久地痛，当然就要尽可能去治疗它。不过，要是到了最后依然有一点疼痛的话，我们唯一能够做的就是去体验这个痛苦。在这个疼痛上面再添加像是"这真是太可怕了"、"我真可怜，为什么这件事情发生在我身上"的评断，丝毫没有帮助，在此时此刻我们就是有这个痛苦。能够这么做的话，我们就可以从痛苦中得到学习。在我的经验里，大多数得了严重疾病而能利用它们修行的人，会发现他们的病反而是发生在他们身上最好的一件事情。

学生：别人无法伤害我们，我们也无法伤害别人，这并不表示因为我们无法伤害他人，我们就可以任意乱讲话。

净香：对。如果我们误解了这个重点而说："我可以谴责你，因为反正我伤害不了你。"我们就马上制造出分离感了。我们若不是觉得自己是和别人分开来的，就根本不会去攻击他们。所有严谨的修行都会要求修行人具有基本的道德观。

学生：日本历史上那些武士的道德观呢？例如，一个武士可以说：

"因为我和天下的一切合一,所以当我把一个无辜的人的脑袋砍下时,杀戮并不存在;那个人就是我。"

净香:从一个绝对的观点来说,杀戮是不存在,因为我们——"生"或"死"——都只是那个中心能量的显示而已,那个中心能量就是宇宙的一切;但是以实际情况来讲,我不同意武士的那种道德观。我们若看得出自己和他人是不可分离的,就根本不会去攻击别人。那个日本武士是把绝对和相对搞混了。从绝对性来说,没有一个杀者,也没有一个被杀者。然而在我们活着的生命中,两者是有区别的。因此我们不会去这么做。

学生:换句话说,如果我们把绝对和相对搞混了,就可能利用绝对为自己在相对中做的事情辩护。

净香:是的,但是只有当我们活在自己的脑子中时,这点才会发生。假如我们认为修行是有关一个哲学的立场,可能就会把自己搞得糊里糊涂;假如我们全身的每个细胞——连想都不用想——都知道修行的真义,就不会犯下把绝对和相对搞混的错误。

学生:我在开始打坐以前,从来不觉得有什么东西可以伤害我,因为我从来没有受伤害的感觉。

净香:这点又大不相同了。你说的是一种心理上的麻木。当我们麻木的时候,我们并不是在和痛楚合一,我们是假装它不在那儿。

学生:当我终于对自己坦诚,可以感觉自己在各个方面是多么伤害自己的时候,再去停止那些行为就比较容易了。在此之前,正如你所说,我们反正会去做那些我们要做的事情,我们若是会把事情搞得一团糟,也只能如此。

净香：没错。不过我的意思并不是要大家永远不要反对他人的行为。如果有人对我做了什么事情——好比偷了我所有的菜钱——我可能就需要抗议，采取某种行动。如果别人亏待了我们或是让我们痛苦，他们也需要知道这点。然而，假如我们生着气对他们说话，他们就永远学不到他们应该学到的东西，因为他们根本就听不进我们讲的话。

对万物不是分离的这点的认识会促成我们生活中的一个根本转变。这种认识表示不管发生了什么事情，我们都不会再特别地被它困扰。有这种认识并不表示在问题发生的时候，我们不要管它。只是我们不会再对自己说："这真可怕。别人都不会有我这些麻烦！"我们的认识似乎会把这一类的反应完全勾销。

学生：所以，觉得受了伤害只是我们对一种境遇起的念头而已？

净香：是的。当我们不再与这种念头认同的时候，我们就仅在处理一个局面而不会再情绪化地陷身其中了。

学生：但是一个人是会"觉得"受了伤害。

净香：没错。我不是说要否认这种感觉。修行时候，我们是在处理这个"我觉得受了伤害"的念头和身体的知觉。要是我们能够完全体验这些念头和知觉的话，这个"觉得受了伤害"的感觉就会消散。我从来不会告诉大家：我们不应该感觉我们所感觉的。

学生：你的意思是放弃对伤害的执著吗？

净香：不是，我们无法强迫自己放弃一个执著。执著是种念头，然而我们不能光是说："我要放弃它。"这样做是行不通的。我们必须了解执著是什么，我们必须体验在执著之下的恐惧感——那个身体的

三、分离与联结

知觉，然后，执著就会萎缩不见。禅学教导里有一个很常见的错误，就是要大家"舍弃"。我们无法强迫自己"舍弃"，我们必须体验在其之下的恐惧感。

体验执著或体验感觉的意思并不是要将之戏剧化。当我们把自己的情绪戏剧化时，只不过是在遮掩它而已。

学生：你是说假如我们真正体验自己的悲伤时，就不会哭泣？

净香：我们是可能会哭泣的。不过单单在哭泣和把自己的悲伤、恐惧或愤怒戏剧化之间有很大的不同。戏剧化经常是种掩饰。那些争吵、丢东西、又哭又闹的人并没有真正接触到自己的愤怒。

学生：让我们回头说你那位年轻的女学生，她觉得修行应该不要这么严谨，她不想到这里来打坐。你是在把严谨的修行和定期在一个禅学中心打坐当成了相同一件事吗？

净香：不是，虽然定期的打坐是非常有用的。我有一些修行蛮坚定的学生，他们都住在很远的地方；可是他们隔段时间总会想办法来这里一次。我那个女学生只不过是还没有准备好这么做而已，可悲的是，会痛苦的正是她本人。

主体与客体

我们人类有一个基本问题就是主体与客体之间的关系。当我在多年前第一次听到这句话的时候，觉得它很抽象，和我的生活似乎不大相关；然而我们的所有困难和不和谐都是因为我们不知道应该如何处理这主体与客体的关系。以日常生活用语来说，这个世界分为主体与客体两个部分：我看你，我去上班，我坐在椅子上。在这些例子里，我把自己看成是主体，和一个客体——你、工作、椅子——之间有个关联。但是，我们直觉上又知道自己和这个世界是不可分的，主体与客体之间的区分只不过是种幻觉而已。我们修行就是为了要取得这种直觉的认知。

由于我们不了解主体与客体的二元对立，因此就把世间的东西都看成是自己问题的根源："你"是我的一个问题，我的"工作"是我的一个问题，我的"椅子"是我的一个问题（当我把自己也看成是一个问题的时候，就是把自己当成一个客体了）。于是我们就去躲避那些我们认为是问题的东西，去追求那些我们认为不是问题的东西。以这种观念来看，这个世界有个"我"，其他就是或是取悦我或是不取悦我的"东西"。

传统上，禅修以及大多数冥想的训练是把所有东西的成分变为"空"，以此来解决主体与客体的二元对立。比如，专心修行"空"以及参公案，能把我们加在一个东西上面的局限去掉；当这个东西越来越能够被我们看穿的时候，就是我们这个主体在默想着一个几乎已成空的客体，这种境界叫做三昧。如此境界是很福佑的，因为那个虚空的东西不会再来困扰我们。当我们到达这个境界的时候，经常会自己恭喜自己能有这么大的进步。

可是这个三昧的境界依然是二元对立的。当我们获得它的时候，有一个内在的声音在喊着："这就对了！"或是："我干得真是好！"一个隐藏的主体依旧存在，在观察着一个几乎成空的东西，主体与客体的分离仍然存在。当我们觉察到这个分离的时候，就会想去处理这

三、分离与联结

个主体，想把它也变成空。这么做就是在把主体转化成另外一个客体，用一个更为精微的主体来观察它。我们于是变成是在制造一个没完没了越来越小的主体了。

这种三昧的境界并不是真正开悟的前兆，因为有一个被遮掩的主体和一个几乎空无的东西还是分离开来的。当我们回到日常生活中的时候，福佑的感觉会消散，我们又会迷失于整个世界的主体与客体当中。修行和生活并没有联系起来。

一个比较明确的修行不是要去除掉一个东西，而是要把这个东西勘透。我们会慢慢学习去体验一切，达到物我合一的境界，根本不再有主体或客体的存在。我们不是去消除任何东西，我们是把万物联系在一起。依然是有个我，依然是有个你；不过当这个我只是我对你的一个体验时，我就不会再觉得和你是分开来的，而会觉得和你是合一的。

这种修行会非常缓慢，因为我们不是只专注在一件事物上面，我们需要面对自己生活中的所有东西修行。将任何一个激怒我们、惹我们气恼的东西（我们若是诚实的话，这就差不多包括一切了）都变成我们修行磨坊中研磨的谷物。修行一切会引领我们进入一个在自己生活中的每秒钟都鲜活的修行。

当我们生气的时候，大多数传统禅修是教我们忘掉愤怒、专心在别的东西上面，比如专注在自己的呼吸上面。我们虽然能够把愤怒推到一边去，但是每当自己被批评或受到威胁的时候，我们的愤怒还会再回来。反之，我们的修行是要去成为愤怒本身，去完全体验它，不和它分离开来，也不拒绝它，我们的生活就会平静下来。学习用不同的眼光看待那些会导致麻烦的东西，我们的情绪化反应会逐渐耗尽，我们曾经害怕的东西会逐渐失去对我们的控制，我们就可以比较欣然地去接受它们了。目睹这种变化的发生是很令人陶醉的，我曾经见过它发生在别人身上，也曾经见过它发生在自己身上。这个过程永远不会结束；然而，我们对周遭的一切会越来越有觉察，同时也会越来越自由。

学生：你所说的修行和传统意义上"静坐禅定"的修行有什么不同呢？

净香：两者如果能够被正确地了解，是非常接近的。可是即使在静坐禅定的修行里，修行者也经常会发生迷失心神的情形，他们会进入一种朦胧的经验里，在其中不包括一个主体。这又是虚假三昧的另外一种形式罢了。修行者把思想的过程由意识中完全去除，感官的体验也如同意识一般完全茫然。

学生：你说修行的真正目标是要体验自己与万物的圆融合一，或者是成为自己本身的体验。这么说的话，当我们正在用锤子敲钉子的时候，我们就全神贯注地去做这件事。不过，去尝试达到这点本身不就是自相矛盾吗？

净香：我同意你的说法，我们无法"尝试"去和敲钉子合一。当我们试着去和敲钉子合一的时候，我们就已经和它分离了，这种尝试去做某件事情的努力本身就已经自相矛盾了。然而，我们倒是可以去做某件事情：我们可以去留意那些让自己和自己的行动分离的众多念头，我们可以去觉察自己并没有全神贯注在这件事情上面。这么做应该不会很难，把自己的念头加上标签就可以帮助我们做到。我们不说

"我要和敲钉子合一",因为这么说是二元对立的,它是在想着自己的行为而不是只做着它,我们可以永远去留心自己是什么时候没有在和敲钉子合一。如此而已。

修行不是要有什么经验,不是要有什么巨大的开悟,不是要达到什么目标或是成为什么人物;我们本身的样子就已经是完美的,我说的这个"完美"是指我们就是我们的样子。修行很简单,就是维持自己的觉察——觉察自己的行为以及把自己和自己的行为分开来的念头。当我们敲着钉子或是坐着的时候,我们很单纯地就在敲着钉子或坐着,只是因为我们的感官都是开放着的,所以我们就可以听见和感觉到周遭的一切声音和味道。当念头产生的时候,我们就去留意它,然后再回转到自己的直接体验来。

觉察是我们的真我,是我们的本质;因此我们不需要去尝试发展自己的觉察,我们只需要留意自己是怎样在运用念头、梦幻、意见和批判挡住了它。我们或是在觉察之中——它是我们的自然境界——或是在做别的事情。一个成熟学生的标志就是他大部分时候都没有在做别的事情,他就只是在此时此地过着自己的生活。

当我们的觉察变得开放时,我们思考的能力就会更敏锐,我们整个感官的输入也会更清楚和明显。在打坐一段时间以后,整个世界看来会更明亮、更清晰,我们感官上的输入也会更丰沛。假如我们没有被自己的紧张、焦虑挡住各种体验的话,以上所说的境界根本就是我们的本性。

在我们修行的初期,只能短暂地维持自己的觉察,我们的心思很快地就会从眼前此刻飘移开来。因为我们专注在自己的念头上面，所以就留意不到这个飘移，要等到我们发现这点的时候，才能够再继续好好地打坐。修行包含了对自己打坐的觉察，也包含了对自己心思飘移的觉察。在我们打坐多年以后，心思飘移就会慢慢地减少，虽然它是永远不会完全消失的，不过可以达到几乎不会发生的地步。

学生：声音和气味以及自己的情绪和念头都是我们打坐的一部分吗？

净香：是的。我们的心会产生念头是十分自然的，修行能够让我们觉察到自己的念头而不会迷失其中；纵使我们迷失了，也要能留意到这点。

坐禅其实并不复杂，真正的问题在于我们不想做这件事。比如，我的男朋友在留意别的女人，我能够心甘情愿体验这点多久呢？我们全都有不断的麻烦，而在我们什么事情该做、什么事情不该做的单子上面，愿意去体验麻烦却是在单子的最末端。直到我们修行得够久，能够对体验有信心，能够让问题的解决方法很自然地呈现，这点才会有所改变。所以，一个成熟修行的另外一个标志就是此种信念的发展。

学生：全神贯注在敲钉子上与觉察自己全神贯注在敲钉子上有什么不一样呢？

净香：觉察到自己正在全神贯注敲着钉子仍然是二元对立的。我们在想："我正在全神贯注敲着钉子。"这样不是真正的专心，一个人真正专心的时候就只在做他在做的事情。去留意自己正在专注于某个事物可以作为是修行路上的一个步骤；但是因为我们仍然在

三、分离与联结

想着它，所以它还是二元对立的，我们的觉察和我们在觉察的东西之间依旧是分离的。当我们就只在敲着钉子的时候，我们不会去挂念着修行；在一个好的修行当中，我们不会想着："我需要修行。"好的修行就只是做着我们在做的事情，而当我们心思飘移的时候，能够留意到它。当我们打坐多年以后，就能够在自己心思一飘移的时候马上留意到它。

我们不需要把焦点摆在"禅修"上面。我们若是可以从早到晚把事情一件又一件地做好，并且不会边做边想着"我做这件事情真是个好人"或是"我能够照应这一切不是很美妙吗"，这就足够了。

学生：我的生活好像是多层次的活动，全都在同一个时间进行着。假如我先把一件事情做好，再去做下一件事情，就无法在一天当中做完我原先可以做完的许多事情了。

净香：我对你说的这点提出质疑。一个人最有效的做事方式是专心地处理完一件事情再处理另一件事情，因为整个流程没有任何障碍。当我们这样子生活和工作的时候，就会非常有效率，并且不会匆匆忙忙的。我们的生活会很安稳。

学生：可我常常是一方面需要仔细思考一件事情，一方面需要接听一个电话，一方面又需要写一封信……

净香：话虽如此，每当我们转做另外一件事情的时候，只要我们能够专心地做这件事，就会把这件事情更快更好地做完。只是我们通常会边做边产生各种各样的潜意识，例如："我非得把别的事情也做好不可，否则我的生活就不够标准。"等等。纯然的行为是非常稀有的，在它上面几乎总是会有一层阴影、一层薄膜。也许我们自己不知道这点,也许我们只感到一点紧张。纯然的行为不带紧张,在进行这个行为的时候,只有我们的身体所产生的肌肉紧缩而已。

我在多年前禅修的时候,常常有纯然在煮饭、拔草、做任何自己该做的事情的体验,然而一个精微的主体还是在那儿。果真,一旦禅修过去了一段时间,我就又回到老套去了。我和事物之间仍然没有合一。

学生:让我们回到那个敲钉子的例子上面。假如我们真的只是在做这件事,就根本留意不到自己;可是如果我们想起自己正在做这件事的话,就又回到那主体与客体的二元对立里,不再是单纯地做事了。因此,当我们就只是在敲钉子的时候,难道不是不在那里、不存在了吗?

净香:当我们进行一个纯然行为的时候,我们是一种状态、一种觉察,我们就只是如此而已,不会有任何特殊的感觉。大家总以为所谓的开悟境界会充满了慈爱的感觉;但是真爱或慈悲只不过是和众生不分离罢了,事实上,它是一连串的行为,我们的生命不再以和自己行为分离的方式存在。

带有二元对立特质的修行并非没有价值。在任何一个打坐的修行中,都会有某种分量的训练和局限的解除在进行着。不过,直到我们能够超越二元对立以前,就无从知道任何终极的自由;直到达到任何个体都不存在的境界以前,便没有终极的自由。

我们或许会说自己才不在乎有没有终极的自由呢,而实情是,我们的确想要拥有它。

学生:假如有个人的心完全被爱盘踞了,而另外一个人的心却完全被恨盘踞了，他们两个人的修行需不需要不一样呢？

净香：不需要。真爱或慈悲不带有这两种个人酝酿出来的情绪，只有个人才会有我们所谓的爱与恨。要是个人不存在，要是我们都全神贯注在生命当中，就不会有如此爱或恨的情绪了。

在我刚才所描述的那种专心修行法中，由于愤怒的感觉是个客体，这种修行要我们做的就是不理会它，把自己的情绪推到一边去，把这个公案的内容弄空。这个方法的毛病就是当我们回到日常生活中的时候，还是不知道该如何处理自己的各种情绪，因为它们没有被真正地解决；它们是传统禅修行中的一个误区。在一个觉察的修行中，我们只是去体验自己的念头以及随之而来的各种知觉。两者的结果是非常不一样的。

学生：在我学的静坐禅定里，情绪是修行的一个部分。当它们发生的时候，我们就去和它们一起打坐。

净香：是的，我们是可以用这种方式来解说静坐禅定的修行；但是我们要知道它的陷阱在哪里。

学生：在那些长久、艰难的禅修中，我有时候会觉得自己像是作家戈登·利迪（Gordon Liddy）一样，把自己的手放在蜡烛上方，就为了看自己能够忍受多大的痛苦。我想在旧式的三昧修行里，对一个人三昧的考验就是看这个人有多大的力量可以运用专心与至福来抹除痛苦。

净香：对，他们是想把那个客体弄空。

学生：在那种形式的修行中，禅修变成了一种耐力的竞赛。你能不能讲述一下在你的修行法里，痛苦有什么其他的功能而不只是让我们觉得好像受虐狂一般？

净香：适度的痛苦是一个好老师。生命本身会呈现许多痛苦和不便，假如我们不知道自己是如何处理它们的，我们对自己就不是很了解；不过，极度的痛苦却是不必要的。我们若是极度地不舒服，就可以坐到一张板凳或椅子上面，甚至可以躺下来。然而，愿意去承担痛苦是有它的价值的。会发生主体与客体的分离就是因为我们不愿意去体验我们和客体联系在一起的痛苦，我们想远离它。我们假如不了解自己和痛苦的关系，那么每当它发生的时候，我们就会逃避开来，因而就会失去那个直接体验生命、如同一个大宝物的意识感。所以，从某个角度而言，与痛苦同坐是有益处的，我们可以重新获得对自己生命本质的认识。

当我与学生们正式面谈的时候，我的膝盖通常都是酸痛的；所以呢，它们就是酸痛的，事情就是这样子而已。尤其是在我们衰老的时候，要是能够单纯地体验自己的生命，把生命过得更为充实，终归会很有用处。我们在此学习的东西，其中有一部分是要与自己的不舒服和不方便同在。适量的痛苦会是一个非常好的老师，要是没有某种程度的不舒服，我们大多数人就学不到什么。痛苦、不舒服、困难甚至悲剧都可以是很好的老师，尤其在我们衰老的时候。

学生：在我们平常所谓的意识里，是不是除了自身之外的其他东西全都是客体呢？

净香：假如我们把自己也想成是所有东西中的一件东西，那么即使自己也就成为一个客体了。我可以观察自己，我可以听到自己的声音，我可以戳自己的腿——从这个观点来看，我也是个客体。

三、分离与联结

学生：所以客体包括了感觉和心神状态，同时还包括了世间万物？

净香：是的。我们通常会把自己想成是主体而把其他所有东西都想成是客体，其实这是一个错误。当我们把万物分离开来的时候，所有东西就都变成客体了。只有一个真主体存在——而它不是任何一件东西。它是什么呢？

学生：觉察。

净香：对，是觉察。虽然这两个字不是非常传神。觉察不是一件东西，然而整个宇宙经由它才存在。

整 合

有一个关于一位禅师的传统故事。这位禅师在诵经的时候，来了一个盗贼，问他要钱还是要命。禅师告诉这个盗贼哪里可以找到钱，并要求他留下一点用以缴纳田赋，另外又要求他能在临走前谢谢这份礼物。这两个点盗贼都做到了。几天以后，这个盗贼被人抓住，招供了几件案子，对这位禅师的冒犯也包括在内。可是，这位禅师坚持说自己不是一个盗窃的受害者，因为是他自己把钱送给盗贼的，同时盗贼也谢过他了。这个盗贼在服过刑以后，回到禅师身边，成为禅师的一个门徒。

像这样的故事听来十分罗曼蒂克、十分美妙；不过假如有人向我们借钱不还，或是有人偷了我们的信用卡去乱花费，我们又会怎么反应呢？经典上的禅学故事有个问题，就是它们让我们觉得这些事情都是在很久很久以前发生在很远很远的地方,因此,我们难以明白它们的重点。刚刚那个故事的重点并不在于某人拿了什么钱,或是禅师做了什么事情;它的重点在于禅师没有去批判那个盗贼。它的结果并不表示最佳的方式就是永远让小偷予取予求,有些时候,那样做并不是最好的举动。我相信那位禅师一定是看出了那个盗贼的本性(也许只是个年轻人,随意抓把剑,希望可以夺取一点不义之财),直觉上就知道该如何处理。禅师的作为不如他的态度重要,他的态度是一个关键,他没有随便就下判断,他仅仅是单纯地处置了一个场面。若是场面不一样,可能他的反应就会跟着不一样了。

我们不知道每个人都可以是一个老师。我们从早到晚做的每一件事情都是一门功课:午餐的时候对某人讲话的态度,在银行办事情的方式,当我们提出的建议被接受或打回时所作的反应等——我们做的每件事情以及我们说的每句话都会反映出自己的修行来。我们不应该想着自己也要像故事中的香岩禅师一样。在我们修行的训练中有个陷阱,就是作出"噢,我也应该如此"的推论。有的学生会想:"我应该要像那位伟大的禅师一般无私、献身与高贵。"如果把这种理想带进修行里来就会造成绝大的害处。每一个诸如此类故事中的禅师都很发人深省,因为他们就是作为自己而已,他们连想都不用想就知道该怎么做。可是当我们试着做一个不符合自己本性的人的时候,就会变成一个僵硬、固定的心灵的奴隶,跟随一条事情应该是什么样子的原则做事;因为我们的心神全放在了自己应该是什么样子的模式上,对自己的愤怒就根本留意不到了。假如我们可以正确地去感受那些禅学故事中的含意——它们是十分美妙的;我们就不会在自己的生活中依

三、分离与联结

样画葫芦。本来我们作为自己就已经是完美的,本来我们就已经是开悟了的;不过,在我们真正懂得这些道理以前,我们就会去做那些荒唐的事情。

许多禅学中心和其他精神上的修行场所,经常会疏忽在真开悟发生以前,一个人需要做的事情。第一件需要做的事情——其中有许多步骤和陷阱——是整合自我,使自己的身心合一,成为一个完整的人。对很多人而言,这个艰难的工作需要花上一生的时间。当我们身心合一的时候,就不会再不断地四处乱闯、不知所措;我们只要是还被以自我为中心的情绪所控制(我们多数人都有成千上万的念头),我们就还没有完成此一步骤。若是把一个身心尚未整合的人硬性推过狭窄的禅修之门,让他开悟,虽然可以成为一个强烈的经验,这个人本身却不会知道它有什么用处。短暂地勘透宇宙的圆融合一并不表示我们的生命就会更为自由些。我们只要是对别人在自己身上做的事情担心——好比是有人拿了我们的钱财——就还没有真正地整合,更何况,那笔钱财到底是谁的呢?一项地产凭什么又该是我们的呢?我们会有所有权的想法是因为我们害怕,没有安全感——所以我们就想拥有什么东西,拥有什么人,拥有什么意见,拥有自己的观点,拥有一个如何生活的策略。当我们在做这些事情的时候,以为自己能够像香岩禅师一般,怎么可能呢?

重要的是,我们在任何一瞬间都清楚自己是谁以及我们该如何处理生命带给自己的遭遇。当我们身心更为整合的时候,这个工作就会更为容易。我们需要做的是和整个世界整合在一起,如同佛陀所说:"世间都是我的孩子。"一旦我们能够感到颇为心安的时候,就更容易和世间的其他一切结合。一旦我们能做到这点,自己的人生就会带着一个觉悟生命的品质。修行刚开始的几年要比后来难,最困难的是第一次禅修;打坐最困难是在头一年,第二年就会容易些,第三年会更容易些……

再来呢,也许是在打坐五年或十年之后,又会发生另一次危机,那就是当我们开始了解自己不会从修行中取得任何东西的时候。我们的梦想——我们以为自己可以从修行中得到光荣的梦想——已经不在了,而我们的小我正在消退,这是一段非常艰难和枯燥无味的时期。我一边教学,一边可以看到学生们的个人生活目标在崩溃。它是发生在这段时期的开始,虽然很艰难,但是很美妙。修行变得一点也不罗曼蒂克,不像我们在书籍里所读到的。然后,真正的修行就开始了:一瞬间又一瞬间,我们只是面对着每一当下。我们的心不再那么骚动难安,也不再那么支配我们。我们开始真实地从个人的生活目标中解脱;不过,纵使在这段时期,我们还是会被各式各样的意外插曲所打扰。修行之路从来不会既直接又平稳,实际上,路上石头越多越好,我们的自我需要有石头来向它挑战。

当修行进展的时候,我们会留意到那些意外事件——修行路上的石头——不会再像从前那样成为障碍。我们不再有像过去那样的生活目标,不再有像过去那样想要当要人或是去批判别人的驱策。即使我们打坐的时候只有四成时间是带着觉察的,我们的个人生活目标也会渐渐崩溃。我们打坐的时间越久,其间发生的事情就会越少。这个过程是缓慢的——它不是增加我们的美德,而是增加我们的了解。

除了标志自己的念头以外,我们还需要体验自己身体的各种知觉。

三、分离与联结

我们只要能够运用绝大的耐心来修行这两者，就会慢慢地拥有一个生命的新视野。

我们都希望自己的人生越丰富、越广阔、越有益越好，而我们都有机会过这样的一生。聪明才智对修行是有帮助的，一般来到禅学中心的人都很聪明；但是聪明的人经常会陷身于过度的思考和分析里。不管我们受的训练是什么——艺术、音乐、物理或哲学——我们都可能会曲解它、利用它来躲避修行。然而我们如果不修行的话，人生就会不断地踢打我们，直到我们学到我们该学的东西为止。没有一个人能够帮助我们修行，我们必须自己去做。我们的人生就是自己有没有在修行的唯一检验。

为番茄而战的人

刚才有个住在东海岸性命垂危的朋友打电话来。她说她只有三四天的时间可活了，她来电话是和我诀别的。挂断电话以后，我想起这个被我们叫做宝珠的生命的珍贵——而我们对它却是了解得这么少、感恩得这么少。我们就算是对它有一点点的了解，也是多么不会照顾它啊！

有些人，尤其是那些属于某种灵修团体的人，会想象在生命宝珠里永远不会有冲突、争执或气恼——只有祥和与和平，这是一个非常大的错误。假如我们不知道冲突如何发生，我们就可能会摧毁自己的人生以及其他人的人生。我们首先得了解的是大家都在害怕，大家最根本的害怕就是死亡，而这个害怕是所有其他害怕的基础。我们对自己会死亡的害怕导致了种种无用的行为，包括那些保护小我或自我形象的努力。从这些保护的需要中，就产生了愤怒；从愤怒中，就产生了冲突；而冲突就会摧毁我们和别人之间的关系。

我并不是在暗示一个美好的人生就不会有白热化的争论，不会有不同的意见，那就太可笑了。我在成长的时候，和两个老人以及他们的家人非常熟悉。这两家是好朋友，经常一起出外度周末。两个老人一有机会就要较量，特别是在番茄成熟的季节，两个人都会拿出自己种的最好的番茄去参加当地展览会的比赛，实际上，两个人都会赢得那"展览会最佳奖"。他们对彼此番茄谁的更好的争执是第一流的：他们会把声量逐渐提高，直到墙壁震动为止。看他们争执真是让人开心，因为两个人都知道他们的争执只是好玩而已。要测验一个冲突或是一个意见的交换是不是好的，就看冲突过后，双方是不是有冷淡或怀恨留下，其中一方是不是会攀着"我赢了，你输了"的想法不放。争执没有关系，不过要在它是有趣的情况之下才如此。我们要是和一个自己亲近的人吵架，事后照理是原谅对方，忘记此事，可是之后彼此之间却变得冷淡，那么就是我们应该看清楚自己的时候了。

《道德经》（*Tao Te Ching*）里有一节写着："最好的武士希望对手斗志高昂，最好的将军能够知己知彼，最好的商人能够提供市集的需要，最好的君王能够接纳百姓的意愿。"这些人全都知道竞争的意义是什么。他们不是不喜欢竞争，他们是以游戏的精神来竞争。从这点来看，他们就像是儿童一般，与道家的精神和谐一致。假如我们的争执是本着这种精神，那就没有关系；但是有多少次会是这

三、分离与联结

种情形呢？

曾经有人问铃木禅师：愤怒是不是可以像一阵清风，把一切吹得干干净净？他回答："是的，不过我想你不需要担心这点。"他说他自己生的气就从来没有一次能像那阵清风一样。我们的愤怒也绝对不会那么纯然，因为在我们的愤怒之下有那个恐惧感；除非我们能够去接触、体验自己的恐惧感，否则我们的愤怒就会有伤害性。

有个好例子，就是我们为诚实所做的努力。诚实是我们修行的绝对基础，这是什么意思呢？假如我们对一个人说："我要对你诚实，我要告诉你我对我们关系的感觉。"我们说的话可能是非常有益的。然而，我们为了诚实而做的努力常常不是发自真正的诚实、发自游戏的精神或是发自想把对方也包括在内——即使我们可能假装如此。我们只要有想当对的一方的意图、想要向对方炫耀或是想要教训对方的话，自己就该三思而后行。我们的话若是附带了一丝自我，它们就不会是诚实的。当我们明白要怎样才会知道自己正在生气、正在害怕并且能够耐心地等待时，真实的言语就会自然产生。古语说："你有没有耐心等待，直到自己的心平静下来，池水也清澈了呢？你能不能静止不动，直到正确的举止自然而然地发生呢？"这真是一句抓住重点的妙语，我们能不能安静一段时间，直到正确的话——诚实的话、不会伤人的话——能自然产生呢？这样的言语可能是非常坦率的，能非常准确地传达我们所要表达的，甚至可能跟我们发自内心所说出的话一模一样，但是一定会有某种差别。要这样过日子并不容易，我们之中没有一个人可以永远这样做。我们会一下子就从恐惧感和自我保护中产生反应，接下来就是愤怒。我们的感情受了伤，我们在害怕，所以我们就生气。

如果我们有耐心等到淤泥（我们的心）沉淀、池水澄清，如果我们静止不动直到正确的举止自然发生，那么我们连想都不用想，正确的言语自然就会产生。我们不需要找各种理由为自己的话辩护，我们根本不需要给对方任何理由。如果我们平静下来，我们正确的言语本身就会显示出理由。不去严谨地修行，我们就无法这么做。有些时候，我们根本不需要从事正式的修行，只需要做个深呼吸，等上一秒钟，感觉自己的内心，然后再开口。如果我们和某人有个大冲突，就可能需要多一点的时间，也许要一整个月都不开口。

我那两个为番茄争论的老朋友一点也没有伤害对方的企图，他们虽然闹出很大的噪声，却从来没有把自我牵扯在内，他们玩这个游戏已经好几年了。我时常从学生那里听到他们和朋友相处的故事，他们的友谊是如何出了差错，他们又想做些什么好将之"纠正"："我的朋友做了一些残忍的事情，他缺乏德行。我要让他知道我的感觉。"对于这种情形，耶稣说："你们中间谁是没有罪的，谁就可以先拿石头打她。"我们全都缺乏什么？知识、德行、勇气、趣味，等等。我也缺乏，你也缺乏，大家都缺乏；然而我们的自我却告诉我们只有别人才会缺乏。我们和别人争执的时候，所谓的想和对方沟通其实大部分时间是想告诉他们欠缺了什么，他们当然也就想告诉我们欠缺了什么，于是就这样来来去去，往返不已。两个对话的人仿佛是在黑夜里交错的船只一样，没有一句有益或真实的话被传达出来。大家反对等到淤泥澄清的时候，害怕自己会被对方占便宜；可是我们真能被别人占便宜吗？

三、分离与联结

学生：我们是不能被别人占便宜，只是我们经常会觉得如此。

净香：没错，我们经常会觉得自己被别人占了便宜。假如有人向我们借了钱不还，或是有人不守信用，或是有人背后说我们的坏话——其实我们自己也都会做同样的事情——是不是就可以成为我们放弃友谊、伴侣、孩子或父母的理由呢？我们有没有耐心等到淤泥沉淀、池水澄清呢？我们能不能静止不动直到正确的举止自然产生呢？有些时候，我们是在生自己的气，当这种事情发生的时候，我们常常会使用一些虚假的言辞，而这些言辞是从我们喜欢觉得自己受了伤害的癖好而来。我们这些生气的话如今不是针对别人，却是对着自己发作了。只有从"道"——空无、祥和——中才能产生正确的言语和正确的行为，正确的言语和正确的行为也就是"道"。

在我教学的时候，我对学生们经历过的冲突没有兴趣，我感兴趣的是他们使用的语言和讲话的方式。那些已经修行了一段时间的学生可能会使用更好听的字眼，然而那些话仍然是从不对的地方发出来的："我知道问题都在我的身上，我知道这和你没有关系，我真不想啰唆挑剔，可是……"批判依旧存在，只不过是装扮了一下而已。他们倒不如直截了当地说："你真该死！为什么到处乱丢衣服？"当然大家都应该要把衣服挂好，但说这些话却不是阻止它发生的好方法。我们能不能静止不动，也不说话，直到正确的举止或言语自然发生呢？大多数时候，不做任何事情并没有任何坏处，反正我们做的大部分事情本来就没有多大用处，我们只是自以为会有用处罢了。

我们都是愤怒的人，因为我们都很害怕。幸运的是，我们经常会有修行自己愤怒的机会,因为我们经常会对对我们苛求责难的人生气。我们说不定会试着把他们从自己的生活中踢开来以求解决这个问题,我们为什么这么做呢?

学生:好让自己的生活容易些。

学生:因为我们认为那些人是造成我们麻烦的原因。

学生:因为他们不做我们要他们做的事情。

学生:因为他们可能会让我们看到自己的一面,自己不想知道的一面。

学生:因为我们想逃避自己的罪恶感。

学生:因为也许我们想要处罚他们。

学生:也许上回大家在一起的时候太痛苦、太混乱了,所以我们不想再经历一次。

净香:我们必须愿意安住于混乱与不愉快中,让淤泥沉淀,直到自己能够看得清楚为止。如此修行以后,我们就可以重新发现自己生命的珍贵宝珠,然后就不会再有口角了。我们可能照常会有争执,但是就像为番茄而战的人一样——纯属好玩而已。当我们整体地研究愤怒的时候,它就消失了。如同道元禅师所说:"要研究佛学就要研究自己,而要研究自己就要忘掉自己。"当我们的怒气融解为虚无的时候,就不会再有问题了,就会自然而然产生正确的行动。在密集禅修时,这个过程会加倍地增快。当以自我为中心的这个自己变得更透明和清澈时,我们就可以看穿它而安稳下来;当淤泥沉淀、池水澄清的时候,我们就可以看见那颗宝珠——仿佛我们身处热带海水之中,可以看到海水深处的多彩热带鱼和海草一般。然后,我们就可以说出真实的话来，而不会再说些自我中心的话——它们是永远只会产生不和谐的。

学生：净香，对一个将死的人，我们能够说些什么话呢？

净香：我们说不了多少话。我们可以说"我爱你"。一个人纵然在临死的时候，也还是会想要参与众人的经验。

学生：有些时候，在我和别人的冲突中，假如我直截了当用自己的最佳方式把话说出来，即使我讲的话不是十全十美，起码我可以对自己有进一步的了解，而这点是很有价值的。如此做法，我就能够保持诚实，而不用去干等良机。

净香：是的，我懂得你所说的。我说的等待，并不是在讲一个固定的公式，而是一种学习的态度。有些时候，我们是该在淤泥沉淀之前就说话；这个开口的时机决定于我们的态度和我们言语的真意。有些时候，纵使我们不能完全表达我们的真意，只要我们能够边说边学习，也是可以的。要是我们搞砸的话，就去向对方道歉；我们应该随时准备向人道歉，我们全都有什么事情是可以向别人道歉的。

学生：我经常觉得自己是真的很诚实，只有当我回想以后，才发现自己根本就是在自欺欺人。

净香：是的。一个良性冲突和一个带伤害性的冲突的测验方法就是：良性冲突过后，没有残余物留下，每个人都有不错的感觉。它清清楚楚的，如同雨过天晴，空气令人愉快。它是很棒的一件事情，却难得发生。

学生：可是好像有些事情我们就是无法处理好。

净香：我说的并不是处理事情，那是想要控制世界、掌管宇宙。

学生：有时候，我会让其他人任意支使我。当这种事情发生的时候，重要的是我该为自己发言。假如我开口了，有时候就可以得到很好的结果。

净香：为自己发言是可以的，只要我们能够讲出真心话来。此外，如果我们感觉自己是在被别人任意支使，就需要留意一下是不是自己在容许别人这么做。当我们看出这一点的时候，也许不需要说任何话，我们不需要去教育或感化对方（这些本来就不关我们的事），我们只需要从中学习。

不要批判

在印度巴利文佛典第五十节中有个教规："不要在别人身上找错，不要管别人做错或是疏忽没做的事情。但是，要让每个人看清楚自己做或没做的行为。"它是我们修行的一个重要方向。虽然修行能够让我们更清楚地觉察到自己那个喜欢批判别人的倾向，我们在日常生活中却还是在这么做。只因为我们是人，所以我们就喜欢批评别人。只要某人在做什么我们认为很粗野、无情或是不替别人着想的事情，我们就会禁不住去留意它。我们一天当中总是会有好几次看到别人在做缺乏知识、德行、勇气或是趣味的事情。

当然不是每个人都能够永远举止合宜，常常会有人做一些正好是我们反对的事情。当他们这么做的时候，我们不需要去批判他们。我自己也是免不了会去批评别人，我对这点并没有免疫性，大家都是如此。因此，我建议大家一个修行的方法，它能够帮助我们觉察自己正在进行批判的行为,就是当我们说出一个人的名字时,去留意自己在他名字之上添加的东西。我们觉得这个人怎样?我们说他是怎样的人?我们在他身上加了什么形容词?我们是不是把他归纳到某一类型里?世界上没有一个人应该被贬成一个短短的形容词,然而因为我们个人的喜好和厌恶,我们全都在这样做。

我猜大家若从事这个修行的话,就会发现自己每隔五分钟就在批评别人一次。我们希望别人的行为都正好是我们要他们做的——而在事与愿违的时候,就去批判他们。我们过的日子中充满了这些批判。

我们之中很少人会去打伤别人,我们伤害别人的主要方法是用我们的口齿。曾经有人说过:"在两种情况下,你得闭上嘴巴——当你游泳的时候以及当你生气的时候。"我们每次批评别人不对,就可以成为那对的一方,而我们真是喜欢这一点。

如同巴利教规所说,我们应该关心自己的举止才是。"但是,要让每个人看清楚自己做或没做的行为。"不要不停地留意周遭,批判他人,要能看见自己的举止:自己做了什么事情,自己没有做什么事情。我们不需要批评自己,我们只需要留意自己如何行事就好。假如我们也开始批判自己,那么我们就建立了一个理想、一个我们认为自己应该如何的固定模式,这样做并没有多大的帮助。我们需要看出自己真正在想什么,知道在自己体内真正变化的是什么。要是我们能够这么去做,就会发现每当自己批判的时候,身体就会紧缩。在那些批判的底下,是一个以自我为中心的想法,这种想法会造成我们身体的紧张。长期下去,这种压力就会伤害我们自己,也会间接地伤害别人。不仅这种压力是有伤害的,我们对他人(和自己)所作的批评也是有伤害的。

每当我们说出一个人的名字时，能够留意自己是不是又在实情之外添加了东西会对我们有所帮助，举个例子说，一个"她真不替别人着想"的批评就是超出实情之外。事实是：她做了什么事情——比如她说她会打电话给我，而她没打；"她真不替别人着想"是我在实情之外所下的负面评判。我们会发现自己一而再、再而三地下着这些评断，而修行就是当自己这么做的时候，能够对它有所觉察。不要对自己生活的大部分层面懵懵懂懂、没有觉察；这点非常重要，因为我们生活的一大部分都是在和别人讲话。

学生：我们可以说"她说她会打电话来，而她没打"吗？

净香：这要看我们说话的语气。假如我们用一种非难的语气来"陈述实情"，很明显地，我们还是在批判，虽然我们用的字眼好像是实情。

学生：当我们留意到其他人犯的错误时，就可以提醒自己哪些事情是不该做的。由此看来，我们应该要感激别人犯的错误才是。

净香：是的，把别人看成自己的老师是有用的。不过要是我们的学习还包括把别人看成是"错"的，那么我们就还是在评判。

如果我们能够保持自己觉察的清醒而没有裹在情绪里面，通常我们是可以学习的。但是，我们几乎永远会在某方面气恼，而在气恼中，我们就会批判别人、批判自己。两者都会伤害人，两者都没有效果。

学生：我通常不会随便谈论别人，可是我留意到当自己在生气或恼火的时候，我的批判是以间接的方式出现的，它是在我的态度中，或者是在我的消极或挑衅的行为里。我发现这点非常难以改变。

净香：对这一点，关键语就是："但是，要让每个人看清楚自己做或没做的行为。"它表示要去留意自己的态度、自己的想法和自己的举止，并且要回到我们对愤怒的体验中来，去好好感觉它。

学生：在我上班的地方，有时候员工会抱怨老板，说他的闲话。如果我拒绝参与，就好像我是超然于别人之外，自以为比别人高一等。

净香：那是一个很难处理的场面。一个熟练修行的标志之一就是能够在场却不参与伤害人的行为。对你而言，这就表示身处一群批评和非难的人当中，却能够保持不批判，同时又不会被看成是自以为超人一等或与众不同。这点是做得到的。我们有什么方法可以做到呢？有哪些方法会有用呢？

学生：用幽默感。

净香：对，幽默感会有帮助。还有别的方法没有？

学生：不去批评那些正在非难别人的人。

净香：是的。当其他人都在说闲话而我们决定自己不这样做的时候，我们很可能就会感觉超人一等、"比你圣洁"，我们还可能会生这些人的气。假如我们的态度是发怒和超人一等，我们的批判就会显示出来；假如我们很真诚地在愤怒中修行，我们的批判就会减至最小程度，那就不成问题了，我们就能够很自然地处身于这群人当中。

学生：我留意到当自己处在一群正在讲别人闲话或在批评别人的人当中时，要是我不参加任何批评，任由他们去说，到了最后他们经常就会转个方向，从另外一个角度来看事情。而假如我一开始就想要阻止大家去批评，他们反而更会批评；假如我和大家争执或是指出被他们批评的人的优点，场面反而会更混乱。

净香：对。当我们对自己的修行比较清楚的时候，就能对发生的任何事情都找到更有技巧的处理方式。

学生：我们可以不去谈论那个被批评的人，我们可以反过来对批评者表示自己的同情并理解他的感受；我想这样做是可以有些帮助的。比方说，若是有人抱怨："那家伙总是迟到。"我们可以说："真是难为你了，老是等他。我看得出来你很气恼。"

学生：至于那些正面的批评呢？有一种说法是：教育儿童的时候，不管把他们列为是好、是坏，只要是把他们归类了，对他们的健康都不利。当我们说"你真是个好孩子"或"你真聪明"的时候，就是在把他们置入一个窘境里。

净香：最好是完全不去批判一个人，但是我们可以赞成别人的行为。对一个孩子，我们可以说："那张图画好棒！"我们把话说得越明确，就越好。我们可以说："你文章的起头真是好。"或是："你举了很好的例子支持自己的观点。"而不去说："好文章！"

对我们而言，儿童的威胁性比成年人小多了。我们预期成年人知道自己该做些什么，因此我们就过于吹毛求疵，很容易就去批判他们。我们对自己也是如此，我们觉得自己也应该知道自己在做些什么。

学生：当我发现自己在批判别人的时候，该怎么做呢？

净香：当我们发现自己在批判的时候，就需要去留意那些形成批判的念头，比如，"她真是笨！"并且去感觉自己身体的紧张。在我们批判的后面，永远有着愤怒或恐惧。直接体验自己的愤怒或恐惧要比任由它们驾驭自己的行为有帮助。

问题是我们喜欢批评别人，而这点就会不停地生出麻烦来。如果我们对发生的事情感觉是中立的，通常我们就可以好好地处理它；不过，我们对大部分事情都不是很中立。这就是为什么我们的修行非常有价值的原因。

学生：我留意到自己要是第一次遇见谁就去评断他，这个评断就会影响我和这个人的整个关系。我会习惯性地依靠自己的评断，而把围绕它的修行全忘光了。

净香：没错，我们对一个人会形成一个固定的观念。等我们下次再遇到这个人的时候，因为我们对他的印象已经固定了，所以我们就更是无法观察他实际的样子。

学生：与第三者一同批评一个人似乎会加强我们对这个人的批判。例如，我和一个第三者都同意某人不会替别人着想，那么，我对这个人的判断就真是牢不可破了。

净香：是的。我们所谓的友谊其实大部分都是两个人对其他人和事件有着相同的批判和非难的态度。

学生：其实批判永远都是虚假的，我们只能看到一个人的一小部分而已。

净香：我不会说我们对别人的印象永远是错的，只是不完整罢了。比如每个人都会有没有顾到别人的时候，我们只是没有考虑周到，没有完全专心。可是，当我们把某个人列为"不顾别人"的人的时候，就完全看不到他所做的其他成千上万件事情了。我们习惯于只对和自身有直接关系的事情感兴趣,这就是为什么每当我们想起自己的幼年时,总是记得那些不好的事情。我们对别人为自己做的好事似乎不感兴趣,而更记得那些对自己有威胁的事件。假如有人伤害了我们,我们对这个人做的其他事情才不感兴趣呢;对我们而言,他已经被打入了冷宫。我们若是对别人抱怨他,而别人正好也同意我们的意见,一个非常坚固的批判网络就此形成。我们对这个人的负面态度影响了其他人对他的接纳,包括那些对他根本就不了解的人在内。他们听见我们的闲言闲语,因此也就把这个人摒除在外。如此累积的批判是人类彼此之间所做的最具伤害性的事情,我们在认识一个人以前,就已经下了断语、拒绝了他。

你们有没有过这种经验,就是听到一个自己从来没有见过面的人在被别人描述?在自己和他碰面以前,就仿佛已经认识他了。等到真正碰面的时候,这个人却完全不像别人所描述的。这种事情真是令人感叹。

学生:有些时候,对一个友善的第三者谈论我和某人之间的问题蛮有治疗效果的。这样做可不可以呢?

净香:只有当你们说的话完全不为第三者所知时才是可以的。即使如此,最好是仅仅描述那个人的行为,描述实情,然后谈论自己的感受。大家在这方面要很小心,假如我们光是讲"我留意到自己在想她真是不顾别人"或是"我觉得真是气恼和紧张"是可以的。但是当我们脱口说出"她真是不顾别人,不是吗"的时候,我们就远离了自己的修行。

学生:我觉得有一点非常重要,就是你所提的:当我们在讲别人坏话的时候，我们也同时在伤害自己。当我们在讲甚至在想别人坏话的时候，自己的身体就会紧缩。

净香：对，我们的身体和心灵一旦紧缩，我们在很多方面就会为此付出代价，其他人也会因此付出代价。我建议大家，一旦某人的名字从我们口中溜出的时候，要留意自己添加了什么。我们说的是实情吗？或是加了一个评判？举例而言：丽莎把某样东西扔在我们可能会绊倒的地方，我们可以说："丽莎把东西扔在了我可能会绊倒的地方，我最好要小心点。"我们若是说："丽莎真讨厌。她根本不顾别人！"就不是一个实情，而是我们的评判了。

学生：我的那些评判似乎十分固执，我会一而再、再而三地对一个人有负面的想法。看来就好像我可以一百万次地把那些念头加上标签，却还是会疏忽那另外的一百万次。

净香：是的，在我们的念头淡化以前，我们可能要如此重复上无数次。

学生：我有点搞不懂事实和判断的区分。假如有人的确不断地在挑剔我，如果我说："她总是在挑剔我。"那是实情还是批判呢？

净香：两者的区分在于我们讲话的语气以及我们的感觉。假如我们只是在观察："是的，这是真的，她真是在挑剔我。"那就是实情；假如我们在抱怨，那就是批判。我们声音的音调可以是个依据。

学生：假如在我们正要批判一个人的一瞬间，把自己止住，不说任何话；这样做，好像我们是有意在使自己"放空"。

净香：这是真的。当我们批判的时候，我们就是一个能够批判别人的人，因而加强了自己是分离的实体的感觉；当我们把嘴巴闭紧的时候，我们就得在那一瞬间把自己的身份认同放弃。这就是为什么刚才我建议大家，修行其实就是佛家所谓的"无我"的训练。

学生：我发现当自己遇到不认识的人时，要是我故意抑制自己去说任何跟他们有关的话，就不大能够对他们的人品作什么判断。这让我觉察到谈话对形成判断有多么重要。

净香：对。虽然我们也可能不说一句话就作了判断。无论如何，我们必须留意自己对别人下了什么判断，我们必须记住修行的绝大部分都可以总括在"仁慈"这两个字里面。那么，仁慈是什么呢？

四、改变

耕耘土地

　　偶尔我会有个学生获得一个小突破，得到一个小证悟。有些禅学中心特别重视这些经验，特别强调它们的重要；我这里却不是如此。这种经验是很有趣的，一个人如果在某一瞬间进入了永恒存有的状态，他就会有一种转化。这种转化不会持久，因为我们总是又会溜回自己做事情的老套里去；然而，在某一段时间里——也许是一秒钟，也许是一小时，也许是几个礼拜——在过去会成为各种问题的事情全不成问题了。令人苦恼的疾病、各种各样的挣扎突然之间全平静了下来，仿佛在那段时间里，我们的人生颠倒了过来，我们勘透了一切事物的本质。这种经验本身并没有多大意义，但是可以指出一条我们如何能够更常进入那种永恒存有状态的路来。活在当下是我们打坐的要点，它大体上也是我们修行的重心。它能够帮助我们更明智、更慈悲地看清什么是需要做的事情，我们在工作上也会更有效率。诸如此类的结果十分美妙，我们却无法拼命去求得它或是强迫它发生，我们能够做的只是准备那些让它发生所需要的条件而已。我们需要确定土壤已经耕耘好，肥沃又松软，这样一旦种子播下去，很快就可以发芽。一个禅学学生该做的并不是追求结果，而是准备工作。如同《圣经》所说："你当预备耶和华的路。"这就是我们的工作。

从某一方面来说，我们修行之路是"无路之路"，我们修行的目的也不是为了要达到什么目标。修行其实并不是什么神秘的事，我们所需要做的事情也很直截了当。我的意思并不是说修行十分容易；修行之路并不是一条平稳的道路，地上满是尖锐的石头，可能让我们摔跤，也可能刺穿我们的鞋子。生命本身充满了危险，这就是人们来到禅学中心的原因。生命之路似乎充满了各种困难，充满了带来麻烦的东西；但是我们修行得越久，就越能了解那些路上的石头实际上是珍贵的珠宝，能够帮助我们把适合自己人生的条件准备好。每个人的石头都不一样，有些人也许是需要一个人清静上一阵子，有些人是需要多和别人打交道。尖石头可能是和一个讨厌的人一道工作，也可能是和一个极难相处的人生活在一起；它们可以是我们的子女、我们的父母或是其他任何一个人。感觉不舒服可能是这个尖锐的石头，丢了差事可能是它，得到一个新工作而担心也可能是它。到处都有尖锐的石头。修行多年以后会发生的改变是：我们会开始明白以前所不明白的事情，尖石头其实并不存在——路上铺满了钻石。还有什么其他的尖石头可以是钻石的？

学生：我先生的去世。

学生：工作截止的限期。

学生：疾病。

四、改 变

净香：不错，都很好。我们需要做些什么事情才能明白自己生命中的尖石头其实都是钻石呢？让我们开始从事修行的条件又是什么呢？

假如我们才刚开始修行，大概就不可能把一个巨大的创伤看成是份礼物，或是把一个尖石头看成是钻石。通常一个人开始修行的最佳时机是当他过的日子不是太气恼或太焦虑的时候，比方说，一个人刚生下婴儿之后的第一个月份就不是开始修行的好时机——我本身就难忘这一点。通常，修行的开始最好是在一个生活比较平静的时期，自己的身体最好也要健康；轻微的病痛还可以，不过严重的疾病就会使修行的起步太过艰难。

我们修行得越久，这些必要的条件就越不重要；但是在刚开始的时候，若是没有它们，路上的那些石头就会过于巨大，会让我们找不到任何方法来修行。当一个人彻夜没睡、照顾一个哭喊的婴儿，就不是一个开始坐禅的好时机；当一个人的身体有各种病痛或是非常沮丧，也不是开始的好时机。然而我们修行得越久，就越可以把生命带来的诸般困境看成是珠宝。麻烦不再使我们不能修行，反而会支持我们去做。我们不再觉得修行过于困难，不再觉得自己有太多难题；反之，我们会觉得这些难题本身就是珠宝，我们会前所未有地献身于对这些难题的修行中。我和学生面谈的时候，总不断地听到像这类的转化："三年前，我根本就不可能好好处理这个局面，可是现在……"这就是翻土、耕耘田地，这就是让我们身心能够真正转化所需要的工作。并不是我们的困难全消失了，或是我们的生活"转好"了，而是我们的人生观在慢慢改变——那些我们过去会厌恶的尖石头变成了我们喜爱的珠宝。当它们出现的时候，我们也许并不会高兴，不过我们可以感激它们所带来的机会，所以我们就会去拥抱它们，而不再逃避。这个时候，我们对自己人生的抱怨就会终止，我们不再抱怨那个难以相处的人，那个批评我们或是不尊重我们意见的人——对每个人而言，总是有什么人或事件是个尖石头。像这样的尖石头很珍贵，它是一个机会，它是一个我们可以拥抱的珠宝。

没有人能够一下子就看到这个珠宝，也没有人能够完全看到它。我们也许在某些地方看得到它，在其他地方却看不到；我们也许在某些时候看得到它，在其他时候却看不到。我们也许会全然拒绝去看它，根本就不想和它扯上任何关系。

无论如何，我们必须不断地和这个根本的人生难题角力。由于我们的人性弱点，所以我们大部分时间甚至不想知道它。这是为什么呢？因为和它角力就表示要向自己生命的难题开放，不再去躲避它们；而通常我们则想用什么东西来取代这些难题。举个例子说，当我们受够了自己的孩子时，就想把他们"还回去"，换新的人来。纵然在我们脱不了身时，也还是会找出什么微妙的方法来把他们"还回去"，而不去接受他们真正是什么样子的事实。我们处理其他问题也都使用相同的方式：我们有微妙的方法能把所有东西都"还回去"，而不去处理它们。

与自己人生的现实角力是我们这份无止境耕耘工作的一部分。有些时候，我们把一小块土地耕耘得非常好，就有可能产生小小的洞察力，并有灵光一现的时候；然而还是有成亩的土地尚待耕耘——因此，我们就得继续努力，使自己的人生越来越开放。真正重要的就是这点

四、改 变

而已。人类的生命应该像一个誓言,要把自己献身于揭示生命的意义。生命的意义其实并不复杂,可是却被我们对待自己生命难题的方式遮掩住了。需要一个最有耐心的修行才能开始看透这点,才能发觉那些尖石头其实是珠宝。

以上所谈的和批判没有任何关系,和一个人是"好"是"坏"也没有关系。在任何一个瞬间,我们只是在做我们所能做的;若是有什么东西是我们看不见的,我们就是看不见它。修行的重心是:扩大那个我们有时候能够取得的小"洞见",让它越来越大。没有人能够永远看得到它,我自己就不能,所以我们就需要继续不断地扩大它。

从某些方面来讲,修行是很有乐趣的:正视自己的生命,对它诚实,其实是很有趣味的。我们的人生十分艰难、屈辱和令人失望;不过从其他角度来看,它也很有趣味——因为它是活生生的。能够看到真实的自己以及自己的生命就是一种快乐。在一切挣扎、逃避、否认和往反方向走以后,能够在某一瞬间与生命的本质同在,可以让人欣然满足,这种满足感就是我们的核心。没有文字能够描述我们是谁——我们只是生命的一种开放的力量,恒久地在各式各样有趣的事物中显现,即使在我们的不幸和挣扎中也是如此。生命的混乱和烦扰是可怕的,却也是有益的。这就是把土地耕耘好的意思。我们不需要担心那些突然发生的小开口、小认知,我们只要有耕耘好的、肥沃的土壤,把任何种子丢下去,它就会长大。

当我们有耐心从事修行时,对自己的人生就会有不同的感受。最近我有个住得很远的学生打电话来,他说:"我真不相信这点,我的生活居然在大部分时候都令我很愉快。"而我在想:不错,真好;但是生命确实就"是"令人愉快的。一个令人愉快的人生可以包括痛心、失望和悲伤，它们也是生命源流的一部分，而我们就要能够放得下、随它们去。这些经验来来去去，我们的悲伤终归也会消逝；不过如果我们总是抱怨、抱紧不幸不放和僵硬不化（我们就是喜欢这么做），我们就享受不了自己的人生。假如我们能够去觉察自己生命的整个过程，包括那些我们痛恨的时期，同时对自己的痛恨也能觉察到——"我真不想做这件事情，可是我只能去做。"——那么这种觉察本身就是生命的本质。当我们与这种觉察同在时，对它就不会再有那些反应性的感觉，我们就只是在做这件事罢了。然后，在某一瞬间，我们会开始看到："噢，它真可怕！可是它同时也蛮让人享受的。"我们只需继续耕耘土地，这样子就够了。

经验与体验

每一秒钟，我们都处于一个十字路口：是要选择无意识呢，还是选择觉察？是选择心不在焉呢，或是选择专注此刻？是选择经验呢，或是选择体验？修行是让我们从经验过渡到体验，这句话是什么意思呢？

我们经常过度使用"经验"这个词，当我们说"和你的经验同在"时，我们只是随便说说而已，照着这个忠告去做不见得有什么帮助。我们通常把自己的人生看成是一系列的经验，比如我们对某个人有某种经验，对我们的办公室有某种经验，对我们的午餐有某种经验；从这个观点来看，我们的人生只不过是一个又一个的经验罢了。在每个经验四周也许围绕了一个淡淡的光圈，一层神经质情绪化的面纱，这层面纱经常是以记忆、幻想或是对将来的期望等形式出现——我们把这些东西连带着带进经验里来，是自己过去的习性所造成的结果。当我们坐禅的时候，我们的经验就可能被自己排山倒海、势不可当的记忆所主宰。

这种情形有错吗？人类"的确"是有记忆、美梦和期望的，这些都很自然。然而，当我们把自己的经验套上这些联想的东西时，我们的经验就变成了一个客体，变成了一个名词而非动词。然后，我们的人生也就和一个又一个客体——人们、办公室、午餐——遭遇了。记忆和期望也是如此，人生成为一系列的"这个"和"那个"。我们通常会把自己的人生看成是和"外界"某些东西的遭遇，生命也就变为二元对立了：主体与客体，我与其他事物。

这个过程本身并没有关系，只要我们能够不去相信它。因为当我们相信自己整天都在遭遇客体的时候，我们就会像奴隶一样。这又是为什么呢？因为任何一个"外界"的东西免不了就会有一层薄薄的含有我们情绪的面纱，而我们就会因此用自己情绪上的联想作出反应。当我们的世界完全由客体组成的时候，我们就变成了以自己可以从每个客体得到什么东西的方式过日子："他喜欢我吗？""那件事情，我能占便宜吗？""我要怕她吗？"我们个人的历史和记忆开始接管一切，我们把世界分成两半，一半是自己需要去躲避的东西，另一半是自己需要去追求的东西。

这种生活的方式有个毛病，就是目前对我们有利的东西也许将来却会伤害我们，反之亦然。整个世界在不停地改变，而我们那些联想迟早会带领我们走入迷途。一个充满客体的世界一点也不安全，我们得不断地提防，即使是对那些我们说我们爱他和亲近的人也是如此。只要另外一个人对我们而言是个客体的话，就可以确定我俩之间不会有什么真诚的爱或慈悲心了。

那么经验和体验之间有什么相异之处呢？什么是纯然的听、摸、尝、看呢？

体验不带有空间，也不带有时间；因为要是它占有空间和时间的话，我们就把它也变成一个客体了，而它不是一个客体。当我们摸、看和听的时候，我们是在创造一个空间和时间的世界；但是我们的真正生活却不带有空间或时间，它仅是众多体验而已。在这些体验变成一系列的经验时，带有空间和时间的世界就此产生。举例而言，在我们听到飞机声的那一瞬间，就只有听、听、听，我们听出了飞机的声音，轰隆、轰隆、轰隆的，每两声之间有个空当。当我们创造自己的世界时，这就是我们的生命。我们飞快地用各个感官创造自己的世界，快速得自己根本无法完全吸收。我们的经验世界就是如此一秒钟又一秒钟地从空无中创造出来的。

在我们奉行的仪式中，有一条是："不断的变化带动生命之轮。"体验、体验、体验，变化、变化、变化。"不断的变化带动生命之轮，实相以它的各种面目展示。祥和的居处如同变化本身会解脱痛苦众生，带领众生到达极乐世界。""祥和的居处如同变化本身"表示感觉自己腿上一阵一阵的疼痛，去听路上车子开过去的声音，只是在体验而已，和经验的本质同处。即使我们的腿痛也是一秒钟又一秒钟有着微细的变化。"祥和的居处如同变化本身会解脱痛苦众生，带领众生到达极乐世界。"

如果这个过程是截然清楚的话，我们就不需要修行了。一个开悟的境界并不是"有"某种经验；反之，它是"没有"任何经验，它是纯然、不掺任何杂质的体验，它和所谓的"有一个开悟的经验"完全不同。开悟是把所有用念头、幻想、记忆和期望建立起来的经验毁灭，老实说，我们对要毁灭我们所谓的我们的生活是一点也没有兴趣的。我们该如何毁灭生活的虚假结构呢？我们需要为自己的念头贴上标签，第五百次地对自己说："起一个念头，就是想某件事情一定会发生。"当我们如此做上五百次以后，就可以看穿这个念头的本质了，它是从我们习气中产生出来的一种空的能量，和事实毫不相关，不带任何实质的真相。一切都在变化、变化、变化之中。

谈论这个过程是很容易的，不过我们对毁灭自己的幻想结构却丝毫不感兴趣。我们有个隐秘的恐惧感，害怕自己若是把这结构完全毁灭了，也就是把自己毁灭了。

有个古老的苏菲教的故事：某人有个晚上把钥匙掉在街上没有路灯的这头，他走到有路灯的那头去，想在灯光之下找到钥匙。他的朋友问他："为什么在路灯底下找，而不是在掉的地方找呢？"他回答："我在这里找，是因为这里比较亮。"我们对自己的人生也是如此：当我们一有麻烦的时候，我们就沿用一个熟悉的模式去思考、忧虑、分析，让自己生活中各种疯狂的事情持续下去，只因为我们一向都是这样做的。我们才不管这样做是不是行得通，我们只会下定心，继续在路灯底下寻找。我们对那个不具有空间和时间，不停在创造这个具有空间和时间的世界的生命不感兴趣；实际上，那种生命对我们而言是很吓人的。

有什么可以促使我们放弃自己的闹剧,与自己的迷惘同在呢?是到了最后,我们对自己过日子的方式感觉不安。在一个只有经验的生命之后,是一个体验的生命,一个慈悲与快乐的生命;而真正的慈悲与快乐并不是一个我们可以对之有经验的东西。我们的真主宰仅仅是:变化、变化、变化、体验、体验、体验。这个主宰无时空性,然而它的本质就是空间与时间。我们对生命的体验也就是生命的创造力本身,"不断的变化带动生命之轮,真相以它的各种面目展示。"

美国诗人奥登(W.H. Auden)在他的一首诗里表达了我们通常的境界:"我们宁愿被摧毁,也不愿被改变;我们宁愿在自己的恐惧中死亡,也不愿爬上当下的十字架,让自己的幻觉消失踪影。"

我们宁愿被摧毁,也不愿被改变——纵然变化就是我们的本质。我们宁愿死在自己的焦虑、恐惧和寂寞当中,也不愿爬上当下的十字架,让自己的幻觉消失踪影。这个十字架也就是个十字路口,是个选择。我们在此作出抉择。

冰冷的睡榻

在体验的时候,我们就会抛弃自己与其他事物之间的二元对立的关系,如"我见到你,我评论你,我对你或我自己有某种想法"等。讨论一个二元对立的关系并不难,要描述一个非二元对立的关系——体验——就比较困难了。现在,让我们看看我们是如何脱离了体验性的生活,我们是如何从伊甸园中被驱逐出来的。

每个人在成长的过程中，就已经确定自己需要一套策略，这是因为我们在成长的过程中，一定会碰到看来像是在外界的、可以称呼为"非我"的种种反对。我们经常会遇到父母、亲戚、朋友或其他人的各种明显的反对。有些时候，这些反对意见非常强烈；有些时候，它们十分轻微。不论如何，大家都会在成长的过程中发展出一套策略来应付这些反对。

我们也许会决定：要让自己能够愉快地生存下去，最佳选择就是做一个顺从的"好"人。假如这套行不通的话，我们也许就会学习怎样在别人攻击自己之前先下手为强；我们也说不定会采取退缩的策略。所以，我们有三套应付诸般情况的主要策略：顺从讨好、攻击对方或是退缩，而我们每个人多多少少会采纳其中的一种策略。

为了维护自己的策略，我们就必须思考，因此一个成长中的孩子会越来越依赖自己的思考来苦心维护一个策略；他对任何一个人或场面，都会从自己选择的策略来衡量。到了后来，我们面对这个世界就仿佛它是在接受审判一样，我们会问："那个人或事件会不会伤害我？"不管遭遇的人或事件是什么，即使我们在礼节性地笑脸迎人，其实心里总是在这样询问。

直到最后，我们把自己的策略实行得如此完美，以至于自己无意识就会这么做，它已经进入我们的身体了。假如我们发展了一套退缩的策略，那么每当我们遇到一个人或一件事的时候，身体就会绷紧，这是一种习惯性的反应。我们也许会绷紧自己的肩膀、自己的脸、自己的肚子或是身体的其他部位，每个人都有一套自己的方式。我们甚至不知道自己在这么做，因为我们的紧缩一旦成了习惯，它就已经遍布在身体的每一个细胞内；我们不需要知道它的存在，它就在那儿。虽然我们的反应是无意识的，但因为它是一种对生命的退缩、与生命的分离，所以就会使我们的人生很不愉快；紧缩是很痛苦的。

可是大家都会这样做。纵使在我们认为自己是蛮开心的时候，还是可以觉察出自己身体里面的轻微紧张；它可能十分温和，不是非常强烈。当一切事情都很顺利的时候，我们就不觉得难受，然而那个轻微的紧张永远不会停止，它总是在那里；地球上的每个人都会如此。

小孩子们在学习建立自己的策略的过程中，他们会把每一件发生在自己身上的事情都编入一套个人系统中。慢慢地，我们对事情的认知就会有拣择，会增添那些适合自己系统的事件，抛弃那些不适合的事件。因为这套系统理论上是要维护我们的安全，所以我们就会对与它相抵触的内容不感兴趣。在我们长大成人以前，这套系统就已经和我们自己融为一体了，它就是我们称为"自我"的东西。我们以此生活，试着追求那些可以证实自己策略的人、境遇和工作，逃避那些会威胁它们的东西。

但是这种操纵的方式永远不会让我们完全地满足，因为我们只要是活着，就永远不知道下一刻会发生什么事情。即使我们能够控制自己大部分的生活，我们还是不知道要怎样才能完全控制它；而我们知道自己不知道，所以我们总会有恐惧感，这个恐惧感是一定会存在的。一般人不知道该怎么办，因此就到处去寻求一个答案。我们有个难题，可是我们实在不清楚它是什么。生命对我们而言，变成了一个无法满足的愿望，因为我们找不到一个答案。这个时候，也许我们就会开始修行了，世界上只有少数几个幸运者可以看出要重新发现伊甸园——我们真实的、正常运转的自己——就必须做的事情。

例如，我们的新伴侣很棒（在人际关系上，幻想是个至高统治者），我们和他或她结了婚，然后……啊唷！如果我们正在修行的话，这个"啊唷"可以是一件非常有趣和有益的事情；而如果我们没有修行，就可能会和这个人离婚，再重新去找一个伴侣。又例如，我们换了一个新工作或开始一个新尝试，起先一切都还不错，然后，我们开始遭遇残酷的现实，于是我们又得从幻想中醒过来。当我们运用自己的策略生活时，没有一件事情看来能够行得通，因为一个个体的生命本来就是无法满足的。我们在满足了一个欲望以后，会高兴一段时间；然而马上就会想要满足下一个欲望，又再下一个欲望。我们根本不可能从紧张和压力中脱离开来，我们无法安定下来，我们得不到祥和。

当我们打坐的时候，在我们脑海中无穷尽旋转的念头就会显示出自己的策略来，只要我们能够持续地给念头加上标签，就一定可以识别出自己的策略，知道是我们的策略产生出那些念头的。

当然，我们的身体也在被惩罚，因为它会反映出我们的以自我中心。身体是听命于心灵的，如果心灵认为这个世界是一个可怕的地方，身体就会反应："噢，我真是沮丧！"在影像出现的那一分钟——思考、幻想和期盼，身体就会有所反应；它的反应是长期性的，有些时候，它的反应会造成沮丧或疾病。

我这一生非常重要的一位老师是一本书，它可能是所有禅学书籍中最好的一本。但是这本书是从法文翻译过来的，文句非常笨拙，有些冗长的句子一句就是一整个段落。在读过这样的一个长句子以后，大家可能会很疑惑地问自己："它到底在讲些什么啊？"这是一本难念的书，不过它是我所读过的书中最能解释人类问题的。我曾经花了十到十五年的时间研究它，现在这本书看上去就像是洗衣机洗过了一样破旧。这本书就是胡伯特·贝诺特所写的《至高教义》，他是法国的一位心理医生，经历了一次非常严重的意外，使得他有许多年时间几乎动弹不得，只能躺着，依赖别人的帮助。本来他就对人类终极问题非常感兴趣，在他康复的那些年中，他把自己完全献身于这些问题的研究上面。

贝诺特用一个词语"痉挛"来描述我们为了要保护自己而产生的情绪上的紧缩，他把我们内心的喋喋不休、自言自语称为"想象的影片"。他一生的转折点是他认识到："这个我曾经称之为不正常的痉挛，却是一条通往开悟的路……其实可以这么说，在那层想象的影片底下，我们可以觉察到一种抽筋、一种令人瘫痪的阵痛、一种令人不能动弹的冰冷等奇妙的感觉，而我们的注意力应该专注在这个固定不动、冰冷又坚硬的睡榻上。我们就仿佛安稳又宁静地躺在一个和我们形体完全吻合的、坚硬却又和善的石块上。"

贝诺特说的是：当我们安详地与自己的痛苦同在时，这种安卧就是那扇"无门之门"；可是我们最不喜欢做的就是这个，因为它是令人不愉快的，而我们整个策略的驱策力就是要让自己愉快。我们希望有谁能来抚慰我们、拯救我们、带给我们祥和，我们不断地思考、计划和图谋都是为了能够如此。只有当我们停留在想象的影片中，安住

四、改变

在影片中的东西上时，我们对人生的意义才会有点认识。我通常把贝诺特的话解释成：我们不要不停地转着念头，要把它们加上标签，直到它们安静下来为止，然后，我们要尽自己的最大努力去和实相——那非二元对立的、我们生命当下的知觉——在一起。这样做法和我们想要的东西完全相反，和我们的文化教导我们的也完全相反；然而它却是唯一的真正解答，唯一能够通达祥和的一扇门。

当我们安身于自己的痛苦知觉时，会觉得它十分吓人，因此就会快速地从中跳开；我们一进入那不舒服的知觉里，不到一分钟就会马上回到那想象的影片中。我们不想停留在自我的真相里，这是我们人类很自然的一种情形——不是好，也不是坏。我们需要多年的耐心修行才能开始越来越接触实相，才能自在地安住于它，直到最后，就如贝诺特所说，它只是一个和我们形体完全吻合的、坚硬却和善的石块，在它上面，我们终于可以得到祥和与自在。

有些时候，我们可以安住一小段时间，但是因为我们已经习惯成自然了，所以一下子又会回到老路上。我们就这样反反复复地经历这个过程，随着时间的过去，这个不停的过程就会带领我们到达祥和之地。假如这个过程非常完美，就可以被称为开悟。

那想象的影片造出了痉挛，而那痉挛又造出了想象的影片，这是一个无止境的循环；只有当我们愿意安住于自己的痛苦时，这个循环才会被打断。能够这样做，就表示我们不再迷恋于幻想，不再期望自己的念头和感觉可以作为事情的解答。我们只要是抱着愿望会实现的期盼，就无法安住于身体痛苦的知觉里。

因此我们有两个部分可以修行。其中之一是我们无尽的失望，在我们的一生中，任何一个会让我们失望的东西都是我们的一个和善的朋友，而我们是四处都会遭遇失望的。如果我们没有失望，那么就还有那总是耗不尽的想思考的欲望，想利用在某方面的胜利把自己重新摆在众人之上的欲望。虽然没有人能够获得那最后的胜利，因为没有人能够长生不老；不过它仍然是我们的驱动力、我们的信仰。这些欲望只能被我们多年的打坐以及我们的生活耗尽，这就是为什么我们的修行和我们的生活必须是合一的原因。

我们有个幻觉：他人会让我们开心，会使我们的生活顺利；而在我们耗尽此般幻觉之前，不会得到一个人生的真正解答。和别人相处是一份乐趣，不是为了其他任何目的；他们也是生命奇迹的一部分，他们来此并不是为了要帮忙我们做什么事情。直到这样的幻想耗尽以前，我们不会满足于体验那个痉挛、体验那个情绪上的紧缩，我们会立刻跳开来，回到念头上面："话虽这么说，可是我要是这么做的话，事情就一定会好转……"

人生是一系列的无止境的失望，恰恰因为它不带给我们想要的东西，所以它十分美妙。能够步向修行之路是需要勇气的，很多人终其一生都不会去做这件事。每个人都在这条修行路上的不同地点，这点并没有关系。只有极少数非常坚持，能够把人生的任何事件都当成一个机会。因此，假如我们把所有的努力都放在想要让自己更好的尝试上面，那么我们就是在徒劳无功地转动自己的轮子，我们的不幸就会持续到自己去世的那一天了。

人生无它，只是各种各样的机遇而已，我们可以想到的任何事情都是个机遇。而除非我们能够对自己不停转动的想象影片（我们清晨一睁开眼睛,就开始了)失去幻想,否则我们就不会去体验自己的痉挛,我们就只会去转动轮子。我想这就是业力轮回的意思。

然而,我可不是叫大家完全接受这个描述,把它当成什么信仰体系。我们能够确定这种修行真实性的唯一方法就是去实践它。对少数几个人而言,他们最终都会得到基督徒所谓的"那超越了人所能理解的平安"。

我自己常常在有困难的时候想到那张冰冷又固定不动的睡榻——没有挣扎、奋斗,只是心甘情愿地安躺在它上面。时间一久,我们就会发现这张睡榻是唯一祥和的地方,是自己清明举止的来源。

作为对"法"的谈论,这些道理听来十分严峻,然而能够持续修行的人就是那些可以享受人生的人。这是到达快乐的无门之门,了解这些道理并且有勇气实践它的人,最后就会认知快乐的真义。我指的并不是无穷的开心(它并不存在),而是快乐。

学生:你有没有见过先是选择一种策略,过了一段时间以后,又换成别种策略的人呢?也许某人先挑选了退缩、不参与的策略,等到他坚强一点的时候,就决定:"嗯,说不定我到了无须顺从和讨好别人的时候了。"会不会有人从躲在墙角转化成和众人周旋呢?

净香:我时常会留意到一些向来很顺从和依赖的人,开始变成虚伪的独立;这是很自然的现象,是我们真正能够作为自己之前的一个阶段。我们越是修行自己的痉挛,我们的转化就越会加快。从现象世界来看,我们是在进步;不过,从绝对的意义上来说,我们本身一直就是美好的。

学生:当我们安住于自己的不舒服上时,就会发现它并不可怕,而自己就可以往前迈一步了吗？

净香：是的，好比我们能够学到自己可以是沮丧的，却仍然可以正常运转。我们只是往前看、去做，我们不需要感觉美好才能运转。我们越能够和自己僵硬的系统对抗，就越好。

学生：当你谈论那个痉挛的时候，听来它好像也是僵硬系统的一部分。

净香：不对，它是僵硬系统的一个产物，也是那系统里面唯一能够带给我们解答的一扇门。比如，当我们转着愤怒的念头时，我们的身体就一定会绷紧，我们不可能对某人有着愤怒的念头而身体不绷紧的。假如我们惯性中有动怒和攻击的策略，那么我们的身体就会在大部分时间都绷紧着，而整个系统中，就只有这点可以提供我们一扇能够穿过的门，因为我们可以体验那个痉挛，可以随它去，可以用修行来开启那痉挛之锁。说不定得花上五年的时间，不过它一定会发生的。

学生：前几天，我读到"不管我们的主要特征是什么，都要将之夸大"，但是对我而言，这表示要非常生气、去攻击别人。

净香：你可以私下里这么做。

学生：可是如果我真去夸大愤怒或攻击好让自己更有意识的话，难道我不会去伤害什么人吗？

净香：不会的。请你记住，我们唯一夸大的方式是去夸大那痉挛的"感觉"，而非夸大愤怒的行为。我们的系统是完全无意识的，因此在我们有意识去体验那个痉挛的时候，它就会自然地融解。

学生：我从自己的经验里发觉：我会处在一个可怕的痉挛当中，

四、改变

然后突然之间，它会改变，会有什么东西开启，我会进入一个感觉很自由、很开朗的空间。然后毫无来由地，我又会回到自己的气恼里面。

净香：很明显地，你又回到那惯性的以自我为中心的思想中了。

学生：有时候会觉得好像是一块原先绷紧的肌肉如今松弛了。

净香：对，然而真正的原因跟肌肉没有关系。在我们所有的麻烦底下，是我们那个想要生存的基本欲望。要是我们可以操纵肌肉的话，那么所有健身人员都可以变成开悟的人了。

学生：我发现那些不愉快的知觉并不是一种静态的境界，它会不停地流动、不断地转化，我会一下子有这种知觉，一下子又没有，因为它是纯然的能量，它不是静态的。

净香：唯一会干扰我们生命流动的就是我们对自己念头的迷信，我们几乎是惯性地这样在做。我们需要经过很多年的打坐时间才不会再迷信自己的念头。

学生：在我们耗尽各种策略——保护自己、对抗生命、抗拒当下——之前，我们就会一直回到紧缩的状态，像是"我不喜欢这样"一类的想法。这种事情始终不断地在发生。

学生：痉挛会在哪里发生呢？

净香：它会发生在任何一个我们感觉到的地方，也许是脸上，也许是肩膀上，任何一个部位都可能，经常是在我们的后背下方。

学生：我越来越发现自己有些念头似乎是种癖好，是对自己投射的一种影像，它们有时候不像是念头，有时候又美好得让我根本就不想给它们加上标签。还有些念头听来像是好的禅学修行，所以我就不去标志它们。

净香：是的，那些我们捕捉不到的念头就会控制我们。

学生：我的很多习气好像是无意识或潜意识的，因此即使我觉察到自己的脑子非常清楚明白，可是那个习气依然在那儿。纵使我不觉得自己心中在发生什么事情，可是它仍然会把我转回到那痉挛或是坚硬的睡榻上去。

净香：话虽是这么说，但是大家要记得：从某个方面来看，无意识并不存在，只不过显露出来的东西非常细微罢了，大部分我们所讨论的痉挛并不是什么腿或胳膊的大抽筋。

学生：你说过在一个好修行中，和标志念头同时并行的是体验。你的意思是当我们真实体验痉挛的时候，自己捕捉不到的念头就会显示出来吗？

净香：是的，我们越修行、越有觉察，那些无意识的念头就会开始漂浮到表面上来。突然之间，我们发现："噢，我从来不知道这点。"过去自己所不知道的东西会漂浮出来。

学生：在这种修行中，有时候会发生的反复痉挛或是身体摇动是什么呢？

净香：假如我们驻留在自己的痉挛中，我们的身体时常会摇动，我们还可能会掉眼泪。因为当我们真正专心在身体上面，让它自由地显露自己的时候，它就会慢慢开放，在过去被挡住了的能量就会开始上升到表面来，使得我们哭泣、摇摆或是做什么其他身不由己的动作。

学生：你能不能再多谈点感觉呢？

四、改变

净香：感觉就只是念头加上身体的知觉而已。

学生：那么当一个感觉出现的时候呢？

净香：把它分解开来，或是去看自己的念头是什么，或是去体验自己的身体。

学生：当我们体验的时候，这个体验会不会引发记忆或洞察力呢？

净香：有时候会的。我们若是持续地体验，我们的痉挛有时候就会裂开个口，我们就会看见过去的某些画面；然而不用担心，让它们自生自灭就行了。修行不在于分析自己，因为自己并不存在。假如我们从事这种基于体验的修行，我们的生命就会越来越向无我转化，我们的运转就会既直接又有效，我们的思考也会既清晰又有益。体验提供解答之钥。

融化冰块

能够了解修行学术的一面，了解打坐的基本理论是很有用处的；不过，学生们经常不想听学术的说明，只喜欢听具体的比喻。有些时候，最好的解释方法就是利用简单甚至可笑的比喻，所以现在我要用"冰块的行为模式"来谈论禅学的修行。

让我们姑且把人设想成大冰块，每边大概有两尺长，加上个头和细长的腿。我们人类大部分时间的生命就是如此，像个冰块般四处乱跑，和其他冰块猛烈相撞，经常把彼此的边角撞得粉碎。为了要保护自己，我们就尽量把自己冻结得坚硬无比，希望在和别人相撞的时候，他们会比自己早点撞碎。我们的害怕造成了我们的冻结，我们的恐惧感使得我们坚硬、顽固和冥顽不化。当我们撞到别人的时候，会造成各式各样的混乱；而任何一个阻力以及料想不到的困难都会把我们弄碎。

冰块会痛，冰块的日子难过。当我们僵硬的时候，不管自己有多小心，总是会滑倒、会失去控制。我们的尖锐边角会有损伤，不仅会伤害别人，也会伤害自己。

由于我们是凝结着的，没有水喝，所以总是会觉得口渴。参加鸡尾酒会的时候，我们会稍微软化，喝点饮料，可是这样子喝东西并不能真正地满足自己，因为我们底层的恐惧感会持续我们的凝固和干枯。我们的软化只不过是暂时和表面的，在它底下，我们依旧口渴、期盼满足。

有些比较聪明的冰块会想找出办法来逃出自己不幸的生活。留意到自己的尖锐边角，留意到自己和别的冰块相遇时受伤，它们试着对别人友好，愿意和别人合作。这种做法稍微有些帮助，然而冰块仍然是冰块，根本上的尖锐依然存在。

有少数几个运气好的冰块也许会碰到一个已经融化、成为一摊水的冰块。当一个冰块遇到一摊水的时候，会发生什么事情呢？那一摊水的较高温度就会开始融化这个冰块，使它越来越不会口渴。它开始了解自己不需要冰冷、僵硬，在这世界上生活还有另外一种方式。这个冰块开始学习如何用简单的观察来制造热度，专心之火开始融化它。它观察自己是如何碰撞别人、把别人撞伤，看到自己的边角是多么的尖锐，它恍然大悟自己在过去是多么的冰冷僵硬。在这个时候，一个非常奇怪的事情就会发生，一个冰块只要能够留意到自己的行为，能够观察到自己的"冰冷",只是这样观察自己,它就会软化,它的了解就会增多。

这种结果是有传染性的。假如有两个冰块是一对夫妻,双方都想保护自己,改变对方。但是由于两个人都冰冷僵硬,都带有尖锐的边角,因此两个人并无法真正地改变或"修正"对方。然而如果其中一个冰块开始融解,另外一个冰块——要是它靠近的话——也一定会开始融解,它也会开始获得一些智慧与洞察力。它不再把对方看成是一个问题,而会开始对自己的冰块性有所觉察。双方都会学到那个观察者——对自己举止的觉察——就像是一团火一般,而这团火是无法用自己的努力来添薪的,一个冰块是无法融化自己的;融化是观察者的作用。一个观察者,从某一方面来说,不是任何东西;从另一方面来说,它却又是一切——就如耶稣所说:"不是我,是在我里面的父。"那个觉察,我们内在的观察者,就是"父"——是我们的本性。要想让观察者好好地做事,我们就不能沉溺于自己僵化和坚硬的行为里,不能滥用自己的权力,不能去撞击别人,也不能想去改变别人;而且当自己在做这些事情的时候,必须保持自我觉察,好让观察者进行它的工作。

有些冰块得到这些观念,并且开始从事这方面的实践,它们就会变得有些软化。对于正在修行的禅学学生,我留意到的第一件事就是他们的容貌会改变,他们笑起来会不一样,会比较温和,更悲天悯人。但是这个工作是很艰难的,有些冰块即使已经开始软化,却会厌倦这个过程,它们会说:"我只想倒转回去,舒舒服服当个冰块就好。没错,冰块的确是寂寞又冰冷,可是起码以前我不会感觉有这么多的苦恼。"而事实是：一个冰块一旦开始软化，就不会再凝固起来，我们可以把这点称为"冰块法则"之一（要对物理学很抱歉了），一个曾经软化过的冰块永远也无法忘记自己软化过的情形。这就是为什么我要说："除非你们已经准备好开始下一阶段的修行，否则就不要做这件事。"我们无法回到从前，只要一开始修行，只要一有点软化，就已成了定局。我们也许觉得自己可以重新回到过去的生活里，我们甚至会试着这样去做，不过我们无法违反基本的"冰块法则"。只要我们有一点软化，我们就永远会软化。

有些冰块因为只是偶尔才修行一下，所以它们在一生中只改变了一点点，只软化了一点点。而那些真正了解修行之路、勤勉修行的冰块却会变为一摊水。奇妙的是当其他冰块走过那摊水的时候，那些冰块也会开始融解，变得有些软化。我们就算是只有一点点软化，我们周围的人也都会跟着软化，这是一个十分奇妙的过程。

我的学生中有不少人虽然恨透了这个过程，却还是软化了。我们只要了解得透彻，就会知道一个冰块的工作就是要融化自己。当我们仍然冻结坚硬的时候，还以为自己该做的就是四处去碰撞别的冰块或是被它们碰撞。在这样的生活中，没有两个冰块能够真正地相遇，仿佛碰碰车一般，我们相撞，弹开来，彼此又再各走各的路，这是一个非常寂寞冷清的生命。事实是：我们真正想要的是能够融化，我们想要变成一摊水。我们可以把修行理解成是学习如何融化自己。在修行的过程中，我们可能会说："不要管我，走开，让我当个冰块就好。"可是我们只要一开始融化，就再也忘不了它，直到最后，我们原先作为一个冰块的特性就被摧毁了。不过，当一个冰块变为一摊水的时候，

四、改变

它果真被毁灭了吗？我们可以说它不再是个冰块，却获得了自己的真实本质。

把人类的生命比喻成一个冰块当然是很可笑的，然而我看到很多人彼此互相打击，希望借用打击他人的方式来取得什么东西，这种做法是永远行不通的。总要有谁能够停止打击，纯然和是个冰块的自己同在。我们需要单纯地打坐和观察，需要感觉自己的本质是什么——真正体验它。对于其他冰块，我们帮不上什么忙；实际上，我们也不该帮什么忙。我们唯一能做的就是尽量召唤那个观察者。当我们转向观察者时，自己就会开始融化；而当我们融化的时候，其他冰块也就会一点一点地融化。我们在融化的初期，会十分自然地想要抗拒它，我们会想要再回头当个凝固的冰块，去控制和操纵我们遇见的其他凝结的东西。但是我从来不担心这点，因为对任何一个修行了一阵子的人而言，太多的了解已经存在，我们的心灵深处已经领会了过去所不曾领会的东西，所以我们再也无法回头。

下次我们再说尖酸刻薄的话、再抱怨、再想修理或分析别人的时候，就是在玩弄一套冰块的把戏，徒劳无功而已；行得通的是去培养那个观察者。观察者一直就在那儿，不过，我们若是在忙着撞击其他冰块的话，就看不到它。我们就算在自己生命里不留一点空间给观察者，它也总是在那里，因为它就是我们；虽然我们经常都想逃避它，却是逃避不了的。

当我们更温和的时候，会发现作为一摊水会吸引许多别的冰块过来，有时候连这一摊水都会宁可自己只是个冰块。我们越融化，就越有工作得做。一摊水对其他那些想要融化的冰块而言，就好像一块磁铁般，因此我们越像一摊水，就越给自己汲取了更多的工作——而这是没有关系的。

学生：我很喜欢你这个比喻，因为当一摊水很清澈的时候，它的倒影可以反映一切。你能不能多讲点那观察者是怎样出现的？

净香：观察者永远就在那儿，可是一个冰块要是看不到别的东西，光是撞击其他冰块或躲闪它们，那个观察者就无法运转。一个冰块非得有所改变才能对自己的行为有所觉察。我们只要全神贯注在其他冰块上面，观察者就无法出现，虽然它永远都在那里。当我们开始看出"噢，毛病并不在别的冰块上面，我想我大概得留意一下自己了"的时候，观察者自然就会出现。我们会开始领会到问题并不在"外界"，问题出在此处。

学生：当我是一个冰块时，可以幻想没有任何东西可以出入自己，因此自己是被保护着的；但是当我开始软化的时候，却突然发现任何东西都可以影响到我，包括那些污染、战争和无助感等，这些东西能够渗透自己的这个洞察力是非常吓人和令人失望的。你能不能讨论一下当一个人介乎冰块和一摊水之间时，他所感受的恐惧以及其他情绪上的状态呢？

净香：这是真的，软化过程的中间阶段会产生很多抗拒和恐惧感。从某个方面来说，作为一个冰块似乎是蛮成功的，起码看起来是蛮成功的；它就只是比较孤单和口渴而已。当我们软化的时候，却更容易遭受他人的伤害，假如我们看不清楚发生的事情，就会经验更多的恐惧。因此，那个软化的阶段，那个融解的第一步骤，总是会夹带着抗拒，会夹带着害怕整个世界将席卷自己的恐惧感。别人会开始对我们作出种种我们不知道该如何应付的要求，使得我们想再僵硬起来。那些要求可能是很不受欢迎的，而我们的抗拒也可能会越来越强烈；但是无论如何，我们的抗拒不会永久存在。

有时候，会有人对我说："我已经修行了半年，生活中的每件事情却更糟糕了。"他们在开始修行之前，有个知道自己是谁的幻觉。如今他们觉得十分迷惘，而这点会让他们不好过，甚至会觉得非常难受。可是这种情形是绝对必要的，除非我们能够了解这个事实，否则我们就可能会彻底地失望。修行在有些时候会令人非常难受，认为一切事情都会越来越好的想法是非常不正确的。

学生：当我开始打坐的时候，觉得自己好像从脖子以下都死了。我觉得自己有如你所描述的冰块一般：上面有个头，底下有双脚，中间是个走来走去、没有知觉的电脑。而修行把我身体里面的很多感觉都释放出来了，比方说，我已经哭了很多次，这种感觉就好像融化成一摊水一样。

净香：很好。在大部分学生身上，我都可以看到正在融化的过程。这个过程经常不是很愉悦的，但是换个角度来看，却又是很美妙的，因为我们可以感觉到自己越来越成为真正的自己。当然我们也会抗拒，两者总是同时并行。大家会以为自己的抗拒是一件坏事情，其实它是修行的本质，并不是多出来的东西。

学生：当个母亲是不是会使一个人软化些呢？我认为母亲们必须对她们的孩子敞开心胸，而这样做就会使冰块融解。

净香：当个母亲是个绝佳的训练机会。不过，我知道有些母亲是个不折不扣冻结的冰块，包括过去的我自己在内。

城堡与护城河

我教学了这么多年,难得遇见几个人不是全神贯注于自己的问题上面;好像我们的人生埋没在又深又厚的云层底下,又好像我们处在一间暗室里面,和一个难以克服的仇敌在摔跤。当我们陷身于这种挣扎的时候,就把世界挡在外头了。老实说,我们根本就没有时间给世界,因为我们正忙着担心,我们唯一在乎的就是如何解决自己的问题。我们老是有个幻觉看不透,就是我们专注的问题其实并不是"真正"的问题。我听过各种各样的说法:"我真寂寞","人生是空虚和没有意义的",以及"我应有尽有,可是……"等等。我们看不出自己的这些表面问题其实只是一座冰山的尖端,实际上,被我们认为是问题的只不过是些"伪问题"而已。

我们当然不这么觉得。举例而言:假如我是结了婚的人而我先生突然离家出走了,我当然不认为这是个假问题而已。我要经过一段很长的时间才能看出这个被我认为成是问题的并不是真的问题。真的问题不是我们容易见到的部分,它是冰山沉在水下的那一部分。对某人来说,这座冰山可能是一个十分普遍的信念:"我必须控制一切。"对另外一个人来说,它可能是:"我必须把事情做得十全十美。"实际上,我们不能利用四处帮助人来控制这个世界,我们也不能利用软弱无助来控制这个世界,我们不能利用自己的魅力、成功或侵略性来控制这个世界,我们也不能利用自己的殷勤、甜蜜或作为一个牺牲者的戏剧性来控制这个世界。在显现出来的问题底下,是我们需要对它熟悉的一个更基本的模式。这个底层的问题是我们对人生的一个慢性、普遍的态度,而这个态度是从我们孩童时期的恐惧感所衍生出来的一个古老信息。如果我们看不清楚这一点,而是迷失在想要处置自己的假问题中,那么我们对人和事件就依然会瞎子摸象一番。

只有当我们对人生盲目的理解失败的时候,才会稍微觉得我们的假问题就像是一座把自己囚禁起来的阴暗城堡。任何修行的第一步就是要知道自己是被监禁起来的,大部分人根本就觉察不到这一点,他们会说:"哦,我事事顺利啊。"我们只有觉察到自己是被关起来的时候,才会去找一个离开监牢的出口,因为我们已经清醒地知道自己是被关在监牢里面的。

我们的问题仿佛一座黑暗和险恶的城堡,四周环绕着水。我们找到一艘小船,开始划离城堡。我们划得越远,回头望向城堡的时候,它看起来就会越小。护城河是很宽广的,不过我们总算渡过了它,到达了河的彼岸。等我们再回头望去,城堡看起来就真是渺小了。因为在我们的感觉上它是变小了,所以我们对它也就失去了以往的兴趣。我们开始留意自己的目前所在,留意河水、树木和鸟雀,留意在河上划着船、享受新鲜空气的其他人。有一天,当我们欣赏风景的时候,再望向原先城堡所在的地方,它居然不见了。

修行就像是划过护城河的这个过程。一开始,我们专注在自己某个特殊的假问题上面。然后,在某个时候,我们会发现原先看来是个问题的其实并不是真的问题,我们的问题是在更深层的地方。我们茅塞顿开,如同破晓的曙光展现,我们借着光线找到一扇门,走出城堡,对自己的挣扎得有能把它看清楚的距离。我们的问题仍然可能是这座巨大、阴暗的城堡,把我们笼罩在它的阴影底下,但起码我们现在在它的外边、仰头望着它。当我们开始划过护城河的时候,它可能波涛汹涌,使我们划得很辛苦,说不定还会有场暴风雨把我们又吹回岸边去,使我们短期间内动弹不得。不管怎样,我们继续不断地努力,终于离开城堡有一段距离,稍微可以开始享受城堡外的生活了。直到最后,我们喜欢外界的生活,当自己再望向城堡的时候,发现它只不过是水上漂浮的渣滓之一,并不比别的东西重要了。

我们的城堡是什么呢?我们的伪问题是什么呢?那座冰山的下层、主宰我们人生的深层问题又是什么呢?城堡与冰山是同样一个东西,对我们而言,它又是什么呢?我们每个人的答案都会不一样。当我们开始看出目前使自己气恼的问题其实并不是人生的真正焦点,而仅是一个深层模式的征兆时,我们就开始对自己的城堡有点了解了。而当我们对它了解得够透彻时,就可以找到出口了。

也许我们会问:我们为什么要将自己囚禁在城堡里面呢?这是因为我们没有觉察到这座城堡,或不知道要如何争取自由,所以修行的第一步永远是去看出和承认自我城堡。监禁人们的方式是各式各样的:某个城堡也许是不停地追求刺激又充满活力、享乐和新鲜事物的生活,像这样生活的人可以激励别人,但是不好相处。因此,住在城堡里面不一定表示日子就是在担心、忧虑和沮丧中度过,更为精微的监牢一点也不像这样子。我们越是在外在世界中成功,就越难看见囚禁自己的城堡。成功本身是很好的,然而假如我们对自己不了解的话,它就可能变成监狱。我认识一些在他们行业中世界知名的人,却还是囚禁在自我的城堡中。像这样的人只有在他们生命开始崩溃的时候,才会想要修行，而他们外在的成功常常会让那个崩溃难以被辨别和承认。当城堡外墙出现裂缝时，我们就可能开始检视自己的生命了。修行的起初几年是对关闭自己的城堡有所认识，开始寻找一艘小船。渡过那条护城河的航程可能会颇多曲折，尤其在刚开始的时候。我们把自己从我们认为自己应该如何以及自己的生命又该如何的梦想分开之际，可能会遭遇航程上的暴风雨和汹涌波涛。

陪伴我们渡过航程的只有一样东西：就是对发生的事情具有的觉察。我们在假问题发生时，能够维持自我觉察的能力会随着修行——而非努力——逐渐增加。当发生了什么我们不喜欢的事件时，我们经常是去制造假问题、陷身其中："你侮辱了我，我当然会生气！""我真寂寞，没有人真正关心我。""我过了艰苦的一生，我被别人虐待。"直到我们看出城堡不存在、问题也不存在以前，我们的航程就还不到尽头（而它也许在人类一生的岁月中，都无法完全做到）。我们划船渡过的宽阔护城河永远就是它自己的模样，怎么可能会有问题呢？我们的"问题"是因为我们不喜欢它。我们不喜欢它，不喜欢生命的样子，不喜欢生命不能尽如己意，而从我们的意见、反应和批判中，我们就盖出了一座囚禁自己的城堡。

修行能够帮助我们理解这个过程。我们不再失落于气恼之中，而会开始留意自己的念头和自己身体的紧缩。我们开始明白那些惹自己气恼的事情并不是真的问题，我们的气恼是从自己对生命的特定看法中产生的。我们开始把这种特定看法扯破，把自己的梦想打碎，一点一点地，我们获得一些远见，我们把船划离自己盖起来的城堡，不再被它把持。

我们修行得越久，每次一有问题，就能够越快地经历整个过程。我们的工作在起初是又慢又让人失望的，不过当我们的了解和技巧增加的时候，它就会进展得快些，我们最终会勘透其实问题从来就不存在。也许我们的健康会转坏，也许我们把最后一点钱也弄丢了，可是一切不成问题。

然而，我们对生命不这么看，每次一有什么我们不喜欢的事情发生，以我们的眼光来看，自己就有个问题了。禅学修行不是要对问题调整一番，而是要勘透问题并不存在。这条路和我们大多数人所习惯的大不相同，我们大多数人只想修整自我的城堡，却不想去看穿它，去找到那护城河来和它脱离——而这正是修行所需要做的事情。

事实是：我们并不想离开城堡。也许我们自己不觉得如此，但是我们喜爱自己的问题，我们喜欢留在自己建筑起来的监牢里面，当个受害者，辗转反侧，自哀自怜。到了最后，如果我们可以看出这样的生活是行不通的，我们才可能去寻找那条护城河。即使在那个时候，我们也还可能会继续欺骗自己，去追求那些可以保持城堡完整、维持自己囚禁的答案。好比在某个人际关系出了问题后，我们就又投身到另外一个新关系中，而不去发掘关系底层的真正问题——那个我们对生命所作的根本决定、那个我们建筑起来的城堡。

"我的腿摔断了"，"我生我女朋友的气"，"我的父母不了解我"，"我的儿子吸毒"……有什么东西把我们和生命分离，使得我们看不出一切事情只是它们的本身模样呢？只有当我们对人生的每一瞬间都能欣赏时，才能说自己对灵性生活稍有心得。

了解是解答之钥，大家需要多多修行才能了解我所描述的是什么；

同时，大家还需要有勇气才能冒险穿越那条护城河，离开城堡。我们只要留在城堡里面，就会觉得自己十分重要，我们根本就不情愿离开城堡。我们若是很沮丧，那一点也不奇怪，毕竟沮丧是自己熟悉的一样东西，要叫我们放弃自己的沮丧才真是难呢。要划艘小船离开，把所有我们看成是自己生命的东西都不带走，是很吓人的一件事情。因此，要能又快又有效地穿越护城河就必须有无穷尽的训练和技巧才行。囚禁在城堡中，我们陷身于一个束缚和窄小的空间里，不管我们自己知不知道，我们的人生都是既黑暗又阴沉的。所幸自由（我们的真我）会不停地召唤我们。

学生：我觉得除非一个人已经修行了好几个月，甚至是一年的时间，否则他根本不可能进入小船内，开始划过护城河。

净香：有些人是在自己的生活一团糟以及个人的梦想破灭之后来修行，这样的人经常是已经准备去摧毁自己的城堡了；而其他人呢，这个过程会发生得比较缓慢。打坐会使我们个人的这些城堡遭受攻击，要不了多久，纵使它们以前看来是非常坚固完整，也会开始出现一些裂缝，我们会觉察到第一道裂缝，说不定会吓一大跳呢。

学生：假如有个问题感觉上是个问题的话，难道它不是一个真问题吗？是什么把它变成一个假问题的？

净香：假如我的男朋友被派往欧洲工作两年，可是我在此地的各种责任却让我走不开，于是我就好像有个问题了。我的生活和他息息相关，我当然非常不喜欢彼此的分离。从我个人的立场来看，这是一个真问题；然而从生命本身的立场来看，就只不过是我的男朋友在欧洲，而我在这边罢了。就是这样，唯一的"问题"是我对这件事情的判断。

学生：你是说对这个情形不采取任何行动，就只是消极地接受发生的一切吗？

净香：不是，一点都不是，那不是我的意思。如果我可以选择搬去欧洲和我的男朋友在一起，并且与这件事情相关的人全都觉得可以，那么我就去这么做。但是，我们经常发现自己处在一个无能为力的境遇中，我们不能总是把世界改造成能满足自己的偏爱。修行能够帮助我们处理事情本身，而不会在它上面添加任何东西。

学生：我们要如何发现自己的城堡是什么呢？有什么策略没有？

净香：关键在于留意把自己惹火的是些什么东西，因为我们的城堡是从以个人为中心的情绪所建造出来的。会把我们惹火的例子有哪些呢？

学生：愤怒——某人说了什么不中听的话。

学生：沮丧。

净香：沮丧通常是一个生活不能尽如己意的征兆。

学生：嫉妒——我不喜欢某人看她的模样。

学生：怨恨——因为我做了该做的一切事情，而他们居然不感激我。

净香：家长们经常会如此，他们抱怨："我为你做了一切，得不到一点感激？我把自己生命的最好时光都给了你！"

每座城堡都包含了一个个人的生活目标。也许有一座城堡看起来像是用一个高尚的意图盖的，不过却隐藏了以自我为中心的念头，例如，帮助无家可归的人可以是我们证明自己是个好人、会关心别人的

四、改变

方式（我们应不应该去帮助那些无家可归的人毫无疑问，问题是在于我们做这件事的原因）。

学生：一个带给我们开心的东西可以是城堡的一部分吗？比方说，我们用听音乐来作为应付恼怒的一种方法。

净香：是的，假如听音乐被作为逃避的一个方法，那么它就也是城堡的一部分。

学生：对于住在城堡里面的人而言，城堡看来永远像是根基于事实，对吗？

净香：对，然而它不是的，是我们内心的一个认为生命应该是什么样子的判断造出了城堡。每当这个判断被我们用任何方式质疑的时候，城堡就会摇晃。

学生：我们作的那个判断是衍生于自己过去的某个经验，对吗？

净香：对，虽然我们也许记不得那个经验。

学生：我们能够有一座以上的城堡吗？还是每个人都住在自己的一座大城堡中？

净香：大多数人只住在一座城堡里面，但是它有许多的房间。对大多数人而言，那座城堡是从他们对人生的一个基本判断中所产生的，不过那个判断可以用多种不同的方式显示出来。我们必须发掘自己演出那个判断的各种方法，我们必须熟悉自己的城堡。

学生：熟悉自己的城堡是表示能够觉察自己身体里面的紧缩吗？

净香：是的，同时要能够看到自己起的念头，并且把它们加上标签。我们在这样做的时候，就能慢慢地把城堡的门锁打开，找到一条通往小船的路径，让自己可以划过护城河。它是一个缓慢渐进的过程，没有很明显的界线。我们无法一下子就完全脱离自己的城堡；有些时候，城堡看来似乎是很远了，然后发生了什么还没有被我们看透的事情，使得我们马上又回到城堡里面。没有人能够对城堡里的每个房间都有透彻的了解。

学生：城堡与护城河的比喻很有帮助，不过我知道自己在停止打坐、回归日常生活的那一分钟，立刻就会失去自己对它的清明觉知。

净香：打坐以及像我们这样讨论的重点就是要澄清那些我们回到日常生活时会遭遇的问题，帮助我们去处理它们。只要好好地修行，这些能力就会随着时间增加。当然，我们还是很容易就会回到自己的老套中去。一个像我们这样的讨论，本身是做不了任何事情的，重要的是大家如何实践它。我们能不能诚实地留意自己会在什么情况下气恼，同时观察自己在恼怒呢？我们能不能退后一步，给自己一点点观察的空间呢？护城河的功用就在于使我们可以回头望向城堡，可以更清楚地看它。整个修行的过程听来十分容易，做来却是非常困难，尤其是在刚开始的时候。困难并不是一件坏事，它就是这个样子。

学生：你觉得一座城堡是一个人的个性吗？或是个人的特殊见地和个人的生活目标而已？

净香："个性"这个名词听来好像是在讲一个固定不变的内在结构。我们的个性是自己设计出来的一个应付人生的策略，由此看来，城堡就是我们的个性。当我们打坐多年以后，我们个性的主要特征就会淡化；那些打坐了很久的人，个性会逐渐消失，剩下坦然与开朗。我们打坐得越久，就越会没有个性。

四、改 变

学生：我认识你很多年了，好像你是越来越有个性了。

净香：随着时间过去，一个好修行会让我们对发生的事情更容易感应，然而我们不会一成不变，我们会更随心所欲地作出适合各种情况的反应。修行会增强我们作出恰当反应的能力，让我们的个性不再横阻道上。

五、觉察

觉察——似非而是的隽语

我们打坐，很重要的一件事情是要能够尽量寂然不动；要留心舌头在嘴里的位置，眼珠子的转动以及手指的弯曲。假如它们动弹了，也要对这些动作能够有所觉察。每当我们转动念头的时候，我们的眼球自然就会跟着转动。我们有些非常隐蔽的逃避自己的方法，对我们而言，寂然不动是一个非常拘束和不舒服的指令。起码我自己是如此，当我打坐了几节课以后，就想去做点什么事情。我们只要寂然不动就好，不紧张僵硬。

我们最不喜欢做的是自然地接纳自己。

我们都有非常多的欲望：要舒适、要成功、要爱情、要开悟、要达到佛陀的境界。当我们起了这些欲望，就会紧张，就会想要改变人生，因此，我们最不喜欢做的就是静止不动。寂然不动时，我们可以觉察到自己是多么不喜欢这一刻的自己，而这点会使我们非常恼怒，所以我们根本不想这样去做。临济大师说过："心里不能有一丝一毫追求佛法的念头。"他的意思是：在每一个当下都做自己，活在当下，这就是我们需要做的。但是人类的欲望却要去追求什么东西。当我们打坐的时候，有哪些东西是我们在追求的？

学生：舒适。

学生：想让自己的思想停止。

净香：对，我们会试着去停止思想，而不是去觉察它们。

学生：我们会追求某种强烈的身体体验或是某种超常意识状态。

学生：祥和。

学生：追求能够清醒一点、不要打瞌睡，或是想要除去自己的愤怒："我一除掉这个愤怒，就会比较接近佛法了。"

净香：我们也可能会记起过去某段快乐的时光，想要重新得到那种开心的感觉。要是我们心里没有一丝一毫追求佛法的念头，那就表示我们在做什么呢？

学生：表示我们不再攀附。

净香：对，不再攀附，并且心甘情愿怎样？

学生：在我们所在的地方，成为我们自己。

净香：是的，就在此时此地，成为我们自己。我们静坐的时候，大概只有三秒钟可以做到这点，然后我们马上就会产生一个欲望，想要动一动、想一想和做一做什么。

简单地说，修行的方式有两种。一种是稳定地改进自己：提升能量，改善饮食，净化自己，逼迫自己有一个清晰的心智。大家以为开悟就是这种努力的成果，其实不是的。当然，运动、吃健康食品、做任何可以使自己健康的事情都是好的。像这类改善自己生活的努力，跟着一条可以引导我们到什么地方去的路径走，可以造出看起来很冷静、很神圣、令人印象深刻的人。

但是，从修行第二种方式的观点来看，这个要把自己改造成一个更好、和以前不同的人的观念根本就是错误的。为什么呢？因为我们目前的样子已经是好的，不过由于我们不觉得自己目前的模样有多好，所以我们就会迷惘、生气和恼怒。对我们而言，"我们目前的样子就是好的"这种说法根本没有意义。

我们可以从另外一个角度来强调这点。如果我们能够对自己的念头有所觉察，通常它们就会消失；当我们留意到自己在起念头时，这个起念头的过程就会开始关闭和消退。一个念头只不过是小小的一个能量点，我们却在它上面添加一个信仰体系，然后再攀附着它们不放。当我们用与个人无关的觉察去观察自己的念头时，念头就会消失。可是当我们注视一个人的时候，这个人就会消失吗？不会的，他还是会在那儿。由于我们的思维造出的幻觉与真相之间的差别就在于：在被仔细观察的时候，前者会消失，我们对人生的观点会融解不见，而后者却依旧存在。我们想要的是能够单纯地过一个真实的生活，这和过一个神圣的生活大不相同。

大家都会被第一种修行的方式吸引，都想要成为一个不是自己的人。我们以为自己在禅修打坐的时候，就是在把自己改造成一个更好的人。我们就算是明白真正的道理，内心深处依然想要拥有自己目前所没有的东西。我们不需要去消除自己的这些念头，只需要不停地观察它们、留意它们、再留意它们。如果我们能做到这点，它们就会消失踪影。而任何一个会如此消失无踪的东西都是很真实的，真相是不会因为我们看到它就消失了的。

学生：我们难道不需要持有某种目标才能够有个步骤实践什么吗？

净香：你说的有步骤是什么意思呢？

学生：有步骤是表示正在做什么事情。

净香：觉察是一个行动吗？做一件事情——比如说，"我要变成一个好人"——以及对自己正在做的事情有个觉察之间是有差别的。假如我正在说某人的闲话，说人闲话是一个行动，然而对这个行动的觉察本身却不是一个行动，不是一个要让某件事情能够发生的作为。一个行动缘起于一个念头，这个念头认为事情应该有所不同。

不要对自己说"我应该要变成一个好人"，然后试着做到它，我们只应该对自己的所作所为有所觉察。举个例子说，我们每次一遇见某人，就总是会打断他的话；假如我们可以一百次地留意到自己在这么做，那么有件事情就会发生：我们这个习惯就会渐渐改掉，我们也会因此成为一个比较亲切的人。我们的改变并不是因为我们对"我应该变成一个比较亲切的人"这个句子采取了什么举动。觉察和这种句子无关，它也不带任何念头，它就只是纯然地观察而已。我们的打坐也是要能不沉溺于自己的念头中，不沉溺于想要达到某个目标、想要成为一个佛的努力中。

学生：听来像是一个似非而是的隽语。在某个层次上面，我们的心灵正忙着转什么念头；而在另外一个层次上面，我们又在观察自己心灵在做的事情，对它有所觉察。为什么要有觉察呢？

净香：在思维看来，我们的心灵总是会有一个目标，有一个它想要得到的东西。我们若是全神贯注在那个"想要"上面，就会失去对真相的觉察，一个私人的梦想取代了它。觉察不会移动，不会把自己隐埋在梦想里面；它就只是它自己的样子而已。

在我们修行的初期，思维与觉察之间的差别仿佛很微细、很不可捉摸；但随着我们的修行，两者之间的差别就会显现。我们会越来越留意到自己的心神是如何被要达到某个目标的想法所盘踞，自己又是如何沉溺其中以至于看不到真正显现在生命里的一切。

学生：我们若不是在观察发生的事情，就是陷身于自己的念头里。

净香：是的。一个念头本身并没有过错，它只是一个小能量点；不过当我们陷身于它以及阐述它的语言里时，我们就已经把它摆进自己的私人领域里，想要抓紧它不放。

学生：抓紧念头不放是因为我们相信它们。昨晚我旅行时，心里充满了各种念头和感觉。我相信自己是在修行：我知道自己在生气，我知道自己在紧张，我知道自己在匆忙赶夜路，我也知道自己在越来越生气、越来越气恼。突然之间，我对自己说："此时我的修行是什么呢？"然后，仿佛有数千道的光芒照亮我心里面那些念头一样。从一个丝毫不带个人立场的视角来看，虽然原先那些东西——愤怒、赶路、身体的紧张——都还在那儿，可是它们和我却毫无关系了，我看着它们就好像是冷眼看着厨房地上的蟑螂一样。

净香：在我们开始观察自己的念头和感觉时，它们就会开始消失。我们只要是能够不相信它们，它们就无法继续存在。

学生：当我们完全沉溺于自己的念头中时，我们的世界就会缩小，因为我们不能用一个正确的眼光来看整个世界；而当我们对自己的念头能够有所意识时，世界就会扩大，那些视野狭窄的想法就会开始消失。

净香：没错。如果我们修行，自己的人生没有任何改变的话，那么我们的修行就一定是哪里出了毛病。

学生：当我们沉溺于自己的念头里时，就会焦虑，对不对？

净香：对。焦虑永远是一件事情本来的样子以及我们认为它们应该是什么样子之间的一个对抗，它是在真实与不真实之间伸展的一个东西。我们人类的欲望是逃避真相，只想和自己对这个世界的看法在一起："我真糟糕"，"你真糟糕"，"你真棒"，等等。这些看法和真相是分离的，而焦虑就是这些看法和真相之间的一条鸿沟。当我们不再相信那些被自己创造出来的客体时，不再相信那些真相以外的东西时，一切就会回归中心点，而我们的注意力就会集中，不再焦虑。

学生：当我试着要攀附觉察的时候，好像就又会忧心忡忡。

净香：假如你试着去攀附觉察，那就又成为你的一个念头。我们使用一个词语比如"觉察"，然后大家就把它想成是什么特别的东西。其实我们只要不思考（大家可以试着做上十秒钟，十秒钟内什么都不想），身体就会松弛下来，就可以听到和留意到周遭发生的一切；我们只要停止思考，就会有觉察。觉察不是什么我们需要去试着变成的东西，它不是某样东西？

学生：我们难道不是只在改变自己对之有觉察的东西吗？我们不是说过大家永远都是有觉察的吗？我在这方面的假定是：生命永远在觉察，我们永远对某样东西有觉察。当我们打坐（从某个方面来说，它也是一种矛盾的举止）的时候，我们有个目的，我们是在把自我觉察的焦点重新转向，也许是把它加强在某样东西上面。

净香：不对，这个说法是把觉察变成在做某件事情了。觉察仿佛是夏日的气温，当它升高的时候，空中的云层自然就会消失。当我们有觉察的时候，幻象也就会消失，我们根本不需要做任何事情。

学生：禅修之后，我们会不会有较多的觉察呢？

净香：不会的，差别是在于我们不再挡住它。觉察是我们的本质，可是我们会用自我中心的思想将它挡住，我们的梦想、幻想、任何一个我们想要做的事情都会将它挡住。想要能够有觉察这点只不过是思维，它不是觉察。我们唯一需要做的事情就是对自己那些以自我为中心的想法能够有所觉察，直到最后，那些想法飘散了，就只剩下我们的本质而已。虽然大家可以辩称我们是在做什么事情，然而觉察并不是一个东西或一个人，觉察是当我们没有其他任何作为时我们的生命。

学生：纯然的觉察不包括任何东西，它没有时间、空间、一切的一切。

净香：是的，觉察没有时间、空间形体：它就是我们。我们谈论它时，它就不见了。当我们修行的时候，我们不需要去试着有觉察。我们需要做的是留意自己的念头。我们不应该去试着有觉察，因为除非我们沉溺于以自我为中心的想法里，否则我们是永远有觉察的，这就是为什么我们需要把自己的念头加上标签的理由。

学生：所以有时候我们是有觉察的，只是自己不知道是吗？

净香：是的。

学生：觉察以及我们所相信的思维之间的差别也许在于：一个被相信的想法并不被我们觉察，我们不认为它只是一个念头而已。

净香：对，我们不把它当成一个小能量点，我们把它当真，去相信它，然后它就开始主宰我们——应该是觉察在主宰我们才对。

学生：我通常是在自己不知觉之后，才会更有觉察。好比：我突然发觉自己正在上班，可是我不知道自己是怎么到达办公室的——然后我就清醒了。

净香：除了佛陀以外，每个人都会飘入和飘出觉察之中。我们修行得越久，能够在觉察里过日子的比例就越高。不过我怀疑是不是有人可以完全活在觉察里。

学生：你说"我们修行得越久"，你真正在讲的难道不是我们专注此时的一种坚定力吗？

净香：是的。有些人可能打坐了二十年却不知道打坐的要义是什么。然而，我们只要能够打坐、修行自己的整个人生，那么我们有觉察的时间就一定会增加。我以前经常把自己的时间耗上一半在做白日梦上面，因为那样做令我很"愉快"。

学生：过去有很多年时间，我的打坐修行是先把四周环境从心中排除，再把自己的身体排除到心外，最后是重复地吟诵"空无"的公案。那样做的时候，我什么也没觉察到。

净香：对，你过去做的是一种专注力训练，对某些人而言，可以产生非常快速和戏剧化的效果，使他们有很愉快的感受。但是它对一个人的生活却没有多大帮助。不管怎样，"空性"并不是以那种方式修行的。

学生：当我专心在觉察上面的时候，好像比较会留意到自己身体的痛楚；当我迷失于幻想中时，它就不成问题了，因为我感觉不到它；等我突然惊醒又有觉察的时候，就又会开始感觉痛楚。为什么在我幻想的时候，痛楚会消失呢？

净香：我们的梦想是一种强有力的麻醉剂，这就是为什么我们会这么喜欢它们的原因。我们的梦想和幻觉会让我们上瘾，就像那些引人上瘾的药物一样。

学生：当我们感觉痛苦的时候，是不是就和真相脱节了？

净香：假如我们可以完全地感觉那个痛苦，就没有和真相脱节。

学生：当我真能和痛苦同在的时候，它就慢慢消失了；然而只要我一对它起个念头，我就又开始痛苦了。当我留意到自己的痛苦、起了它很痛的念头时，我的痛苦会继续下去。可是如果我只是留意到它是一个很强烈的知觉时，我的痛苦就会消失。

净香：当我们可以把痛苦看成是一种持续的知觉、带着许多小变化时，它会成为一个十分有趣甚至很美的东西。不过，我们要是带着想要把它赶走的念头来接触它，那就是追求佛法的另一种方式。

学生：当我开始打坐的时候，通常会留意到自己很紧张，自己身体里面有个紧缩的痛苦，我可以在自己的觉察之外感觉到它。多年来，别人总对我说："你真紧张。"而我会说："我才不紧张呢。"如今我明白自己只不过是没有体验到自己的紧张而已，它一直就是存在的。我是利用自己的念头去挡住对紧张的觉察，我的紧张和痛苦都在那里，只不过是没有被体验罢了。

净香：我们的紧张和痛苦是真实的吗？是有什么东西在那里，不过它是什么呢？最近有天晚上，我在海边散步，月光照在水面上，我可以看到海面上闪烁的光芒。但是月光真在水面上吗，海水真有什么东西在它上面吗，那海面上的颜色是什么呢，它是真实的吗？是或不是似乎都不对。从我所在的角度来看，水面上是有月光，但是假如我更靠近水面一点，就看不到上面的月光了，我只会看到从那个角度所能看到的东西。严格地说，水面上的月光并不是一个真实的东西。如同天上的云一样，我们如果身在云中，就会把它叫做雾了。我们对自己的念头也有同样一种虚假的真实感。当然我们都需要从某个角度来看这个世界、来过日子，而我们的修行就是要让我们学习活在这种相对的真实里，能够享受它，但是要能够看出它的本质来。就像那水面上的月光一样，从某个相对的角度来看，它是在那儿的，它却没有真实性，它不是绝对的。即使海水本身的真实也是相对性的，当水面上没有光线的时候，我们看它就是黑色。我曾经在海边一家餐馆吃晚餐，眼看那海水从蓝色转为深蓝、再转为深紫，最后就完全看不见了。什么是真实的？以绝对真理来说，没有一个东西是真实的；从我们修行的观点来看，我们需要由自己的经验开始，一丝不苟地修行自己的觉察。我们必须回归自己人生的真相里，我们会有酸疼、痛苦，我们会有麻烦，我们会喜欢某些人、不喜欢某些人——这些全都是我们的人生，这些也就是我们觉察的练习开始所在。

回归知觉

我们全都喜欢圆满。我们希望自己是个完人，我们希望自己有种完整的感觉,我们希望在自己的人生中能够心安和平静。对于要如何达到圆满,我们试图利用思考来了解它和达到它。但这种努力是永远不会成功的,我们需要走另一条路。

假如我们在山上徒步旅行,坐到一条溪涧旁边。此时,能够"圆满"是什么意思呢?

学生:它表示能感觉到自己皮肤上面的空气,聆听到四方的声音。

净香:很好……

学生:想自己的事情。

净香:当我们想着自己的事情时,就把自己和自己的体验分离开来了,我们就不再圆满。

学生:感觉自己坐在地上,与地上的落叶和土壤接触,观察自己在想着自己。

净香:是的,这是一种觉察。

学生:观赏溪流,嗅大地的自然气味,感觉自己背上的阳光。

净香:对,这些也都是我们经验的一部分。

学生:感觉那些不在此地的东西。例如,当我身处一个宁静的地方时,我就可能不会再感觉到自己的痛苦,而那是一种很棒的感觉,没有痛苦。

净香:那是一种把我们拉离意识或整体的思想,它本身并没有错,可它是多余的。就好像我们正在欣赏美丽的落日,突然说:"哇!这个落日真美!"我们一这么做就把自己和实相脱了节。

当我们坐在溪涧旁边时,可能不会有什么味觉的感受。假如我们是在享用感恩节大餐,令人惊奇的是很少人会实际去品尝自己正在饮用的食品。

学生:坐在溪涧旁,有时候我有那条溪涧在自己体内的感觉。

净香:你讲的可能不是一种知觉,而是一种十分精微的思想,那种会让人写下与大自然相处的书籍的思想。

假如我们就只是坐在溪涧旁边,感觉一切可以被感觉的东西,这不是什么了不起的大事,我们就只是坐在那里罢了。然而,假如我们开始去想自己生活里的麻烦——我们完全沉迷于自己的念头里,专注在自己对这些麻烦的感受以及要如何解决它们的想法上面——那么突然之间,我们就把自己刚刚在感觉的一切都忘光了。我们看不见溪水、嗅不到树林、感觉不到自己的身体,所有这些知觉都消失了。我们牺牲了自己当下的生命而去想那些不在此时此地、根本就不真实的东西。

下次大家在吃感恩节大餐的时候,或是任何一餐饭的时候,问问自己是不是真在品尝食物。对我们大多数人而言,吃餐饭的经验顶多只能说是整体的一部分而已。

如果我们对自己的知觉没有觉察,就不是在圆满地活着。大多数人对自己的人生都不太满意,因为他们在大部分时间内对自己的体验都很懵懂。我们若是修行了许多年的时间,就比较不会这样做,不过我可不认得一个可以永远都活在当下的人。

我们像是那尾四处游来游去的鱼,追寻生命的浩瀚大海,对自己周遭的一切反而毫不在意。像那尾鱼一样,我们到处质疑生命的意义,对就在自己四周的海水、对自己就是海洋的事实却浑然不知。那尾鱼终于遇见了一位懂得生命意义的老师，它问："这个伟大的海洋究竟是什么呢？"而那位老师只是微微一笑，为什么呢？

学生：因为那尾鱼已经身在海洋，只是它自己不知道罢了。

净香：是的。海洋"就是"它的生命，要是把一尾鱼和水分开来，它就活不下去了。同样道理，要是我们把自己和自己的生命——它就是我们看到、听到、摸到、闻到、尝到的一切——分离开来，我们也就失落了自己的本质。

我们的生命永远就是眼前的这个生命。而我们对生命的个人诠释，我们对它的种种意见，就是我们困难的来源。假如我们没有把真实生命搁置在一边，我们就不会恼怒；假如我们没有忽略了去听、看、摸、闻、尝，假如我们没有忽略去感觉自己的身体，我们就不会恼怒，这又是为什么呢？

学生：因为我们就会活在当下。

净香：是的，我们的心若是没有把自己从当下拉出，进入不真实的念头里，我们就不会气恼。每当我们气恼的时候，就是与真相脱了节，就是把它挡在心外了，像是水外的一尾鱼一样。我们若是在此时此地有觉察的话，就不会有如此的想法："噢，我的人生真是艰苦，它根本就毫无意义！"我们要是在这么想，就是把真相摒除在外了。道理就是这么简单！

一个好学生会在自己心思飘移时觉察到，并且立即回到当下的经验中。有些时候，我们就只需要甩甩头，再重新建立起自己生命的基础——那个根据于体验的基础。从那个基础中，从那个体验的空间里，就会涌现充分的思想、行动和创意，而它们的发生是因为我们让自己的知觉完全开放。

当我十六七岁的时候,喜欢在钢琴上弹奏巴赫(Bach)的圣诗,我最喜欢的一首是《安息在你的怀抱里》,里边有一句是:"那要强暴我的人,在此处找不着我。"虽然这首圣诗源自经常是二元对立的基督教传统中,它所指的却是觉察与活在当下。在我们的生命中,有一个安息的场所,一个假如我们想要好好生活就需要在的地方。这个安息的场所——可以说是上帝的怀抱——就是在此时此地:听、看、摸、闻、尝自己生命的模样,我们甚至可以把"想"也加在这张单子上面,不过要明白这个"想"仅仅是能起作用的思考,而不是根植于恐惧和执著的自我幻想。能起作用的思考包括理论上的思考、创造性的思考以及计划自己当天所需要做的事情。但是我们时常加上不起作用的、以自我为中心的思想,因而将自己陷入麻烦里面,从上帝的怀抱中失落。

一个成功的生活是以这五种知觉加能起作用的思考为基础,当我们的生活安息在这六根支柱上面时,就不会有麻烦或气恼了。

然而,聆听一个阐述这些真理的法是一回事,要能用这些真理去生活又是另外一回事。在某件事情把自己惹火的那一分钟内,我们马上就会大伤脑筋,想要把它搞清楚。我们想要利用思考来重新取得自己的安全,我们想要知道如何能够改变自己或是改变身外的事物,因此我们就失落了。要把自己的人生重新建立在一个稳固的基础上面,我们就需要不断地回归真实的六个知觉里,我们只需要这样修行就行。当我们对任何人起了一点点不耐烦的念头时,第一件该做的事并不是要在自己心里想着如何处理这个局面,而是要问自己："我能听到巷子里面的车声吗？"我们只要能够完全恢复一种知觉，我们就能够恢复其他知觉，因为它们全都是在那一刹那中执行着它们的功能。我们一旦恢复了自己的觉察，就会知道应该如何处理这个局面，而从这种觉醒的体验中所产生的举动几乎总会让人满意，是行得通的。

大家也许会说："这个道理对简单的问题而言，可能会起作用，不过我怀疑对我面对的那些又大又复杂的难题而言，它会有多大的效果。"实际上，这个修行对不管多"大"的问题而言，都会有效。也许我们得不到自己在追求的答案，也许我们不是马上就能得到解决的方法，但是我们会看出自己下一步所该采取的行动。随着时间的过去，我们就会学到去信任这个过程，就会相信事情一定可以在当下得到最好的解决方法。那个我们信赖却使我们失望的人，那个我们得不到的工作，那个让我们担心的疾病。假如我们没有在自己脑海中转着各种各样的念头这些问题烦恼；假如我们能够重新让自己的生命回到当下的体验中，那么我们就一定可以看出来自己应该采取什么恰当的举动。

我并不是建议大家去冲动地、盲目地行动。我们需要得到有关资料，要搞清楚问题的一些明显的实情；我们需要运用自己天生的才智、有用的思考。比方说：我有个牙齿在抽痛，如果我开始想自己是多么厌恨牙医，那些针、那些钻孔的工具、那些不舒服的治疗，我就会在自己脑中胡思乱想，为自己生出一个巨大的问题来。而假如我回归自己生命的根本，去直接体验，我就会对自己说："好在目前只是一点点抽痛，我还是能照常去做事；如果抽痛会持续下去或是更为厉害，到时再打电话给牙医约个看病的时间。"采用这种方式，每件事情就会各得其所。

学生：回归自己平常的知觉对我而言有个危险，也许我会把自己的焦虑和烦恼完全挡住，就仿佛它们不存在一样。

净香：焦虑只不过是某些念头，加上与之俱来的身体的紧张和紧缩罢了。回归自己的知觉表示认出这些念头的本质和觉察自己身体的紧张。本来我们对紧张的意识感就是另外一种身体的知觉，如同听、看、闻。

在我们有麻烦的时候要去聆听外界的声音，这种说法听来似乎是很奇怪的一件事情。然而我们要是真去聆听，我们的其他知觉也都会跟着灵敏起来，我们也就会感觉到自己身体里面的紧缩。当我们这样做的时候，就会发生转化，应该如何去应付这个麻烦就会比较清楚了。

学生：我们的知觉难道不是建立在一种"共用时间"的基础上吗？假如我们把全副精神都放在听觉上面，难道不会挡住了其他知觉吗？真去聆听外界的声音可能会把身体其他知觉都忽略了。

净香：那种只专注于某类知觉的注意力是一种精微的思想所造出来的，好比是一些焦虑的念头："我非得这么做不可"或是"我身处险境"。我们若是完全开放，同一时间是可以接受所有知觉的。

学生：对我而言，回归知觉并不是每次都能很快就发生。假如我在担心一个问题，说不定会整个礼拜都在想它，虽然我会非常努力地去留意其他事物。

净香：是的，这个过程的确是需要花些时间的。能够很快地回归知觉是修行多年的一个标志，有些人可以长期抓紧自己的不幸不放，他们是真喜欢自己的不幸。最近有个人告诉我，她是多么欣赏自己的自以为是。当我们可以享受自己的自以为是时，谁还会想去聆听外界的声音呢？我们才不要放弃自己的生活模式、自以为是的想法，即使我们在理论上明白它们会给自己惹出麻烦，即使我们提醒自己应该要回到知觉上来，我们依然会攀附着它们，再三回到它们上面。我们还是没有准备好去完全信任知觉，去相信自己的直接体验。

学生：我还有个关于"共用时间"的问题。你把起作用的思考也包括在真实体验的六个知觉里。那么假如我正在修理一个手表或是在做电脑的工作，难道挡住其他的知觉好把注意力完全放在自己的工作上面不是很自然吗？

净香：没错，我们是可以把注意力机械性地缩窄，好专注于某项工作上面。这样做却与心理性的变窄不一样，后者是产生于以自我为中心的想法，会造出一种细微的僵硬来。

学生：所以我可以坐在山涧旁边，计划当天的菜单？

净香：可以，但是要假定计划菜单是适合在当时所做的一件工作，而不是从自己的一些焦虑的想法中所产生出来的。我们只需要去做需要做的事情，并且在需要做这件事的时候去做这件事。一旦把这件工作做好，就去留意其他正在发生的事情。在做一件工作的时候，为了需要而把自己的注意力缩窄是没有关系的，这和为了想着自己而把生命隔绝开来不一样，后者是一种没有必要的心理上的障碍。

五、觉察

两者之间的差别在于一个是真实情绪，一个是虚假情绪。要是发生在几天前的一句评语到现在还会惹火我们的话，它就是个虚假情绪。一个真实情绪是在某种遭遇下瞬间发生的一种反应，就像是我们被人打了或是我们看到有人出了什么事情，在那一秒钟里，我们心里会不舒服，会采取某个行动，然后就时过境迁了。我们的情绪是对一个真实事件的反应，当这个事件过去了的时候，我们的情绪也就淡化了。这是对生命的一种自然反应，真实情绪是一点也没有错的。然而大多数人是在用虚假的情绪过日子，他们带着对过去的回忆或是对将来的忧虑在过生活，自己为自己生出气恼来，他们的气恼和眼前发生的事情一点也不相关，他们在忧愁上个礼拜发生的事情，烦恼得睡不着觉。

学生：纵然是我的回忆在酿造虚假的情绪，我的身体却在此刻有所知觉，我可以感觉自己身体里面的情绪。

净香：是的，因此我们要留意随着情绪而来的念头，感觉身体里面的紧张。当我们这样做上足够的次数后，障碍就会减轻，某种东西就会转化。

学生：假如我的一天特别忙碌，我就会积压很多焦虑，这时候做做白日梦好像可以让自己觉得舒服一点，这样做不对吗？

净香：你若想这么做，你就这么做。做白日梦的一个弊病是：我们把自己和生命隔绝开了，而当我们和生命隔绝的时候，就会因疏忽招惹出麻烦。好比我们在水势湍急的溪流划着橡皮艇顺流而下，四处有石块和树根突出于水面上，望着它们使得我们忧虑，可是如果我们不理会它们，而转眼望着天上美丽的云彩，那么我们迟早会掉进水里。

专心留意湍急的溪水和石头也许会使我们觉得害怕，不过，这样做却是蛮有道理的。

学生：注视天空让我有个可以控制一切的幻觉；而回归知觉呢，却时常让我害怕会失去控制。留在自己那老套的习惯里以及尝试在自己脑子中想通事情，会让我感觉很有保障。

净香：没错，所有修行都会引发恐惧感，因此我们会在体验恐惧感与退却到思考中两者之间换来换去。大部分人的生活是由飞快地进出直接体验所组成，怪不得会觉得生活十分杂乱无章。

学生：回归直接体验会让我们觉得自己的生活很实在。

净香：是的，当我们用感官去感觉生命，就会觉得很实在；假如我们还在气恼的话，就表示我们还没有完全在感觉它，我们还在动脑筋。

学生：我在学打网球的时候，我的网球老师不断地说："你的双脚一定要踩在地上，否则你就没有办法好好打球；你要是一只脚悬空，就会失去平衡。"

净香：如果我们不注意自己脚踏实地，就会对周遭发生的事情糊里糊涂，迟早会撞到什么树根、石块或是其他东西。一个觉醒的人生并不是什么如梦如幻的事情，它是非常实际的。

学生：当我住在夏威夷茂伊岛一个山顶上时，很容易就可以躺在地上，和自己的知觉相通。但是当我人在一个嘈杂的教室里面，而所有的小孩子都在大声尖叫的时候，我就一点也不想去体验它了，我不想去体验那些噪声和自己身体里面的紧张。

净香：没错。然而重点依旧一样：我们必须尽量去体验真实，那么我们和自己的生活打交道才能够有效。

学生：在过去，我不单对自己的体验开放，我会把整个过程夸张，流连在自己的知觉里面，去追忆它、不断地想它。

净香：在你这种作为后面，是一种想法："我非得把它戏剧化不可。"

学生：如今，我在开始学习别的方式，我会问自己："是身体哪个部位在紧张呢？"然后去体验那个知觉，而不再去加重它。最后我就会有一种柔软的感觉散布全身，心里也会比较踏实，也比较能够感受到自己与万物的联系。

净香：非常好。当这种事情发生的时候，我们就会有一个比较清晰的空间可以作出反应，我们自然而然就会知道该做些什么，不需要算计，也不需要猜测；这种清晰的程度是跟我们修行时间长短和效果成正比的。还有一点很重要的就是：不要在自己心里又造出另外一种理想来（"我必须要让它发生！"），然后拼命地想去做到它。我们目前的所在就是我们需要在的地方。

如同巴赫的那首圣诗所说，我们的生命有一个根基，一个我们生命可以安息的地方，这个地方就是当下，我们在看、在听、在体验的一切。假如我们不回归这个地方，那么我们就是在用自己的脑子过日子，我们会怪罪别人，我们会抱怨，我们会觉得自己很可怜。所有这些现象都显示出我们沉溺于自己的念头里，和当下的广阔空间脱了节。只有在修行多年以后，我们才能够有大部分时间活在一个开放、有觉察的空间里。

学生：我喜欢处在安静、平静的地方，这样自己对当下比较能够开放。我会避免喧哗的地方，像是闹哄哄的教室，因为它们会使我全身紧张和分心。

净香：这种想法是一种本能，没有关系。不过，它仍然是一种逃避。当我们的修行比较坚固的时候，我们就能够在自己先前会失落的场合保持开朗和镇定。重要的是：我们不论在什么场所，都要能够对生命带来的任何事情开放心胸。我们只要是能够保持自己的注意力，就会留意到自己想要逃避的冲动，就能够毫不畏缩地再回归自己对当下的觉察中来，像这样无止境地唤起自己的注意力，本身也是一种修行。当我们试着躲闪或逃避某样东西的时候，就不是在直接体验，而是在动脑筋了。

学生：有些时候，当我想要专心在自己的体验上面，比如自己愤怒的感觉或是下巴的紧张上时，我的体验就好像会膨胀，会充满整个房间，而我其他所有的知觉就都消失了。

净香：诸如此类的经验并不是一种纯然开放的知觉，在它们后面，还是有个被面纱遮住的想法存在。当我们完全体验一种知觉的时候，我们也会同时体验到其他的知觉。假如我们在留意自己的愤怒，并且对它专心到忘却其他一切的地步，那么我们就还没有真正地接触自己的生命。

学生：你觉得单纯地观察自己的知觉好吗？

净香：那样做是有一点价值，但是它只是个过渡阶段，依然夹带着思考，依然存在着一个主体与客体的二元对立。当我们真正在聆听外界的声音时，我们是全神贯注的，那个时候，没有自己，也没有外界；没有一个观察者，也没有一个被感觉的客体，我们已经回归自己的本质、生命本身了。

专心就是专心

有一个古老的禅宗故事：有个学生要求一休大师为他写下一些含有大智慧的教训。一休大师拿起毛笔，写下两个字："专心。"。学生问："就这样子而已吗？"大师再写："专心，专心。"这个学生有点不耐烦了，说："它看来可一点也不奥妙也不精微啊。"一休大师于是再写："专心，专心，专心。"来答复学生的问话。最后这个学生懊恼地质问："这两个字'专心'到底有什么意义呢？"一休大师回答："专心就是专心。"

我们可以用"觉察"来取代"专心"这两个字，觉察或者专心是我们生命的秘密、修行的灵魂。如同刚才那个故事里的学生一样，我们觉得此般教训听来既无聊又没趣，让人十分失望，我们希望自己的修行带着什么兴奋、刺激的东西！简简单单的专心真是无趣。我们会问：修行难道就只是如此吗？

当有学生进来见我的时候，我听到的是一连串对禅修场所的食物、服务、时间表以及对我个人的抱怨。可是大家举出的这些问题并不比一件"琐碎"的事情更为中肯，并不比碰到自己的脚指头更为重要。我们认为自己来这里是为了处理一些"比较重要"的事情，比如和自己的伴侣、自己的工作和自己的健康之间的问题，我们才不想在一些小事情上面烦心，像是如何拿双筷子或是把汤匙摆在哪里之类的事情。然而这些小事情正是我们生命当下的本质。重点不在于一件事情重要不重要，重点是在于我们对它的专心、有觉察。为什么呢？因为人生在每一当下都是完整的，一切尽在当下，除了当下以外，再也没有其他——没有过去，没有将来，就只有当下的存在。所以当我们对每一件发生的小事情都不在意的时候，我们就丧失了圆满。这个"小事情"的内容可以五花八门，它可以是把自己的坐垫弄平整，剁碎一个洋葱，或是拜访一个我们不想拜访的人。不论每一个当下发生的事情是什么，它都是完整的。在当下，就只有这件事情在发生，再也没有其他的事情能够在当下发生。我们若是能够对每一当下都专心，就永远不会再气恼；而要是我们气恼了，就很明显地表示自己不专心。我们要是每一当下都不专心的话，就一定会有麻烦了。

假如我被判处死刑，如今正走上断头台的台阶，我能够在这个时候保持自己的专心吗？我能够对自己走上台阶的脚步，一步又一步地保持觉察吗？我能够小心翼翼地把自己的头颅放在架子上，好让刽子手方便行刑吗？如果我可以如此这般对待生与死，一切就没有问题了。

我们会有种种的麻烦是因为我们把以自我为中心的想法摆在先，却把当下摆在次要的位置。我们不在意当下发生的是什么，而只顾自己所想要的。我们整天都在把个人的什么事情重要、什么事情不重要的想法带入当下，因此麻烦就会产生。

另外有一个古老的故事是说：一群盗贼闯入一位大禅师的书房内，要取禅师的脑袋。禅师要求说："请你们等到明天早上再来，我还有些事情尚待处理。"他就在这个晚上完成了工作，然后喝喝茶，优哉游哉一番。他还写了一首简单的诗，把自己被砍头比喻成一阵春风，送给第二天回转的盗贼当礼物。这位大禅师完全懂得禅修的意义。

我们对这个故事很难理解，因为我们对保住自己的脑袋这点万分执著，我们对砍头可没有多大的兴趣。我们下定决心，人生必须依照自己所希望的方式进行。而当它不这么进行的时候，我们就生气、迷惘、沮丧，要不然就恼怒。有这些感觉本身并没有什么坏处，但是有谁喜欢过一个被这些感觉所左右的人生呢？

当我们动摇了对当下的专心，心思飘移到类似"这件事情非照我的意思做不可"的观点上时，我们对眼前事实的觉察就会产生一道裂缝，而我们生活中的所有灾祸就会涌入这道裂缝里。我们整天就在制造一道又一道的裂缝。而修行的重点就是要合上这些裂缝，减少我们对真相浑然不知、沉溺于以自我为中心的梦想里的时间。

假如我们以为解决的方法是"我"要专心的话，那就错了。不是"'我'扫地"、"'我'切洋葱"或是"'我'开车"，虽然像这样的修行在初期阶段是可以的，却由于它指出体验的对象是一个"我"，因此照旧保留了那种以自我为中心的想法。一个比较好的觉察是纯然的觉察：去体验、体验再体验。在纯然的觉察中，裂缝不存在，不会有产生以自我为中心的想法的空间。

有些禅学中心要求学生们去做非常夸张的慢动作，比如慢慢地把东西放下去，再慢慢地把它拿起来，像这种带有自我意识的专心和纯然的觉察不同。过日子的秘诀很简单，就是去做我们在做的事情，不需要对它起自我意识，去做这件事就好。一旦以自我为中心的念头生起时，我们就失落了，而裂缝也就出现了，这些裂缝就是折磨自己的那些麻烦和气恼的出生地。

有许多修行的方式，一般叫做专心冥想的，是用某种方法追求觉察的聚焦，像是背诵咒文、专注于某个视觉对象、研究"空无"的公案（以一种专心致志的方式训练）等，甚至可以把随意观察也包括在内，假如能把其他的知觉完全关闭的话。这些修行将我们的注意力集中以后，很快地就会造出一种愉快的境界；因为我们会觉得比较平静，所以就以为自己已经脱离麻烦了。当我们专注在这种狭窄的焦点上时，最后可能会进入一种催眠状态，进入一种好像是吃了药物的安详境界，没有任何感觉。可是任何一种把自己意识缩窄的修行，虽然在某些时候会有作用，却都有个限度。我们如果不把发生在自己世界里的任何事情——不管是精神上的还是身体上的——都加入考虑当中，就会错失什么东西。把一个缩窄觉察的修行搬到日常生活中来是行不通的，当我们把它运用于现实人生的时候，就会手足失措，仍然会气恼。要是我们非常坚持（像我过去一样），一个专心致志的修行可以短暂地迫使我们突破自己的抗拒，到达一个能够瞥见一味的境界。如此强求来的开口却不是真实的，它仍然欠缺了什么。虽然我们得以窥视现象世界的另外一面，看到空无或空性，却还是有个"我"在认知这些，这种经验依旧是二元对立的，它的用处依旧有个限度。

反之，我们在此地的修行是一种觉察的修行，对一切都要有知觉。"一味"其实就是世间的一切，不过要把个人情绪上的东西完全掏空，把那些以自我为中心的念头掏空。一个专心致志的修行可能专注在呼吸上面，把外界的车声或是我们心里的声音挡住，而当我们让任何知觉回到自己的觉察里时，就根本不知道该怎么办了。而带觉察的修行是对当下——这个会把我们惹火的宇宙的一切——完全开放，它会帮助我们把自己从情绪化的反应和执著中慢慢解脱出来。

我们每一次对自己的生活有所抱怨的时候，就是处身在那道裂缝中。在带觉察的修行里，我们是去留意自己的念头以及自己身体里面的紧缩，完全地体验它们，然后回归现前此刻来。这种修行是最困难的一种，我们宁愿从这类体验中逃之夭夭，要不然就宁愿沉醉在自己的小小气恼里。毕竟我们的气恼可以让我们继续作为事情的中心点，起码我们是这么想的。要把自己从以自我为中心的想法中拉出来就仿佛是走过一摊糖浆一样，我们好不容易才把脚从糖浆里抽出来，却又马上被黏住了。我们"确实"是能够慢慢地让自己脱身，不过假如我们以为很容易就能够做到，那就是在自欺欺人了。

每当我们气恼的时候，就是在那道裂缝里，我们的以自我为中心的情绪在主宰一切，我们在希望生命能够带给自己什么。然而，我们此刻的情绪并不比把椅子放回桌下或是摆好坐垫来得重要。

大部分的情绪都不是产生于眼前这一瞬间——像是当我们眼看着一个小孩子被车子撞伤的时候，它们产生于我们以自我为中心的强求，希望生命尽如自己的意。虽然有这种情绪本身并没有坏处，但是我们经过修行就可以明白它们根本就不重要，把自己桌上的铅笔放好跟感觉孤单或失落是一样重要的。我们要是可以体验自己的孤单、看清楚自己对于孤单的想法，我们就能够离开那道裂缝。修行就是在做这些，一而再、再而三不停地做。假如我们记起六个月前发生的一件事情，而随着这个记忆而来的是自己的气恼，我们就应该抱着好奇的眼光来观察自己这个感觉，如此而已。听来也许很冷酷，要成为一个真正热诚和慈悲的人却非得这么做不可。如果我们发现自己认为自己的感觉要比在这个时候发生的事情重要，那么我们就需要留意自己这个想法。打扫人行道是个事实，我们的感觉却是我们捏造的东西，好像自己吐丝结成的一张网一般，自己捕捉自己。我们自作孽的过程实在惊人，从某一方面来看，大家都很疯狂。

当我们看出自己的念头，留意自己的身体知觉，察觉自己对修行的抗拒，然后把心思转回到自己正在写的一封信上时，我们就已经脱离了那道裂缝，回归到觉察里来了。只要我们真有毅力，就能一天又一天慢慢地从自己个人生活的烂摊子中找出脱离之道。关键是在于专心、专心和专心。

开张支票与见不到一个亲人的痛苦念头一样重要。当我们不去修补那道被不专心所造成的裂缝时，每个人都会因此而付出代价。

我自己也需要修行。假如我希望女儿在圣诞节的时候来看望我，而她来了一通电话，说是不来了。修行可以帮助我继续去爱她，而不会恼怒她不做我想要做的事情。经过修行，我可以更为圆满地爱她；不去修行，我就会成为一个孤独乖戾的老妇人。从某一方面来说，爱就是专心，也就是觉察。当我个人可以维持觉察的时候，就可以好好地教学，这也是爱的一种形式。我可以对别人少些期盼，可以好好地服侍他们。当我下次见到女儿的时候，就可以不把过去的不满带进我们的重逢里，而用新鲜的眼光接待她。因此，最重要的事情就是此时此刻。实际上，只有一件事情是重要的，就是活在当下，不论它的内容是什么。专心就是专心。

虚假的归纳

纳斯鲁丁——那个苏菲教的哲人与傻瓜,有一次在他的花园里把面包屑撒在每样东西上面。有个邻居看到了,问他为什么要这么做。他回答:"好让老虎不要过来。"邻居说:"可是千里之内根本就没有老虎啊!"纳斯鲁丁说:"可见我这样做多有效果,不是吗?"

我们听了会笑,因为我们确定这两件事情——面包屑和老虎——之间是毫无关系的。然而,如同纳斯鲁丁一样,我们的修行和生活经常就是以虚假的归纳为根据,与现实没有任何关系。当我们的生活以笼统的概念为基础时,我们就像纳斯鲁丁撒面包屑以驱除老虎了。我们会说诸如此类的话:"我热爱人类"或是"我爱我的丈夫",而事实上,没有一个人会一直热爱所有的人,也没有一个人会一直热爱他的配偶。像这样的一概而论会把我们生活中独特而具体的真相,当下发生在我们身上的事情搅得含糊不清。

当然,一个人是可以大部分时间都爱他的配偶的。不过,断然地一概而论没有把一个真实的人际关系中转换、会改变的真相包含在内。同样的道理,"我热爱我的工作"或"我的生活很坎坷"也是如此。我们在刚开始修行的时候,通常相信和表达很多笼统的意见,例如我们会认为自己是个仁慈的人,或者自己是个极坏的人。但实际上,生命是永远不能被一概而论的,它总是很独特,它是发生在当下的事情。打坐可以帮助我们拨开这层云雾,我们一边修行,一边就会丢弃自己笼统的概念,代之以较明确的观察。我们不会再想:"我受不了我的先生。"我们留意到:"当我先生到处乱丢东西的时候,我真是受不了他。"我们也会留意到:"我受不了自己在做这些事情。"我们对于发生的事情会看得比较清楚，而不再使用笼统的概念，不再拿着一把大刷子一笔刷过整个事件。

我们对于其他人或一个场面的反应并不是针对一件事情而已，而是包括了千百种的小反应和念头。一个家长可能说"我爱我的女儿"，然而这个概论却忽视了他想着"为什么她这么不成熟"或是"她真是个呆瓜"的时候。当我们打坐、观察以及把自己的念头加上标签之际，就会比较清楚自己对所有事物一概而论的意见，就会比较能够觉察到自己的独特概念和批判，而不再用笼统的归纳来涂抹整个世界。当我们对自己的想法比较清楚的时候，就会发现我们是随着每一当下念头的改变在改变着。

让我们听听一个年轻女孩讲的话。她和一个男孩已经交往了一段时间，觉得还算蛮顺利的，若是有人问，她会承认自己很喜欢他。现在那个男孩刚拨了电话过来，让我们不只聆听她对那男孩说的话，也听听她在自己心里想的话：

"我真高兴你打电话来，你好像蛮开心的！"（你根本就应该早点来电话的。）

"哦，你请了某某人吃午餐。是啊，她真是一个妩媚的人，我知道你和她在一起一定很开心。"（我杀了你！）

"你觉得我不太爱讲话？嗯，多谢你的意见。"（你对我有多少了解？怎敢这样给我下结论！）

"你考试考得很好？好啊！我真为你高兴！"（你每次就在唠叨自己的事情，你对我的生活到底有没有一点兴趣？）

"你想明天晚上和我一道出外吃晚餐？很好啊！真高兴能再见到

你!"(总算约我出去了!为什么要等到最后一分钟才问呢?)

这是两个人之间一个十分普通的对谈,双方似乎是在传达信息,其实却在矫饰。这两个人很可能是蛮喜欢对方的,不过,女孩对自己和那男孩都有一个接一个的概念。双方交谈的全都是些概念性的东西,仿佛黑夜里交错而过的两艘船只一样,没有真实的接触。

在禅修中,我们经常会随意说些好听的概念,像是"每样事物本身就是完美的"、"我们都在尽己之能做事"、"一切都是圆融统一的"以及"物我合一"等,这些话可以说都是禅的胡说八道,其他宗教也都有自己的版本。我并不是说这些句子是假的:这个世界"是"圆融统一的,我和你"是"合一不可分的,每样事物本身就"是"完美的,而地球上每一个人在此刻都"是"在尽己之能做事。以上说的都没有错,然而假如我们就只是这么说说而已,那就是在把自己的修行转化成一种概念的训练,然后我们对当下发生在自己身上的事情就会浑然不知。

一个好的修行必须穿越我们的概念。在日常生活中,有些时候概念是蛮有用的,我们需要使用它们,可是我们要认清楚一个概念就只是一种观念而已,它不是一个事实。我们一边修行,一边就会逐渐产生这方面的了解和知识,慢慢地就不会再相信自己的概念了。我们不会再下此类笼统的批判:"他这个人真可怕。"或是:"我是个差劲的人。"我们会先去留意自己的想法:"我真希望他没有请她吃午餐。"再去体会跟随这个想法而来的痛苦。当我们能够直接体验痛苦的一种纯然身体的知觉时,它就会在某个阶段融解消散,而我们就可以勘透真理:每样东西的本身就是完美的,每个人是在尽己之能做事。我们

生活在禅中

需要进一步地从经验中——它经常是痛苦的——转移到真理去，而不是把自己的想法涂抹在经验上面。知识分子特别容易犯这个错误：他们以为推理的观念世界就是真实世界，但是推理的观念世界并不是真实的世界，它只是对真实世界的一个描述罢了，就好像我们用手指着月亮一般，并不表示我们真的就在月亮上面。

现在让我们谈谈被别人伤害的经验。当我们被别人批评或是不公平地对待时，重要的是去留意自己的念头，再转而留意自己在细胞层次的反应，让自己的觉察转化成纯然的目睹——颤抖的下巴、胸部的紧缩以及身体里面细胞的感觉，像这样纯然地体验就是坐禅。当我们这么做的时候，会一再地想要动脑筋，想要去批评、判断、责怪和反驳，所以我们就去给各种念头加上标签，再回归细胞层次的体验来。这种经验几乎是无法形容的，说不定是能量的淡淡闪光，说不定是什么强烈一点的东西。在这样的空间里，不再有"我"或"你"的存在。当我们就是这种非二元对立的体验时，就能够把自己的境遇看得比较清楚，我们就会看出"她是在尽己之能做事"，我们也会看出自己是在尽己之能做事；但是如果我们光是在嘴巴上说着这些句子，却不去作那身体部分的体验时，就无法知道真正的修行是什么。对事情要有一个冷静又理智的看法必须以单纯的细胞层次为基础。我们需要知道自己有什么想法，这并不表示我们非得认为它们是真实的或是非得照着去实行不可。在每一个当下观察自己以自我为中心的想法以后，我们的情绪就会平稳下来，这种平静沉着是绝对无法用某些哲学上的概念涂抹在实际发生的事情之上能产生的。

我们只有在度过体验的阶段以后，人生才会有意义，这就是犹太和基督教徒所谓的：与神同在。体验是没有时间性的：它不是过去，也不是未来，它甚至不是我们平常所说的"临在"。我们不能描述它是什么，而只能去感受它。以传统佛教徒的术语来讲，这样的人生就是佛性本身，从它的根里就会长出慈悲心来。我们全都有一些自己偏爱的概念，像是"我很敏感，我很容易受到伤害"、"我很会支使别人"和"我是个知识分子"，在日常生活的层次上，我们的概念也许蛮有用的，不过我们必须能够看出它们真实的本质来。不被真实体验的概念是我们迷惘、焦虑和沮丧的根源，它们会制造出对我们自己和别人都有害的行为。

我们要从事修行，就需要有无穷尽的耐心。而在自己没有耐心的时候，也要能够觉察出来。我们对自己的缺乏耐心要有耐性，要明白自己不想修行也正是修行的一个部分。我们对修行的逃避和抗拒是自己还没有准备好能去正视的概念结构的一部分，还没有准备好这点是没有关系的。当我们准备好的时候，就会有个空间一点一点地敞开来，然后我们就会准备好去多体验一点，然后再多体验一点。抗拒与修行是同时并行的，我们全都会抗拒自己的修行，因为我们全都在抗拒自己的生命。假如我们相信概念而不去体验当下，那么我们就像纳斯鲁丁一般——把面包屑撒在花园里驱除老虎。

学生：有些时候，概念是必需的。一个对我有用的概念和一个把我搞糊涂的概念之间有什么不同呢？好比"过马路以前，要先左右观望"就是一个有用的概念。

净香：这是一个很好的例子，一个人类思维颇有见识的运用。然而大部分在我们心里转的念头却跟事实毫无关系。

学生：我们的推论或概念要是发自以自我为中心的情绪，大概就不会有什么用处了。

净香：在那女孩电话的交谈中，她心里所作的批判全是从隐藏的情绪和意见而起，全是以小我为中心。她对那男孩所下的批判是她自己有所需求的表现，与那男孩丝毫没有关系。虚假的推论——有伤害性的概念——永远夹带着个人情绪的阴影；反之，对如何才能有效率地工作或是如何才能演算一个数学题目的观察则没有情绪上的关联，最多也只有一点点而已，这种思考就是有用的。

学生：对我而言，那种细胞层次的体验似乎全都隐藏不见了。

净香：大家要记得那种细胞层次的体验并不是什么稀奇古怪的东西，它也许是皮肤的一点刺痛、胸部的一点紧缩或是板着的一张脸——细胞层次的体验是非常基本的，就在眼前，它就是当下的我们。细胞层次的体验一点也不特殊，我们修行得越久，就越会知道它的基本性质。不过，在刚开始修行的几年，我们会有很多东西都需要去体验，这是因为我们的情绪依然十分混乱，因而会产生许许多多的感觉。我们永远也不可能完全避免细胞层次的体验，我们即使在自己的各种念头之间只稍微体验了一下呼吸，也就是在某个程度进行这种体验了。我们越能把自己的念头加上标签，再不断地回归当下的体验来，就越好。根据修行强度的不同，有时候我们可以很快地进入一个比较有体验性的人生，有时候却又很慢。当我们发觉自己需要一天二十四小时都修行的时候，就根本不可能逃避那细胞层次的体验了。

学生：在某个时候会令我很情绪化的一个概念，在其他时候也许根本就不会惹我烦心。假如我很担心自己能不能得到一份工作，在面试之前，我会十分忧虑，我会对自己事业的情形做一个很笼统的归纳。而在面试之后呢，当我再想起这些念头时，就真想不通它们为什么曾经惹自己烦心了。

净香：所有的念头都是发生在某个独特的情况之下，这也就是整个修行的重心：我们要能够看出那个独特的情况，而不是那些非常笼统的想法。我们今天对某个人或某件事的反应绝对和下星期的反应不同，依各个时候的情况而定。假如你在银行里有百万元的存款，大概就不会那么在乎能否得到那个工作了，你会非常冷静、满怀信心地去面试，敞开心怀地谈。一切现实都是独特的、就在眼前的。我们可以在今天遇见某个人，对他有某种想法。而在下星期（时过境迁）再看到他的时候，却觉得他不一样了。

学生：假如我总是对自己身体里面的知觉专心，又怎么能够再对周围的事情或自己必须完成的工作专心呢？例如，我怎么能够玩扑克牌或开车，而同时又能对自己身体的知觉专心呢？

净香：我们是可以专注在某项行为上面，而同时又可以体验各种知觉的，好比此刻我一面在和你交谈，一面还是可以对发生在自己身上的事情有所觉察。这并不表示我对你没有完全专心，"对你专心"是我感官上总体输入的一部分，这些感官上的输入就是我现前此刻的人生。我们若是对自己的人生能够有十足知觉上的觉察，就会包含所有的事物。当一个学生和我正式面谈的时候，我的注意力是完全放在他身上的，可是我对自己的生命仍然非常有觉察。

学生：专心在自己此刻所做的事情上面并不是就得排斥其他。比方说，当我在作资料分析的时候，我的心思是完全放在资料分析上面，但是我对自己的身体还是可以有所觉察。并不是说我老在想着自己的身体，我没有时间这么做，我身体的知觉并不是我在此刻工作的一个主要焦点。无论如何，在当下都能觉察自己身体的知觉以及自己对发生事情所作的反应是很重要的。因此，我可以专注在统计分析上面，而同时又能够觉察到其他事情。当然，有些时候我会全神贯注在某项活动上面，而把其他一切都忘了。不过大部分时候，我的觉察是不会那么专注和排斥的。

净香：禅修的精髓是要全神贯注在自己所做的事情上面，要能浑然忘己，但是我们难得如此。每当我们不能专心的时候，就得把自己的注意力再转回自己的身体上面，当我们这样做的时候，就比较容易再专注在自己所做的事上了。我们可以全神贯注在一项活动上面，也可以同时觉察好几件事情，重点是去体验所发生的一切。举个例子说：一个伟大的国际象棋手，在棋艺方面会有丰富的知识和经验的累积，然而他在下棋的时候，还是会全神贯注于当下，因此自然而然地就会知道下一步棋该怎么走。他所有的专业知识都在那儿，不过他的觉察才是真正的主宰。

学生：当一个人在练习乐曲的时候，需要对自己所有层次的体验都能有所觉察。当我在钢琴上面练习一个新曲子时，要是我忽略了自己的身体，很可能就会肌肉发炎——新来的学生经常会如此。而要是我只留意自己情绪上的念头时，对自己正在弹的乐曲就会不专心了。

净香：我们只要稍微能够觉察到自己会花多少时间在以自我为中心的想法上面，就会有所帮助。当然，几分钟之内，我们又都在转着念头了。

五、觉察

聆听身体

修行并不是要调整这个我们认为就是自己的"我",好来适应自己的生活。从某个角度看来,我们是"我";而从别的角度来看呢,我们却又不是。可以说我们是两者兼具,也可以说我们是两者皆非。在我们能够理解这个道理以前,我们的修行不会有进展。

给自己的念头加上标签是我们修行的起步。在现象的层次上面,这个步骤可以把我们"我的心理"发掘出一大部分;从我们那些习惯性的关于自己的想法中,我们就可以观察哪些东西是自己喜欢的,哪些东西是自己不喜欢的。这一步初级的工作是十分必须和非常重要的。然而,修行不是仅此而已。给念头加上标签是第一个步骤,不过直到我们明白"与体验同在"的意义之前,我们尝不到修行之果;而当我们尝不到修行之果时,就看不出修行是什么,然后我们就会抱怨:"我不了解修行,我看不出它是什么东西。"事实上,我也不能告诉大家修行是什么,我想要解释的这个东西其实根本就无从谈起。修行与提高一种技能——像打网球或高尔夫球——不一样,一种技能的学习大部分是可以运用言辞来描述的,但是我们无法运用言辞来解释我们的禅修。

修行可能会卡在这种进退维谷的困境里,有时候会持续好几个月,有时候会持续好几年,如果它失败的话,学生们在明白自己的生命是什么之前,可能就已经脱离修行了——继续痛苦。虽然修行无法用言辞来解释,但对之稍有了解还是可以有所帮助。即使这个了解或许是智力上的、让人迷惘的,也依然可以帮助我们去避开某些无用的徘徊。比这种迷糊的了解更好的就是:就算自己找不出任何理由,也还是心甘情愿坚持修行。

我们给自己的念头加上标签以后，就可以看出自己是多么不想放弃个人的心理上的戏码——我们对自己和别人的看法，我们对发生的事情的感受。我们喜欢把时间花在自己这些个人的戏剧上面，直到几个月的加以标签能够把这种做法荒诞无益的性质暴露出来为止。当这个加标签的阶段进行得差不多的时候，我们就需要从事一种看来是毫无报偿的修行，就是体验自己身体的知觉，去听、看、摸、嗅与尝。对我们而言，这种修行好像很无趣、很没有意义，所以我们就时常不想做这件事，结果呢，我们的修行就会软弱、时断时续以及（经常会好长一段时间）没有效果。我们觉得自己有更重要的事情要做，怎么可能把时间花在单调和无聊的行为上面，像是坐在这里听、看和闻呢？

当我们打坐的时候，的确是没有什么特别重要的事情在发生。我们可以感觉自己腿上和膝上的知觉、脸上的紧绷、什么地方的发痒，如此而已，天晓得为什么我们要做这些呢？学生们经常对我抱怨说："真无聊！我才不想做这些事情！"即使如此，只要我们能够坚持，在某个阶段就一定会产生某种变化，在那一瞬间，不再是我"和"世间，而是——这种境界是没有字眼可以形容的，因为它是非二元对立的，它是开放、广大无边、有创造性、慈悲以及——从普通观点来看——无趣的。

我们待在这种非二元对立的体验里的每一秒钟都会转化自己的人生。但是我们看不出这种转化，因为它不带任何戏剧性。戏剧是在我们以自我为中心的想法里，不在一个好的打坐中，而我们不喜欢这样的没有刺激性的东西，除非我们能够开始真正去品尝它。在我们品尝它以前，我们会以为修行是某种心理上的努力。虽然强烈的修行包含了心理上的要素，但这种努力却不是修行。

当我告诉学生们去体验身体时，他们会说："哦，是的，我是在体验自己的身体，我是在把自己的念头加上标签，然后我又再去体验自己的身体，可是它一点也不管用。"或者："不错，我可以感觉自己胸部的紧缩，我就专注于它，希望它会消失。"像这样的评论显示了一种个人的生活目标、一种个人的野心，在它底下有个念头是："我要从事这个修行，好让自己——这个小我——从中获得什么东西。"实际上，只要我们的小我在这么说话，我们就不是真正在体验。我们的修行被像这样的目标污染了，而我们全都在某些时候持有它们。

我们可以使用"聆听"来更为正确地了解体验的意思，不是"我现在要去'想'这个体验"而是"我就只要去'聆听'自己身体的知觉"。假如我们真去聆听自己左半身的疼痛，就会带着一点好奇——它到底是什么东西呢（我们若是不好奇的话，就会沉溺于自己的念头中）？仿佛一个好科学家在单纯地观察，没有任何先入之见。我们也是看着、观察，聆听。

假如我们的心挂念着个人的事物，我们就无法聆听，或者我们根本就不想去听，我们只想动脑筋，这就是为什么我们在从事第二个步骤——体验——之前，得做上好一阵子加标签、留意自己的心和它的作为的原因。体验不是一种情绪，这种非情绪使我们的修行带有宗教的意味；体验是不带时间、不带空间、真正本性的一个领域，它是自在无殊、就是如此、上帝。

在刚开始，我们对这件事情的欲望会非常地强烈和有诱惑性，它似乎会带给我们无限的希望。我们这个欲望会强烈得需要我们用一年、五年、十年或是更久的时间——因人而异，才能将之减弱，我们才能真正就只是坐着。像这样的打坐是种"臣服"，因为其中没有自己——它是臣服于真理，是一种宗教的修行。我们从事这种修行主要不是为了从中得到什么好处。

一个好修行就是坐在这儿——它是全然平静无事的。以平常的眼光来看，这真是无聊。可是随着时间过去，我们就会在自己的体内发现以前认为是"无聊"的事情，其实是纯然的快乐。这个快乐就是我们生活和行为的来源与出处，有些时候，我们把它称为"三昧"。我们应该在这种境界中度过自己的一生：教导一班学生、接见一个客户、照顾一个婴儿或演奏一个乐器，等等。当我们活在这种非二元对立的三昧中时，就不会再有任何麻烦了，因为没有任何东西是和我们分离开的。

当我们的心不再那么着魔于以自我为中心的念头时，我们停驻在不二境界的能力就会增加。我们只要有耐心、有毅力，终归就会了解不二的意义。不过在我们真正尝到不二的滋味以前，我们的修行还没有成熟。修行的初期阶段可以增进我们心理上的健全，但是除非体验可以成为我们存在的基础，否则我们还是不了解打坐的意义。

这一切都是很精微的，怪不得修行这么困难——我无法送给你们一张精确的地图，并且描述你们要去的地方的景色。有些学生会在修行五年左右的时间脱离，这是很可惜的，因为他们的生命对他们而言，

五、觉察

依旧十分神秘。直到体验的价值变为清晰和明显以前,我们很难体验自己当下所需要体验的东西,只有少数几个人能够确实地做到。

不过,请大家千万不要放弃。当我们可以越来越久地"聆听"身体之际,我们的人生就一定会往祥和、自由与慈悲的方向转化。没有一本书能够指导我们做到这点,唯有我们自己的修行可以。是的,我们是绝对可以做到的,因为已经有不少人做到了。

六、自由

修行的六个阶段

　　修行之路是既清楚又简单的，可是当我们不了解它的时候，就可能会觉得它是混乱和漫无目标的。有点像学钢琴一样：在我初学钢琴的时候，老师告诉我，要成为一个好的钢琴家，就必须不断地练习三合音——哆、咪、唆，哆、咪、唆，要练个五千遍才行。她并没有解释为什么要这样做的原因，只是叫我照着去做。

　　由于我小时候是个乖孩子，虽然不懂为什么非这么做不可，大概还是照着做了。然而，我们不全是乖男孩、乖女孩，因此我要告诉大家"为什么"要修行，我要把大家需要经历的修行之路的几个步骤讲清楚——那些冗长、乏味、重复的工作为什么是必需的？我的一切谈论全都和这条修行之路的各个层面有关，现在我要作一个总体介绍，把事情作个有次序的描述。

　　大多数从来没有从事过任何修行的人（有许多人即使不是禅学学生，也在用自己的方式修行）处在我命名为"学前"的一个阶段——

在我自己开始修行以前，就是处在这个阶段。它表示一个人完全陷身于自己对人生所作的情绪化反应中，认为生命是发生"到"自己的身上，觉得自己对一切都失去了控制，好像是陷入了一个惹人昏乱的境界里。同样的事情也照样会发生在那些已经开始修行的人身上，我们之中大多数人都会偶尔回到这种痛苦的迷惘里。牧牛图详细描绘了这种情形，它是一个人驯服野牛的一系列图画，代表的是由幻想到觉悟的修行过程。我们的修行也许已经进展到了后面的阶段，但是在某个压力之下，又跳回早些的阶段，有时候我们会一路跳回学前阶段，完全沉溺于自己的情绪化反应中。像这样的重复不是好，也不是不好，只是我们会做的一件事情而已。

完全沉溺于学前境界表示自己根本不知道可以有别的方式来对待人生。当我们开始觉察自己的情绪化反应，知道自己在生气，在造出大纷争的时候，就是踏上修行之路了。我们会开始发现自己怀着多大的恐惧感，或者自己多久就生起一个冷酷或嫉妒的念头。

修行的第一个阶段就是这个过程，能够开始对自己的感觉和内在的反应有所意识。给自己的念头加上标签可以帮助我们做到这点。不过，千万要前后一致，并且要观察一切，否则我们就会漏掉大部分念头和感觉。我们在修行六个月到一年的这一段时间可能会很痛苦，因为我们开始把自己看得比较透彻，比较知道自己到底在干些什么。我们标志此类念头："我真希望他就此消失不见！"或是："我真受不了她摆枕头的方式！"在一个密集的禅修中，当我们变为疲惫和易怒的时候，像这类的念头就会加倍地增多。在开始六个月到一年的时间，对自己坦然开放可能会使我们大为震惊。虽然修行的第一个阶段通常为六个月到一年,但是继续把自己看清楚,这个阶段可能持续上十年到十五年的时间。

在第二个阶段,通常是修行了两年到五年的时候,我们会开始把情绪化的状态分解成身体与精神两部分。当我们继续标记,并且开始了解体验自己、自己的身体和外在世界是什么意义时,这个情绪化的状态就会开始慢慢崩溃。它们不会永远完全消失,在任何一点,我们都可能——我们时常会——一下子就跳回前面一个阶段。然而无论如何,我们开始往下一个阶段走了。当然,每个阶段之间的界限总是不很精准,差异只在每个阶段注重的是什么罢了。

所以,第一个阶段是开始觉察自己到底在做些什么事情以及它们所造成的伤害;在第二个阶段,我们激发自己去拆穿那些情绪化的反应;而第三个阶段呢,我们会开始有纯然的体验,丝毫不带以自我为中心的念头,只是纯然地体验而已。在某些禅学中心,这种境界有时候被称为开悟的经验。

在第四个阶段,我们慢慢地、更为前后一致地进入一种非二元对立的生活状态,以体验为基础,替代了被虚假的幻想所左右的生活。有一点大家要记住的就是,所有这些阶段都需要许多年的修行。

在第五个阶段,一个人的生活有八九成时间是以体验为基础,和过去的生活是大不相同了。我们可以说这是一个无我的生活,因为那个小我——那些我们已经看穿和拆穿的情绪化的东西——大部分都已经消失了。要再回到学前境界的生活——沉溺于一切事物里,陷身于自己情绪化的反应中——如今是不可能的了,即使一个人想要再从这第五个阶段回到学前境界去,也无从办到了。在这个阶段,一个人对

六、自由

人生和别人会有比较强烈的欣赏和慈悲心。在这个阶段的人可以去当禅学的老师，帮助其他人走上修行之路——他们在某些方面很可能已经是其他人的老师了。一个像是"我是空无"（"因此我是一切"）的句子不再是书本上没有意义的词语，而是他们可以体证的东西。像这样的认知并不稀奇，也不古怪。

理论上，还有一个第六阶段，一个成佛的阶段，在其中人生是百分之百纯然的体验。我对这种境界不是很清楚，我也怀疑有谁可以完全达到这个阶段。

在以上这些过程中，最困难的一步是从第一阶段跨到第二阶段。即使我们试着把自己的反应隐藏起来，我们也能够对自己的情绪化反应以及身体的紧张有所觉察，能够对自己如何处理生活有所了解。我们必须把自己的念头加上标签，并且去感觉身体里面的紧张，才能够使自己的觉察更为清楚。而我们对这些工作是一定会起抗拒的，因为它会撕裂我们的自我形象。在这个时期，了解自己的基本气质以及应付生活压力的策略，有洞见的心理治疗也会有作用。一个好的治疗能够帮助我们增加觉察。不幸的是真正好的治疗师十分少见，有很多治疗不讲什么道理，甚至鼓励大家去怪罪别人。

我们在从第一阶段到第二阶段的战场上，会开始面临一个选择。是什么选择呢？其中之一是拒绝修行："我才不要去标志这些念头，无聊死了。我要坐在这里，梦想愉快的事情。"我们是选择继续沉溺下去、继续痛苦呢（这点很不幸，它表示我们也会害别人继续跟着痛苦）？还是鼓起改变自己的勇气？这个勇气要从哪儿找呢？当我们继续修行，开始看到自己的痛苦以及（如果我们真有恒心）我们给别人带来的痛苦，我们的勇气就会增加，我们就会看出要是拒绝打这一场仗，就会对生命造成伤害。我们必须在一个戏剧性、以自我为中心的生活和一个修行的生活之间作个选择。彻底地从第一个阶段转到第二个阶段表示我们需要慢慢地结束自己的戏剧。从小我的立场来看，这真是一个极大的牺牲。

当我们在第一阶段和第二阶段之间挣扎时，经常会有一些情绪化的批判："他真让我生气"，"我觉得大家都在拒绝我"，"我受了伤害"，"我觉得很气恼，很怨恨"，以及"我想报复"等，像这样的句子不停地从我们的情绪中冒出来，它们都很生动，甚至非常诱人。我们在上演第一流的戏剧，演自己在生活中是怎么被牺牲，又有什么事情发生在自己身上，一切有多么糟糕，等等。我们虽然很悲惨，却真是喜欢处在事情的中心："我很沮丧"，"我好无聊"，"我很烦躁"，"我好兴奋"，这些都是我们个人的戏剧。我们全都有个人戏码的个人版本，而要能够心甘情愿从这些戏剧中脱离，需要多年的修行才做得到。因为每个人的背景、精力和决心都不一样，所以脱离的速度也会不一样。无论如何，只要我们有恒心，就一定可以从第一个阶段转到第二个阶段。

当我们处在第二个阶段的时间增长时，就会发现自己越来越常说："噢，这没关系，我不晓得自己过去为什么会以为它是个大问题。"我们会发现自己越来越在用慈悲心来看这个世界。这个过程是永远也不会结束的，我们在任何时候都可能跳回第一个阶段。然而，总体而言，我们对人生的欣赏会增加，我们会发现自己可以和过去无法忍受的人高高兴兴地在一起。在一个好的修行里，我们必须在每个步骤都花上所需要花的时间，我们不能催赶整个过程。

六、自由

只要我们依旧去作我刚才所提到的情绪化的批判（而它们有无数的变化），我们就可以确定自己仍然没有稳固地进入第二个阶段。假如我们还在相信是别人让自己生气的，我们就需要找出自己应该修行之处。我们的自我是非常强烈和顽固的。

当我们到了第三个阶段的时候，就逐渐脱离了一个批判的二元对立的状态——对自己、别人和所有的事物的各种念头、情绪和意见——转向一个比较非二元对立和圆满的人生。丈夫和妻子之间的争吵会减少，大家不会再那么整天盯着孩子。因为我们比较快就可以知道该做什么，所以我们面对的困难也会减轻，是真的在改变。这个过程需要多久时间呢？五年？十年？根据修行的人而定。

修行的阶段可以用别种方式划分，我们可以用一个比喻来分析：一开始是土壤，它就是这个时候我们的模样。这个土壤可以是黏土或沙子，也可以是有丰富肥料的沃土。根据它的养分，它可以吸引很多的蚯蚓来或是几乎一条都没有。这个土壤不好也不坏，它是我们接收来耕耘的东西。我们对父母带给我们的遗传基因和习性是不可控的，而在当下，我们也无法不是自己现在这个样子。当然我们是要学习，不过，无论在什么时候，我们就是我们。认为自己应该是别人的样子是荒谬的，我们只需要修行自己的模样，也就是那个土壤。

在土壤上工作——耕耘——包括我所谓的第二到第四阶段。不论这土壤是什么成分——有没有肥料、蚯蚓或种子——我们都勤奋工作，翻土、除草，利用天然的方法耕耘以求丰收。耕耘就会有收成，在修行的第四阶段，这点就会开始显现，而随着修行进程会越来越明显——这个收成就是快乐与祥和。人们会抱怨："为什么在我的修行中，还没有快乐呢？"好像我应该把快乐送给他们才对。是谁能够带给我们这个快乐呢？是我们自己经过坚定不移的修行。它不是我们可以期望或强求的东西，它只在该发生的时候才会发生。一个快乐的人生并不表示我们就会永远快乐，它表示人生会很丰富和有趣，我们甚至会恨死生活的某些层面。但总体上来说，我们的人生会越来越圆满，我们不会再去反抗生命。

总而言之：修行的第一个阶段是开始对自己的情绪、自己想要控制的欲望有所觉察；第二个阶段是把情绪分解成身体和精神两部分；当这个过程进展得不错时，在第三个阶段，我们就会开始有纯然的体验，再回头看那第一个阶段，仿佛是十分遥远的事了；在第四个阶段，我们能从修行的努力中转入体验性的生活中；在第五个阶段，体验性的生活已经非常稳固地扎了根，一个人的生活可以有八九成时间是体证，那种学前的生活——沉溺于自己的情绪里，把情绪发泄在别人身上，把自己的麻烦都怪罪到别人身上——在这个阶段是不可能发生了。从第二个阶段开始，感激、欣赏与慈悲就会逐渐增加。

学生：你对修行阶段的描述非常有帮助，它好像是一张地图：不告诉我们如何到达某个地方，却让我们知道自己是在路上的哪一点。

净香：要如何"到达一个地方"因人而异，我们全都不一样，每个人的自我模式也都不同。纵然如此，对修行整体的模式有个印象还是有些帮助的。

我所描述的和禅宗的《十牛图》十分相似，只是我运用心理学的术语来陈述而已，这是因为在我们这个年头，大家对心理学比较熟悉。可实际上，修行就是实践，我们必须竭尽全力才能从事修行。

六、自由

好奇与着迷

我有个学生最近告诉我,他打坐的动机只不过是好奇心而已。他还以为我会不同意他、不赞成他,而事实是:我百分之百同意他。我们的生活绝大部分是沉溺于自己的念头里,对这对那的着迷,对眼前反而置若罔闻。但是有时,我们又会对自己的着迷开始思索:"为什么我这么焦虑、沮丧和困扰呢?"从我们的迷惑中,就产生了好奇心以及想要观察自己的念头的意愿,想要看看自己是怎么把自己弄得这么气恼的。当我们这样做的时候,那个循环不已的念头的圈圈就会缩小,我们对当下也就开始有所觉察。因此,从某一方面来说,好奇心是修行的心脏。

假如我们真的好奇,就会不带偏见地去探索,我们会把自己的信念暂且缓住,只是去观察、去关注。我们探索自己,探索自己在怎样过日子。我们若是有能力这样做,就可以直接地体验人生,就会开始勘透生命的意义。比方说,我们此刻是坐在这里。假如我们没有专注在其他事情上面,而只是在留意自己的瞬间感受——我们聆听,我们感觉自己膝盖的酸痛和身体其他的知觉。到了最后,我们又会失去焦点,又开始转念头的圈圈了。当我们觉察自己的心思已经飘开的时候,就再回头,重新专心。这是正常的打坐,一般的模式。我们真正在做的是探索自己、自己的念头和自己的体验——我们听、我们闻、我们感觉,然后,这些知觉会触发念头,我们的心又再一次地转圈圈,于是我们留意到这些圈圈。这一次,我们探索的焦点稍微转化了些,我们是在看:"我这样想个不停是什么意思呢?""我到底做了什么事情?""我在想些什么?""为什么我总是想着这些事情而不是那些事情呢？"

如果我们可以留心自己的念头而不被它们惹得团团转的话，我们的思潮就会平静下来，我们就可以再去探索下一个瞬间了，它也许是："我已经打坐了好几个钟头，整个身体都在酸痛。"所以我们就探索这一点，是哪里在痛？它的感觉到底是什么？直到最后，我们不仅对自己的身体知觉能够有所觉察，同时也知道自己对这些知觉所起的反应。我们会留意到自己根本就不想坐在这里，会察觉到自己反抗的念头："他们什么时候才会摇铃，好让我动一动呢？"我们这个留意是好奇心的一种，是对正在发生的事情的一种探索，我们就只是单纯地对跟自己的人生或打坐有关的事情专心。

这个过程不仅可以发生在打坐时，也可以发生在其他地方。假如我在牙医的诊所补牙，我留意到自己对牙医将做的工作有某种念头："我不喜欢他把那根针插入我的牙龈里！"当牙医走进诊疗室时，我留意到自己的轻微紧张，当我们互相打招呼——"你好！"——的时候，我留意到自己的身体在紧缩。然后，那根针插下来了，我感觉它、体验它。我的牙医一边指导我："继续呼吸，现在做个深呼吸……"就像自然分娩的训练一样：当我们随思时，就不会想自己的痛苦了，我们已经与痛苦合为一体。

或者，我们正在办公室上班，已经计划好整个上午要做的事情，突然老板走进来说："我们有个事情要赶，不要再做其他事情了！这件工作非马上完成不可，一个钟头之内把它交给我！"假如我们正在从事禅修，即使我们马上动手做老板交代的工作，也会留意到自己身体的反应。我们会留意到自己的身体正在紧缩，另外还有反感的念头：

六、自　由

"要是他自己做这件事情的话，才不会要求一个钟头就做完呢。"我们留意自己的这些念头，然后把它们丢弃，回到自己手边的工作上面，专心去做。

我们可以用相同的方式探索自己所有的生活："我的感觉是什么？当人生带来它所带来的事件时，我的反应是什么？"我们老板突如其来的要求只不过是人生带给我们的某样东西罢了，同样的道理，需要补牙也是人生带给我们的东西。对每个事件，我们都有一些感觉和想法，而我们在体验这些感觉和想法之际，就能够回归当下，让正在进行的工作继续进行，做着下一步该做的事情。中午的时候，老板进来说："你还没做好啊？"虽然他不是说："你怎么搞的？"但是我们当然知道他的意思，我们可以感觉到自己的身体又在紧缩，可以留意到自己又在对他起反感。我们不照原先计划出外午餐。我们匆忙吃过饭，赶回办公室，又再继续工作。

当我们很幸运地能够做自己喜欢做的事情时，也要同样去留意自己。我们会留意到自己的身体比较松弛，我们会留意到自己专心一致，很容易就进入状况，时间一下子就过去了。我们的念头会少些，因为我们在专心。只是，我们喜欢的事情并不比我们不喜欢的来得重要。我们修行得越久，就越能够从这一瞬间到下一瞬间都让生命很自然地流动，不管发生的是自己喜欢还是不喜欢的事情。一切事情流经我们的时候，我们对之有所意识，然后它们就过去了。我们只是做着自己在做的事情，意识各种经验的流动，一点也不稀奇。生命越来越能够很自然地流动，人生倒也蛮不错的。

并不是每件事情都会令人愉快，我们无从预料人生会带来什么。

当我们一早起床的时候,并不知道当天下午两点钟自己就会摔断一条腿。我们永远也无从知道将会发生什么事情,而这就是活着的乐趣之一。

所以,修行就是带着一个好奇的态度:"这里发生了什么事情?我在想些什么?我在感觉什么?人生带来了什么?我该怎么处理这件事情呢?怎样才是聪明的做法?对这个不可理喻的老板,我要怎样聪明地应付呢?当补牙变成一个酷刑的时候,我怎么办呢?"修行就是像这样的探索。我们越能了解自己个人的想法和反应,就越能心安理得地去做需要做的事情。修禅的意义就在于此:活在当下。

然而,美中不足的是:我们对人生并不是常常有好奇心,能够对它开放。我们不带着好奇心去观察那个挑剔的老板,我们沉迷于自己对那个场面所起的念头和反应里,我们陷身在让自己心神困扰的心理迂回和念头的圈圈中。假如我们从来没有修行过,可能就会有九成以上的时间在转着念头的圈圈;假如我们已经好好修行了几年,可能就只有五成的时间会如此了。

对那个挑剔的老板,我们的圈圈可能是:"他以为他自己是谁啊?他以为我一个钟头就可以把那件工作做完吗?真是开玩笑!"我们会开始反抗:"走着瞧!"我们甚至可能会去破坏那件该做的工作,如果我们没有破坏那件工作,也许我们就会破坏自己,一心想着那件事情、生着气。等一天的工作结束了,我们精疲力竭地回家,告诉自己的配偶,老板今天是多么不近情理:"根本没有人能够在他手下工作!他把我搞得好惨。"在我们激烈的反应中,那个好奇的、探索的做法早就被抛到九霄云外去了。我们不再带着观察的好奇心,而是着了魔

六、自 由

似的转着念头；我们不去观察自己对老板起了什么念头，反而认为自己生上好几个钟头的气是有道理的。此时我们应该做的是：看穿自己的念头，体验在这些念头中所产生的身体的紧缩，然后尽可能地回到自己的工作上面。

打坐就是在做这些：探索自己的生活。不过，当我们失落在以自我为中心的想法里时，就不再探索了，我们或在想生活有多糟糕，或在责怪别人，或在责怪自己。每个人都有自己的一套作风，我们利用它来证明自己的存在。我们喜欢让自己念头的圈圈扩大、再扩大，我们真是喜欢它们——直到我们觉察到自己的人生会被它们毁灭的时候。

大家在不同的圈圈里失落自己。对某些人而言，这个圈圈是："我得先把一切都想通才能开始做事。"因此他们在想明白一切事情以前，不会采取任何行动。这些人的圈圈是哲学性的，为了要让自己的人生比较安全，他们就非得把一件事情的各个角度都研究清楚不可，认为自己若是能够作个全盘了解，就会有多一点的保障。而其他人对挑剔的老板的反应是："我会去做这件事情，可是我要照自己的方式去做。除非我可以把它做得十全十美，否则我就不干。"这些人的圈圈是过分的完美主义。另外一种圈圈是：忙忙碌碌、工作狂倾向。还有一种相似的作风是：同时进行好几件事情。我们的圈圈是我们的风格，当我们给自己的念头加上标签时，就能够找出自己的风格来。这就是为什么标志念头这么重要的原因，我们需要了解自己喜欢在哪边转圈圈、如何转圈圈，我们需要了解自己转圈圈的特殊风格。

当我们打坐的时候，会学到自己是如何喜欢欺骗自己。当我们欺骗自己、沉溺于念头的圈圈时，我们就失去好奇心了，只是机械性地追随自己早先作的一个无意识的假设："我就是这个样子，所以我就该这样做。"我们听不进任何建议，看不到实际发生的事情，对是不是有其他做法完全没有好奇心，因为它们全被以自我为中心、着魔般的念头挡住了，我们对人生的开放和好奇心已经随风飘去。

打坐并不是以希望为根据，它是根据于"无知"，一种纯然的开放和好奇心："我不知道，但是我可以探索看看。"然而，我们全都有自己的特殊风格而不这样去做。我们喜欢转着念头的圈圈，我们喜欢自己的圈圈胜过喜欢自己的人生。有一种圈圈就是我们认为自己是谁的想法："我是这样的一个人。"即使这种加强某种观念的想法和举止会使得人生荒瘠，我们却照旧喜欢它们。

我们打坐得越久、对自己越发熟悉，就越情愿去观察自己的圈圈，顺其自然，让它消逝。我们会开始花比较多的时间在打坐的主旨上面，即让自己开放心胸和维持好奇心，让生命自然地进行。从初学者的眼光看来，这样的打坐是全世界最无聊的事情了。当我们坐着的时候，可以听到一辆车开过去的声音，可以感到自己的左臂有点抽动，可以感觉四周的空气，如此而已。对一个执著自己个人圈圈的人来说，自然而然就会有个问题："干吗要做这些？它们重要吗？"可是这种练习是必需的，因为在那种空间里，是生命在做主宰，而生命——众生天然的智慧与功能——知道自己该做些什么。

学生：当我感觉沮丧的时候，喜欢把自己想成很开心的样子。

净香：那也是一种圈圈。我们认为自己目前的样子不有趣，自己目前的感受不大对劲，因此我们就发明比较"好"的东西来取代它。

我们若是可以探索自己的沮丧和失意，并且保持一个好奇心，就会发现造成这种情形的是一些念头。当我们这样做的时候，沮丧就会慢慢消失，我们就不会再觉得自己需要有对其他境界的幻想了。

学生：难道探索本身不会变成一个走火入魔的圈圈吗？好像一个侦探，拿个放大镜在仔细研究自己的内心："我做了这件事，然后我又做了那件事，所以我就非得再去做那件事不可……"

净香：仅仅把自己内心的过程当成一个事实来观察是一回事，钻牛角尖地想自己为什么要做这件事、是哪里出了错又是另外一回事了。如果我们像个要揭发罪案的侦探一般，去追踪自己内心的过程，那么它就仍然是个圈圈。

学生：留意自己的圈圈，跟着它走，会不会有危险呢？整个过程会不会没完没了？

净香：不会的。假如我们只是在留意自己的着魔，而没有沉溺其中，通常它们就会淡化和消失。通常我们会追逐自己的圈圈，是因为我们喜欢回到自己那些以自我为中心的念头里。而在我们观察自己念头的那一刻，以自我为中心的执著就会被切断，那个圈圈就会丧失燃料。我们不需要担心自己会没完没了地留意念头。当我们开始打坐，我们着魔般的念头或圈圈会有很多的能量。不过随着打坐时间的增加，那个能量就会消散，我们的念头也就会越来越平缓，直到最后，我们就只是在与自己的身体知觉同坐，在体验生命的本质而已。

我不希望大家就这样相信我的话，我希望大家能够自己去探索一番。这就是修行：一个人去发觉自己是如何思想和如何运作的过程。

学生：有些行为似乎需要追求和跟随一系列的思考。比方说，写作或者哲学的探讨，它们似乎是根据一个人能够维持多久一个"圈圈"的能力。

净香：这种做法是没有关系的，它们和着魔般的、以自我为中心的想法大不相同。一位作家或哲学家的创造力只有在他没有陷身于自己个人的焦虑念头中时，才可能发生。留意自己的心是如何运作的，勘透自己走火入魔般的圈圈的本质，我们就可以解脱自己，让自己更有想象力地运用自己的心灵，而不会陷身于其中。

学生：有没有一种想着自己，却不是以自我为中心的想法呢？

净香：有，我们经常需要想着自己的。假如我的牙齿有个蛀孔，我就需要去安排看个牙医，这是想着自己，却不一定是心神困扰、以自我为中心的做法。

学生：有些时候，想着修行也会变成一个圈圈。也许我会发展出一个幻想，认为自己假如能够对念头和感觉永远保持觉察的话，生活就会多么美妙。

净香：是的，那时我们就不是只在探索自己的念头，而是添加了希望和期盼，那个探索也就不再是好奇和开放的了。如同临济大师所说："不要把别人的头安在自己头上。"我们那样做就是添加了多余的东西在自己头上。我们只要稳定和小心地打坐，就会开始把这类圈圈分离开来，就可以辨明它们的本质。

学生：当我在从事一个灵性的脑力工作时，常常会失落于一种强烈的自我批评的圈圈里。举例来说：当我在写作的时候，一下子就会用对自己文章的批评来打断自己思绪的创作灵感，然后我的整个写作

六、自由

过程就会短路,再也写不下去了。

净香:你要怎样练习这一点呢?

学生:留意自己这些自我批评的念头,然后继续写下去。

净香:对。

学生:我觉得自己那些以自我为中心的念头可能会消失这点十分可怕。我的恐惧是:当我对自己的执著不再存在之际,说不定我自己也就不存在了。

净香:是的,你需要去留意自己的恐惧感。非常矛盾的是:我们越能够留意到自己不想让这种转化发生,我们越能够让它发生。这个过程是没法被逼出来的,我们不能强迫自己去做什么,我们只能开放心胸,带着好奇心,觉察一切。

学生:有些人说太多的沉思默想会让人沮丧,需要用其他比较开心的活动,像是庆祝活动,来平衡一下。你觉得呢?

净香:在人生中,没有什么东西的本质是好或坏的,一个东西是什么样子,就是什么样子。沮丧只不过是身体的一种知觉,加上相伴而来的念头而已,这两者都可以被探索一番。当我们觉得沮丧的时候,只需要去观察自己的知觉和标志自己的念头。如果我们把这个沮丧摆在一边或是推开来,再试着用什么东西取代它,好比去参加一个派对,那么我们就还没有探索和了解这个沮丧。参加一个派对也许可以在短期内遮掩我们的沮丧,可是它终归又会出现。把自己的感觉和念头遮掩住是另外一种圈圈。

学生:我有个圈圈是担忧自己的工作和经济情况,我会想:"我会不会有足够的钱支付开销呢?我能不能供养我的家庭?我的工作稳不稳定呢？"我常常会在这种焦虑和担忧的念头里钻牛角尖。

净香：当我们在探索像这样着魔似的念头时，并不是说我们就会因此放弃它们、排斥它们。然而，当我们看穿它们的本质、体验它们底层的恐惧感时，它们对我们就会逐渐失去控制力，慢慢就会消失了。

学生：我发觉自己总是把活动想成是令人沮丧或开心的事情，却忘记了我们所谓的沮丧或开心只不过是自己对事情所起的念头和感觉罢了。被我们认为是"开心"的事情经常只是我们对自己内心的一种暂时逃避，我们害怕让自己去实际体验。

净香：没错。真正的快乐是去体验当下、体验生命的本质。体验当下可以是去感觉我们叫做沮丧的紧缩，也可以是去感觉我们叫做好消息的紧缩，因此，真正的快乐可以同时是我们所谓的垂头丧气以及我们所谓的得意扬扬。一个打坐了多年的人会发展出一种不带个人性而是用上帝的眼光来看事情的特质，我并不是指冷酷无情或是麻木不仁。我自己就不是一个冷酷的人，虽然我在自己的生活中已经发展出这种不带个人性的特质。

学生：我已经认识你许多年了，大概知道你说的是什么意思。我觉得当你变得更"不带个人性"的时候，你就变得更亲切、更让人亲近了。

净香：在过去有段时间里，我非常害怕让别人亲近。如今，我瞧着在过去会让自己不安的事情，心想："噢，那件事情在发生，真有趣。"一切都跟探索或好奇心有关："目前什么事情正在发生呢？"这就是人生。例如，我的车前两天撞坏了，开另外一辆车的人没有留意，

六、自由

我自己也没有留意——因此我们就撞在一起了。我对这个车祸没有起任何反应，并不是说这样做好或不好，但是起码它对自己的血压是绝对有好处的。要是有人受了伤，我可能就会有一个比较激烈的反应了，虽然我可以确定它一定和我多年前会有的反应不一样。一切都是人生，一个让我们体验的礼物。

转　化

我们这些住在南加州的人，经常会随意传播一些描述个人成长的词汇，像是"改变"和"转化"等，我怀疑住在堪萨斯州的人会时常听到这种论调。像这类的说法大部分都是十分可笑的，人们对它并不是真正了解。"个人成长"通常只不过是一种表面的改变而已，如同在客厅里面添加一把椅子一样。而真正的转化呢，是暗示有什么全新的东西出现了，好像原先在那儿的东西消失了，被不一样的东西所取代。当我听到"转化"这个词汇的时候，想到的是一张图画，它上面有许多线条，看来仿佛是一个花瓶，定神一看，又像是一张脸，这才是转化。

禅修有时候被称为转化之法。许多从事禅修的人却只在追求少许的改变："我想要快乐一点"，"我想要少焦虑一点"，希望禅修能够带给自己这些改变。然而，假如我们有所转化，我们的人生是转化到一个全新的基础上面，也就是说任何事情都可能会发生，一株玫瑰可能会变成一株百合；一个容易和别人起摩擦、坏脾气的人可能会变成一个文质彬彬的人。而这些是整容手术做不到的。真转化是表示那个想要快乐一点的"我"本身都可能会转化。假如我把自己看成是一个很沮丧、害怕或其他什么特质的人,转化不光是指我要去处理这个所谓的沮丧,它表示这个我称之为"我"的整个人都会转化。这种对修行的看法和大多数禅学学生所持的看法大不相同,我们不喜欢用这种方式接触修行,因为它表示若要有纯然的快乐,我们就得接受一切,就得对生命希望自己经历的转化开放心胸。比如我自己就得准备好说不定有一天会变成一个流浪汉,当然,我不是喜欢变成一个流浪汉。我们幻想当自己修行的时候,就会很心安,生活也会变得很平静,我们以为自己会变成目前模样的一个美妙的新版本。然而真转化是表示:说不定下一步就是去当个流浪汉。

这些当然不是人们来到禅学中心的原因,我们来这里是想要把自己目前的模样稍微粉饰一下。如果我们生命之车是深灰色的话,我们想要把它改成淡紫色或粉红色。可是转化表示这辆车也许会完全消失,也说不定会变成一只甲鱼。我们根本就不想听像这样的可能性,我们希望禅学老师告诉我们什么是修正自己的方法。有许多治疗仅仅提供可以改进自己模样的技巧,修修这里、补补那里,它们甚至会让我们觉得十分好过,但那不是一种转化。转化是衍生于随着时间逐渐发展出来的一种对人生随遇而安的态度。

我们之中多数人(有时候也包括我自己在内)都像是儿童一般:我们想要某人或某物带给自己想要从父母身上得到的东西,我们想要得到祥和、关注、舒适和理解。假如我们的生活没有这些,我们就想:"修行几年的禅就好了。"不对!禅修并不是为了要得到这些,它是要让我们开放心胸,让这个一直要、要、要——要整个世界都变成自己

六、自由

的父母——的"小我"长大。其实我们对长大没有多少兴趣。

我有很多学生想要把我变成他们的代理父母,然而那不是我的角色。他们经常一遭遇困难就跑来找我,而我总是尽可能地让他们自己处理。如果想让他们对该如何处理自己的问题有主见,最好的方式就是让他们自己去挣扎,这样他们才有可能转化。

转化是让我们去参与当下,而这样做是十分吓人的。我们并不会得到舒适、平安、钱财或其他任何东西的保证,我们必须成为自己。我们大多数人却有别的期盼,我们好像是一棵树,树上长着某一种叶子和果实,由于我们已经习惯于这个样子,所以就希望能够继续舒舒服服地长这些东西。可是转化,是去长生命选择要我们长的任何东西。我们自己无从知道它将是什么,它可能是任何一种改变——我们的工作,我们的健康,或我们的生活方式,它甚至会使情形变得更糟,而不是更好。

不管怎样,转化就是快乐。转化表示不论人生如何——是困难、是容易、是舒适、是不舒适——都是快乐。这个快乐并不是开心的意思,它和好奇心有关,想想那些九个月大到一岁的婴儿,四处爬动,碰到各种各样不可思议的东西,脸上挂满了好奇与惊喜。他们的爬来爬去并不是为了要汲收知识,也不是为了要变成一个可以爬得比较有效率的乖宝宝。实际上,他们的爬行不是为了任何理由,而只是单纯的好奇心和欣赏而已。我们需要重新获得对自己生活的一切都保持好奇心的这种能力,即使对灾难也应该如此。比方说,我们的长期伴侣突然离家出走了,像这样一个可怕的事件能把我们抛入一个有着各种反应的闹剧里,大家能否想象自己不那么做,却反而用好奇的眼光来看这件事情呢？用好奇的眼光来看这个灾难意味着什么？

学生：意味着我们会在一种神奇的境界里。

净香：是的，我们对整件事情都会感到兴趣，包括自己情绪上的反应：尖叫、心情的激动以及身体的知觉等，每个当下都带着好奇心。这样做听来也许很冷酷，然而却非如此，它表示我们头一回能够对一个局面开放心胸，从中学习，并且好好地处理它。好奇心是快乐的一个部分，一种神奇的境界。但是，我们对好奇心与神奇的境界却没有多大的兴趣，我们宁愿把事情整顿妥当好让自己开心。不过，不管我们开不开心，我所说的好奇心都可以存在。

多年前，我认识一个非常有成就的科学家。有一天我问他：当个科学家意味着什么？他说："要是你身旁的桌子上有个碟子，而你知道碟子下面有样东西，虽然你不知道它是什么。当个科学家就意味着：在你看见碟子底下的东西以前，你会寝食不安，你非知道答案不可。"我们的修行也应该要培养这种态度。我们经过各种保护自己的努力，已经失去了大部分对人生的好奇心。当我们沮丧的时候，就只想要这个沮丧停止；当我们担心、孤独或迷惘的时候，也都是如此。然而，我们应该要带着好奇心和开放心胸的惊喜来接触自己的心灵，像这样开放、好奇地聆听生命就是快乐——不管我们的人生处在何种状态。

这就是转化之法，我们不会再沉溺于对人生的自我保护的看法中——尽是想要自己所想要的，也不会再攀附着自己的人生将会如何的画面或幻想。修行——转化之法——是随着时间的一种缓慢的转化，转化为以一种新的方式在世间过日子。这种方式当然会有它的治疗效用，不过那不是它的目的。一个纯然好奇的人既不是开心，也不

六、自由

是不开心；一个爬来爬去、发现我们摆在地上的一个量杯的婴儿既不是开心，也不是不开心，他是聚精会神。他不是野心勃勃，不是"好"宝宝，也不是"坏"宝宝，他只是聚精会神看着自己眼前的奇妙东西。

不幸的是婴儿会长大成人。并不是说最好的修行就是要把我们变得像个婴儿一样，理想上是：我们既能够保持一个婴儿的开放与惊奇感，又有一个大人的成熟心智与能力。我们都已经失去了观望这个世界的惊喜与好奇心，我们都在用以自我为中心的生活目标来替代人生，希望一切事物都能适合自己，让自己感觉美好。我们喜欢的人、我们喜欢的朋友全是那些会带给我们美好感觉的人。那些经常惹我们不痛快的人则归类到另外一张单子上。而一个开放和好奇的人却不会这么做，起码做的程度会有所不同。

如同人类学家卡洛斯·卡斯塔尼达（Carlos Castaneda）所写：我们的修行必须非常完美。他的意思是：我们在每一当下都要尽可能地保持自己的觉察，让我们经由保护自己的策略所形成的"个性"能够崩溃，让我们越来越能单纯地对当下作出反应。假如我们惯性地相信自己的一个想法："我很不中用"，非常完美的修行表示决不让这个想法在我们不知不觉中溜过去，虽然我们偶尔会忘记去留意它；非常完美的修行意味着要在自己身上维持这个修行的压力。并不是说我们在试着变好，或是当我们失败的时候，我们就是坏人，而是我们一定要很细心。非常完美的修行表示自己决不停止修行，转化之法不是："噢，我今天已经修行得够久了，我想我可以离开去尽情享乐一番了。"尽情享乐一番本身并没有错处，但是优秀的修行是要对它也能够有所觉察，否则我们只不过是在自欺欺人罢了。

一个成熟的修行虽然是一丝不苟，也不需要斗争，不过我们在刚开始修行的几年，少不了要斗争一番，斗争会慢慢地随着时间减少。修行也不是一个当自己不顺利的时候就摆在一边的东西，我们不能说："事情这么不顺利，我要下礼拜再修行。"我们需要就在此刻修行，修行自己的斗争，否则修行就只不过是我们把玩的玩具之一，徒然浪费自己的时间而已。

转化之法需要一个优秀的斗士，这和一个完美的斗士是不一样的。我们要不停地尽己之能，要特别细心地修行。不是决心"我要有觉察"，而是决心"我要在自己那样做的时候特别有觉察"；不是一次去修行所有的事情，而是一次修行一两件事情，修行上两三个月，不断地努力，丝毫不懈怠。我们即使只让一个念头——像是"唉，我真是无可救药了"的想法——溜过去、直到事后才发觉的话，就需要坐得更笔直些，重新来过。我们需要稳定地维持自己的专心，为了这个又长远又艰难的旅程把自己准备好。到了最后，我们会发觉修行其实并不是一个又长远又艰难的旅程，但是我们在能够看出这点以前，是见不到它的。

有时候，当我不在圣地亚哥的禅学中心时，我的学生们会进行一个为期两天的打坐。这样做非常好，虽然并不是每个人都能参加，好比有小孩子的人就不能。然而，能够从事一个像这样的打坐——坐上两天，挣扎着维持自己的觉察——就是我们正在谈论的修行。在一个严谨的修行里，我们不可能跳过各式各样的挣扎，我们一定会有长时间的挣扎，这一关是绝对无法避免的。斗争会发展我们的力量，让我们成长。当我们抱怨的时候，当我们对某人、对生命对我们做的事情怀恨在心时，我们就是在闹孩子气，在想抓紧一个有如母亲般的依靠。

六、自　由

禅修跟成长有关。我们不应该开始从事禅修，除非我们真正想去做这件事，我们必须真正想要拥有一个转化的人生。

自然人

不论我们修行了多少年，总还是会误解修行的本义。我们总认为修行是在纠正一些错误，我们想象自己如果做了这个、精通那个，最后就会克服自己身上的那些毛病，然后我们就可以把自己的生活"修整"好，就可以把自己的日子过得好些。

有许多治疗是从一个假如开始，就是假如去寻求治疗的人全都带着某种毛病，而治疗就是要把那些毛病治好。我们带着同样的态度——它普遍存在于我们的文化里——来到自己灵性的修行中。

因为我们对自己并不是很满意，所以我们就假定自己的人生一定是哪里出了差错。从我们个人的立场来看，是有什么地方不对劲，面对这种进退两难的困境，我们该做什么呢？

让我们想象一场飓风：从一场飓风本身的立场来看，它摧残树木、拉倒电线杆、损毁海岸和带来伤亡等全都不成问题，因为飓风本来就是会做这些事情的；而从我们人类的立场来看——尤其是当我们的房子被一场飓风吹得东倒西歪时——这是一个很糟糕的灾难。我们假如办得到的话，就会去治理那些飓风，只不过人类到今天对它们还是束手无策。

很不幸地，每当我们试着去治理什么事情的时候，经常就会造出一堆新的问题来。比如汽车本来是一个很好的发明，让人类的生活在很多方面变得容易些。但是大家都知道，它们给人类带来了一系列的问题。当自然界不受人类干预的时候，它也会搞得一塌糊涂，可是那些烂摊子似乎都会自然痊愈，自然界有恢复自己面目的一套过程。当人类自以为需要把人生的所有问题都解决时，却做不了这么好。我们会失败是因为我们的观点局限于自我的需求中，局限于"我要"之中。假如我们觉得在自己生活中发生的一切事情都不成问题，那么就没有任何东西会干扰我们了。

难道说，我们就应该被动地对一切事情都袖手旁观吗？不。可我们经常抱着有什么事情不对劲、需要整顿治理的态度，并且会情绪化地面对问题，从而给自己惹出一身麻烦。

尤其是：我们希望自己不是目前的这个样子。我们想要"开悟"，我们想象作为一个开悟的人就会很光荣、很特殊，在一般凡夫当中就会鹤立鸡群。对我们而言，开悟是一个伟大的成就，自我的终极造诣。像这种想要开悟的渴望充满在很多宗教里，变成潜伏在修行底下的一种兴奋，实在是蛮可笑的。

每当我们觉得自己很凄惨的时候，就仍然喜欢想象自己可以找到解决的办法，让自己的人际关系永远完美。我们想象自己可以永远感觉美好，做的工作也永远不会有任何惹起痛苦的曲折或差错。

让我们看看一个可以把他称为"自然人"的人（这个自然人当然可以是男人，也可以是女人）。在《圣经》里面，一个自然人就是被从伊甸园中逐出前——也就是说，在他感觉自己是一个分离的个体以前——的亚当。那个自然人会是什么样子呢？当个自然人，会有什么样的感觉呢？

六、自由

学生：一个自然人会充满神奇。

净香：这是真的。虽然他并不知道自己充满了神奇。

学生：他不会觉得自己与周遭一切有所分离。

净香：这也是真的。虽然他还是不知道自己没有这种分离感。

学生：他就只是他自己的样子。

净香：是的，他就只是他自己的样子。他会有什么样的行为呢？比如：他会像个圣人吗？他会不会偶尔出外打猎呢？

学生：他会做自己维生所需要做的事情。

净香：他会做生存需要他做的事情，如果有必要，他会去打猎。他会像以前的印第安人一样，对他们求生所需要杀死的动物先供以祭品。

学生：他会和同族的人战斗吗？

净香：可能会的，不过我怀疑双方不会到流血的地步。大概只在某些地方会有些争论罢了。

学生：我觉得一个自然人就跟我的猫一样：吃饭、睡觉，每个当下不带念头地做想要做的事情。

净香：可以这么说。狗呢，就不是一个太好的例子，因为我们人类已经把它们训练成我们所想要的样子了；猫比较独立，比较像个自然人。

我们修行就是要回归自然的境界。当个自然人并不表示一个人要变成圣人；不过，由于一个自然人没有自己和世间的分离感，所以他就会永远有个天赋的善良与恰当的行为，就好像我们的双手不会做出伤害彼此的事情，因为它们属于同一个身体。

一个自然人欣赏食品、喜爱众生，他有时候会气恼，但是大概不会太久；在生存受威胁的时候，他也许会觉得害怕。

反之，我们的人生是多么的不自然。我们觉得自己跟世界是分开来的，因此就被逐出了伊甸园；我们在把自己从整个世界分离开来之际，也同时把世界分成了好与坏、满意与不满意、愉悦与痛苦两部分。这样做了以后，我们就总是想接近其中的一个部分，而想避开另外的一个部分，好让自己只会遇到生活中适合自己的那部分。

大自然像是一场飓风，不论飓风会带来什么灾害，要发生的终归会发生。我们却希望自己的生活不是如此，我们希望飓风就算是损毁了别人的房子，也不要损毁自己的房子。我们不断地在人生的飓风中追求一个小小的安全岛，这种地方却是不存在的。其实人生就只是活着、享受各种各样发生的事情就好。可是我们由于有个以小我为中心的心灵，就认为人生是跟保护自己有关，我们也就因此陷在困境里。一个小我的心灵是以自我为中心，把时间全花在要怎样才能够在每个时刻都能生存、都能安全和舒适、都能被讨好和款待以及都能不受威胁的想法上面。当我们这样过日子的时候，就失去了人生之舟，失去了自己的重心。而我们离开重心越远，自己的生活也就会越发焦虑和脱轨。

我们从小就开始发展一个小我的心灵。在一个小我的心灵中生活意味着用某种特定的方式来看人生。这样做本身并没有错，只是我们只局限于以自己的观点来看人生。我们的本性从来不会受到干扰，但是我们看不见它，因为我们总是从一个有限的、一面倒的角度在看世界。

六、自由

我们和一个自然人会过的"单纯地活着"的人生差太远了。我们不停地想着要怎样生活,可能将自己八九成的时间都花在这个想法上面,然后我们还奇怪为什么一切事情都会感觉不对劲——实际上也真是不对劲呢。从我们本身的观点来看,我们真是不自在。

任其自然,一个自然人基本上是个好人。他需要打猎的时候就去打猎,他需要做什么事情的时候就去做。因为他与万物之间没有分离感,所以不会造成什么伤害。而我们呢,只需要瞧瞧自己,就知道我们离开这种生活有多远了。

我们修行"不是"试着获得什么,我们的本性——佛性——永远就在这儿,它永远不会被干扰,它就在此。我们只要能够和它接触,就会知道自己是没有问题的。然而我们没有和它接触,因为我们已经离开了重心,一面倒了,这就造成了我们生活上的种种问题。

人们常说:任何一个宗教修行的精髓都是自我解脱,这是真的,但是如果我们能够正确地了解这个句子的意思,我们需要解脱什么呢?

学生:我们需要从执著中解脱。

净香:是的。而执著源于什么呢?

学生:以自我为中心的想法吗?

净香:执著的根源是以自我为中心的想法。假如有人对我说:"净香,你真笨!"她只是在告诉我她的意见而已,而我马上就会用自己的意见反击她:"我才不笨呢,是你不知道自己在干什么!"因此我们两人就来回攻击对方。我们会玩这种把戏是因为我们的以自我为中心、自大的心在作祟,从它们的立场来看,世间总是有哪里不对劲。

而实际上，生命本身是美好的、不受干扰的，造出骚乱的是我们自己的想法。

修行不是在寻找什么东西。我们不需要寻求开悟，我们不需要寻求自己的佛性，因为我们的本性就是佛性。我们需要做的是去除无明，能够再重新见到自己的本性。而要去除无明，有哪些实际的做法呢？

学生：给自己的念头加上标签。

净香：对，我们可以标志念头，让自己看出它们仅是念头罢了，是自己捏造出来的东西。我们必须看出它们不具备真实性。

学生：我觉得一个人需要先接受自己是无明的这个事实。因为在我们愿意去看一个东西以前，是无法标志它的。

净香：没错，而我们通常在痛苦以前，是不会愿意去做这个"看"的工作的。在一个以小我为中心的生活中，苦难一定会发生，我们自己会痛苦，我们周遭的人也会痛苦。

我们的小心眼会制造抱怨，会制造怨恨以及自己是个受害者的感觉。它会影响我们的健康——虽然它不是我们生病的唯一原因，可是一个总在紧绷的身体等于是两个我在打仗。小心眼会制造沾沾自喜和傲慢自大，它同时也会阻止我们去体验自己身体的知觉，去体验生命的本质。当我们能够体验这些的时候，我们的生活就会比较像一个自然人的生活了，这么说是什么意思呢？

学生：它表示我们会有一个能作出适当举止的智慧。

净香：是的。还有呢？

学生：我们会更为开放。我们天赋的智慧经由知觉和感应就能够吸收一切，包括各种资讯在内。

六、自由

净香：是的，我们会看得更清楚。我们会更知道在某个情况之下该如何平衡、该做些什么；我们更能保持自己的冷静，因为我们不会再被每一件小事情都惹得发火；我们会更优雅诙谐，更自主自发，更合作无间；我们会更完整地去看一个人，而不再把别人看成是可以操纵的东西。

这些结果得之不易。我们有时候会觉得自己在打坐时做的工作非常无聊，我们会厌倦给自己的念头加上标签或是回归自己的身体知觉。做这些工作并不是没有意义，但是要花上很多年的时间才能有所认识。我们都很固执，不喜欢做任何必须做的工作。然而当我们不做的时候，自己的人生就会很艰苦，我们四周每个人的人生也都会跟着很艰苦。即使如此，我们还是经常不想做自己该做的工作。

自我解脱听来像是一个奇特动人的舶来品，我们会把它想成是耶稣基督被钉在十字架上或是什么其他不寻常的事。其实自我解脱是很简单、很基本的。我们每一次发觉自己在转着念头，给它们加上标签，放弃小我——那些念头就是小我，回归当下的时候，就是在自我解脱。我们回到对身体知觉的体验，聆听过往车子的声音以及闻着午餐的饭菜香，这些就是自我解脱在做的事情。当我们在密集禅修中坐上一整个礼拜的时候，应该要做上成千上万次：标志自己的念头，看穿它们的梦幻，回到对当下事情的觉察来，就是在解脱小我、成全大我。我们这样做的结果就是在完全体验生命的本质了。

这样做并不需要什么特别的技巧。在一次打坐期间，我们也许可以如此做上十次；要是我们特别机警的话，也许可以做上二三十次。我们如果在自己的念头中沉溺上十五分钟，就是把自己该做的工作忽略了一部分。

做这种工作,是不会有人赶来颁个奖给我们的。要能做到它,我们就必须了解它所牵涉的是什么。一切事情,包括我们整个的人生在内,都和它有关,我们真正想要的东西都跟这个自己一而再、再而三在做的单调无味的工作有关。

有些时候,我们就是不想做这份工作:"不管净香怎么说,我就是要去做个白日梦。"于是我们就去做个美梦,然后再回到这个工作上来。我们的心脱离了以自我为中心的美梦,回到感觉自己膝盖的酸痛、身体的紧张上来,体验一切。在这样的一秒钟里,我们就是从自我中解脱了,而这就是开悟的境界:浑然忘我。

我们总会再回到小我来。不过,当我们继续打坐的时候,我们体验生命本性的时间就会逐渐加长,被以自我为中心干扰的时间就会逐渐缩短。那些干扰不仅时间上会缩短,它们也不会被我们再那么认真地对待。渐渐地,它们就好像天上飘过的云一样:我们会留意到它们,可是不会再那么受它们控制了。随着时间过去,这个过程会为我们的生活中带来很明显的不同,我们的感觉会好受些,我们的生活会好过些。在一个密集禅修之后,大多数人会发现过去对自己是个问题的事情,如今已不值一提,甚至是很可笑的了。那个"问题"并没有改变,改变的是我们的心。我们的这些讨论以及我们禅修的重点在于能够把它们运用到日常生活中,但是当我们面对日常生活中比较复杂的需求时,却常常会忘记要继续修行。我们必须继续留意和观察自己的心,不要心烦意乱。如果我们不这么做,那么我们才刚获得的清明就会开始消失。

六、自　由

我们修行得越久,修行的习惯就越能变成我们的一部分,禅修的利益也就越能持久。直到最后,我们会达到禅修与日常生活没有分别的状态。

重要的是:要记得我们并不是在治理整顿什么东西,我们并不是要尝试做个不一样的人。实际上,修行很简单,就是回归自己的本性、自性。我们并不是在做什么特别的事情,我们也不是想要开悟,我们只是不断地在解脱小我、回归本性。

当我们做这些工作的时候,对人生就会开始有一种不同的感受,而这点是唯一能够真正教导我们的东西。我们这些讨论像是耳边风一样,假如我们不实修,所有的讨论全没有用处;光是读一本书或是听一个演讲也是不够的。只有修行才能让我们尝到人生不同的滋味。当这个滋味越来越强烈的时候,我们就会发现自己无法再回到老路去了,即使我们想要回去,也回不去了。当我们把自己转化得更符合自己的真实本性时,修行的效果就会更为巩固,而我们的人生就会改变。

大家有什么疑问吗?

学生:你把修行描述成在每一个当下回归声音或是身体的知觉,可是假如我是在修行一种强烈的情绪,像是哀伤或怒气呢?

净香:什么是情绪?一个情绪只不过是念头与身体知觉的组合而已。这些念头是以自我为中心的想法:"他怎能去和别的女人约会?他说过他爱我!"这样的念头仿佛熊熊烈火般把我们裹住:"他怎能这样做?"我们的念头回旋飞舞:"他不能这样做!"我们的念头绵绵不绝。在我们转着这些念头的同时,我们的身体也正在紧缩。

假如我们开始给这些念头加上标签,也许需要花上好几天的时间。然而,我们的念头迟早会开始崩溃,剩下的是这个紧缩的、痛苦的身体。当我们不带念头来体验这个缩紧的、痛苦的身体时,会发生什么事情呢?我们身体的紧缩就会增强,最后就会崩溃——我们就不会再闹情绪。

事实是:一个以自我为中心的情绪是一点也不真实的。我们全都认为自己的情绪十分重要,但是再也没有别的东西比以自我为中心的情绪更不重要了,一个情绪只是身体的紧张以及我们捏造的一些念头罢了。我们的念头基本上是不真实的,它们与现实无关,例如我可能会想飓风真不公平,它不应该打击我。像这样的想法毫无益处,与现实无关,也根本不重要。而我们身体的知觉呢,就是身体的知觉,它们不是好也不是坏。当我们对以自我为中心的情绪能够有所了解以后,就会看出它们是没有必要的。

学生:当我在标志念头的时候,要是我的脑筋突然起个意念,而我发现"哎哟,那又是个念头"时,我是应该立刻回到自己身体的知觉呢,还是应该好好观察这个意念,然后才把它摆到一边去呢?

净香:要是那个意念在你的生命中颇为重要,它就一定会再发生,你不用担心没有把它想清楚。

学生:一个真实情绪是什么?

净香:一个真实情绪是对事实的一种反应。假如我的朋友心脏病发作,倒在地上,在我急忙做点什么事情的同时,一定也会有某种情绪;反之,当我对五分钟前发生的一件事情发火时,那就不是真情绪了。如果有人五分钟前侮辱了我,我才不会想知道自己对那个侮辱所产生

六、自由

的情绪其实并不是真的,我只会想:"他不应该那样做,他真差劲!"当我把自己的情绪当真时,就可以加强自己的看法,就可以继续玩弄这种把戏。

学生:生气可以是种真情绪吗?

净香:可以,不过很稀有。假如我看到有人在伤人,而我站出来阻止这件事,很可能就是生着气的,只是我的怒气可能会比较像个小风暴,而不像我们平常所谓的生气。当我们以为自己是在表达真怒气的时候,十有八九我们是在欺骗自己。

学生:有没有一种真情绪是哀怜呢?

净香:真哀怜或慈悲本身并不是一种情绪,它可以包含情绪,像是爱,可是慈悲心就只是对发生的一切敞开心胸而已。因为它是纯然的开放,所以能够包容一切,能够看出什么是最好的行为,并且去实践它。慈悲心是修行的终极结果。没有人能够永远慈悲,不过我们若是真修行,就会越来越慈悲。我们会更把别人当成一个人看待,更把他们当成真意识的中心,而不是可以控制、操纵或修理的东西。这种能力随着修行会逐渐增加。要是没有,那么就是我们不懂得什么是真正的修行,或是我们没有真正在做这件事。

我不用去探究大家在坐垫上面做些什么事情,我只需要看看大家在生活方面的举止就好。当一个人的修行在成长时,可以很明显地看出来。他那种受害者、"我真可怜"的感觉会减少,对别人的需要更能够觉察出来,并且会更愿意去满足那些需要——这些是与当一个"做好事"的人非常不同的。

学生:所以慈悲心并不会有什么特别的感觉吗?

净香：对，假如我们真是带着慈悲心去聆听一个人的倾诉，就可能不会有多大的感觉，我们只是聆听，然后采取适当的行动。我们经常把慈悲心与爱搅混了，慈悲心可以包含爱，爱是一种情绪，而慈悲心本身却不是一种情绪。在真的慈悲里，一切没有分别，这表示在我和我身边的人之间不存在任何以自我为中心的想法。无分别、万物合一就是慈悲心。

学生：字典里面，哀怜的定义是：感觉别人所感觉的。它并不表示一定要对别人的感觉作什么反应，或是要去同情别人。慈悲心的意思是去感受别人的经验，而不是要和别人一起经历。

净香：一个真正慈悲的人从来不会想着它，它是非常自然的，并不是一个人尝试的结果。如果我们不是真慈悲，就知道自己一定是陷在以自我为中心的某种梦幻里了。当我们沉溺于自己的念头中时，就不会慈悲。因此我们所有的修行都在探索这个我们非常喜欢的以自我为中心的梦幻。我们只要能够不陷身其中，就会慈悲。

学生：爱和慈悲是同一样东西吗？

净香：有些时候，爱意味着一个短期的情绪，而当我们真爱一个人的时候，并不表示我们对那个人不会有情绪化的感觉。我们可以爱我们的孩子，同时又希望他们在进屋以前，先把鞋底擦干净。对他们不把鞋底擦干净而发怒是种情绪，对他们的爱却不是，我们对自己孩子的爱是持久不变的。

至于罗曼蒂克的爱呢，那就几乎永远有个需要的因素在内，有个我们会从中得到什么东西的想法："我跟你在一起真兴奋。""当我在你身旁的时候，感觉真好。""你让我开心极了。""当我和你在一起的时候，觉得很充实。""你满足了我的一切需要。"当发生了什么事情而把我们的幻想毁灭时，我们讲的话就不一样了："我真恨他！我真不知道过去看上他哪一点？"

　　实际上，没有人能够让我们开心或伤心，这些情绪是我们自己造出来的。罗曼蒂克的爱充满了幻觉，而真爱或慈悲心则不带幻觉，它们就是我们的本性而已。

七、神奇

下　坠

曾经有个人，爬到十层建筑物的顶上，往下一跳。当他下坠到第五层的时候，有人听到他在喃喃自语："到目前还不错嘛！"

我们会嘲笑这个人，因为我们知道他马上就会摔死，怎么还敢说自己还不错呢？其实在他掉到第五层的那一秒钟和他即将摔到人行道上的那一秒钟，真有什么差别吗？我们之中大多数人会把快摔到人行道上的那一秒钟叫做一个危机。大家若是想自己只有几分钟或几天的时间可活了，就会说："我大难临头了。"反之，我们的日子若是过得还算正常（上同样的班，做同样的工作，见同样的人），虽然人生看来并没有多么美妙，起码我们已经习惯于这么生活，这种时候，我们就不会觉得自己身在危机中，因此也就不觉得有什么用心修行的必要。现在让我们看看所谓的危机和非危机的差别。

禅修是一种人为的危机。当我们承诺参加一个密集禅修，就必须停留在这个艰难的场合，自我搏斗一番。在禅修结束之前，大多数人都已经渡过了这道难关，起码是到了一个可以用不同的眼光看人生的阶段。可悲的是我们不了解自己生存的每一个刹那——喝杯咖啡、看张报纸——都可能是那最后的一个刹那。为什么我们不能了解这个真理呢？因为我们的小心眼以为自己正在活着的这一秒钟，有千万秒钟在它之前过去，也会有千万秒钟在它之后来临，所以我们就不去真正好好地过日子。我们把所有时间都花在在脑子里计划要怎样才能使自己永远不会遭遇灾难上面，而这完全是浪费生命。我们把所有精力都花在想要成功、仁慈、和人合得来、被大家喜欢、有主见（或是没主见）的尝试上面，看哪一点可以让自己避开危机。我们有所图谋，想要操纵自己的生命以使自己不会坠到底。这就是为什么当我们在快要坠到底之际反而会觉得很美妙的原因，这也就是病得很严重的人以及生活很悲惨的人经常会觉醒的原因。他们是对什么觉醒呢？

学生：是对临在觉醒吗？

净香：是的。还有什么呢？

学生：生命的无常。

净香：对生命的无常觉醒，一点也不错。

学生：对我们身体的知觉觉醒。

净香：也对。我们还会对什么觉醒呢？

学生：宇宙万物的神奇。

净香：这一秒钟的神奇。当这一秒钟里，无我、无念、无相，就只是——它不是什么巨大的情绪——自在无殊时，我们的所有忧虑就会消失踪影。但是通常我们不会有这样的认知，除非我们被逼得整个心思都必须放在眼前的这一瞬间，这时我们才会忘记自己那些想要改变自己、改变别人或是改变环境的图谋。大多数人把自己五到九成的时间花在想要避免坠落到底的尝试上面，然而我们是逃避不了的，我们全都在往下坠，每个人都是如此。我们无法避免坠落到底，可是却把自己大部分的人生花在这一点上面。

觉醒意味着认知自己的境遇是没有希望的——同时也是美妙的。自己除了活在当下以外，再也没有其他事情好做了。当我们身处危机或禅修的时候，也许不能完全觉醒，但是可以转化自己面对人生的态度，我们会了解自己平常使用的计谋——担心过去，幻想未来——其实并没有多大意义，只不过在浪费宝贵的时间而已。

从某个角度来看，我们永远身处危机当中，我们永远都在往下坠；而从另外一个角度来看，并没有什么危机。假定我们在一秒钟之内就会死亡的话，它是个危机吗？不是的，只是有那样的一秒钟罢了。前一秒钟我们还活着，后一秒钟我们就死了。它不是危机，事情仅此而已。不过，人类那个想要做不可能之事的驱策却会把我们搞得一团糟。我们把人生全花在躲避那件无从躲避的事情上面，我们把自己的精力、自己的情绪、自己的计划全放在怎样赚钱、怎样成功、怎样讨每个人的喜欢上面，因为我们私底下相信这些东西能够保护自己。我们最强烈的幻觉之一是：爱与被爱可以带给自己真正的保障。实际上，保障不存在，解答不存在，我们的生命是绝然无望的。这也就是它们为什么美妙的原因，一切没什么大不了。

有谁想要成功呢？有谁想要讨别人喜欢呢？我们全都如此。除非我们真相信这些幻觉，否则想得到这些并没有什么错。即使想要赚上一百万也可以变成一个很大的乐趣，就像是其他游戏一样好玩。但是

七、神奇

我们需要把它看成是一个有趣的游戏，并且在玩这个游戏的时候，不去伤害别人。可惜我们不能把它当成一种游戏，因此在追逐自己的财富时，同时也伤害了别人。

开悟很简单，就是明白这个真理，不只是在脑子里面明白，是全心全意、完整地明白："这是这样。"它是多么美妙啊。牙齿痛吗？同样也是如此——美妙。每当我们牙痛的时候，当然是不会把它想成很美妙。但是能够体验这一瞬间的生命本质，包括牙痛在内，就是美妙。

很不幸，人类的思想会欺骗自己。其他动物大部分时候比较不会去操纵自己的生命，它们也许会偶尔耍一下诡计。以前我有一条狗，叫它回家的时候，它总是不喜欢回去，所以就会躲到对街的篱笆后面。夏天的时候，这么做还蛮有效的，它静悄悄地站在篱笆后面，看不到；等到秋天，树叶掉了，它还是跑到那里躲着——可是被人看得清清楚楚！不管怎样，狗和其他动物对自己生命的意义并不会像人类那样迷惘，它们只是活着而已。

我们之中有些人正处在"灾难"当中，有些人则不是。当然，我们不会永远处在一个大灾难当中。不过当我们身处灾难的时候，就会拼命修行，经常出现在禅堂里；然后当生活平静下来的时候，我们就不再这么积极修行了。成熟的修行有个标志：能够把人生看成永远有危机，也同时能把它看成是完全没有危机，两者是相同的一件事情。在一个成熟的修行里，不管有没有危机，我们都同样去用心修行。

直到我们明白不存在解答之前，无法解决任何问题。我们是在下坠，无可挽救，也无法控制。我们把自己的人生浪费在阻止下坠的尝试上面,可是它从来就没有停止过。答案不存在,能让它停止的人也不存在。成功、梦想、任何事情都无法阻止它,我们的身体还是不停地在下坠。

这个下坠是一个极大的祝福。假如有人宣布他发明了一种药丸,可以让我们永远活下去,那才真是灾难呢。想想看自己活到六千年以后,还在转着同样的念头,那该有多可怕!人若不会死亡,那么在这地球上活着的意义就会改变,何况我们要把新生婴儿往哪儿放啊?

我们全都会留意到自己的变老:白发、皱纹、关节痛,等等。我们从一生下来,就在步向死亡的终点。当我留意到自己的老化现象时,并不会欣喜,我并不比大家喜欢变老。不过,不喜欢变老和拼命想阻止它发生之间是有很大差异的。

我们迟早会发觉生命的真谛就在我们活着的这一秒钟,不论这一秒钟我们是在九层还是在一层。从某个意味来说,人生是没有长短的,我们永远是活在当下,只有当下——这不具时间性的现前此刻——能够存在。我们活着的这一秒钟,不管是在五层还是快要碰到人行道了,全都是同样的一秒钟。有这种认知的话,每一秒钟都是快乐的源泉;没有这种认知的话,每一秒钟就都是不幸了(实际上,我们时常隐秘地想要不幸,我们喜欢当一个闹剧里的中心人物)。

我们大部分时间不认为自己有危机("到目前还不错嘛")。或者我们会把自己不开心的事实当成一个危机,其实它不是一个危机,它是一个幻觉。我们把大部分时间花在安顿这个我们认为就是自己而其实并不存在的实体上面。实际上,我们就是存在的这个当下,我们还能够是什么呢?当下是没有时间也没有空间的,我不可能是五分钟之

七、神奇

前的那一秒钟，怎么可能呢？我是在此地，我是在此时，我也无法是十分钟之后的那一秒钟。我只能在自己的坐垫上面扭动，感觉左膝的疼痛，体验这一秒钟所发生的事情——这就是我，我就是这个。我可以想象再过十分钟，我的左膝就不会痛了，但它全然是个美梦。

我还记得过去自己既年轻又漂亮的时光，但是它也全然是个幻觉。我们大多数的困难、希望和忧愁都是幻觉。除了这一瞬间以外，再也没有其他东西存在了，一切都在这一瞬间，我们就是这一瞬间。然而大部分的人把自己五到九成的时间花在想象上面，活在美梦当中。我们经常想着过去发生在自己身上的事情，过去可能发生什么事情，我们对发生事情的感受，我们应该怎么不一样，别人应该怎么不一样，一切多么可惜……没完没了。这些全都是幻想，全都是想象。回忆"是"一种想象，我们攀附不放的每个回忆都会蹂躏自己的生活。

实际思考——当我们没有攀附什么美梦，而只是把一件事情做好的时候，却又是另外一回事了。要是我的膝盖在痛，说不定我该想办法医治它。会毁灭我们的想法是那些想要阻止自己下坠、免得坠到底的念头："我要好好了解自己。当我终于了解自己的时候，我就会心安，日子就会好过。"不会的，日子不会好过。它会是它的样子，就是当下的样子，就是这一瞬间的神奇。

当我们这样坐着的时候，能够体会生命的神奇吗？能够感觉自己活着的神奇吗？能够感觉自己身为可以欣赏生命的人类的神奇吗？在这方面，我们比其他动物幸运，我怀疑一只猫或一只甲虫没有这种欣赏生命的能力，当然我也可能不对。如果我们从这一瞬间漫游出去，就失去了这个欣赏、这个神奇了。如果有人对我吼："净香，你真糟

生活在禅中

糟透了！"然后我就失神于自己的反应中，想着要怎样保护自己或去报复对方，那么我就失落了这个神奇。而如果我能够安住于这一瞬间，那么就只有被吼的这个事实存在，根本不算一回事。不过，我们全都会陷身于自己的反应中。

作为人类，我们有这个美妙的能力去认知生命的意义，大概再也没有别的动物有这种能力了。我们若是浪费了它，不去真正地修行，我们接触的每一个人就会受到影响，受影响的是我们的伴侣、我们的孩子、我们的父母以及我们的朋友。修行并不是一件我们为自己所做的事情，就算我们是为了自己修行，也没有什么两样。当我们的生活转移到真相中时，我们遇见的每一个人也就会跟着转化。要是有一件事情可以影响整个苦难的世界，它就是修行。

鸽之声与批评之声

我最近接到一个东部朋友打来的电话，她告诉我："今天早上我在打坐的时候，四周很安静。突然之间，传来一只鸽子的声音。那一瞬间，没有鸽子，没有我，就只有那个声音。"然后她等着我的诠释。我回答："真美啊！但是假如你听到的不是鸽子的声音，而是有人对你的批评声音。那么鸽之声与批评之声有什么不同呢？"让我们想象自己在静寂的清晨打坐，突然窗外传来"咕咕"的声音，像这样的时刻真是非常迷人（我们时常以为这就是禅了）。但是假如我们正在上班，而老板冲过来怒吼着："我昨天就该拿到你的报表了，你做了没？"这两种声音有什么相同的地方呢？

学生：两者都只是"听"而已。

净香：是的，它们都只是"听"而已。发生在我们身上的事情都是感官上的一种输入：听、闻、摸、看、尝。我们说了这两种声音的相同地方。那么，它们相异在哪里呢？它们真有不同吗？

学生：我们喜欢其中的一个，不喜欢另外一个。

净香：为什么会如此呢？毕竟两者都只是声音罢了。为什么我们会喜欢鸽子的声音，而不喜欢批评的声音？

学生：因为我们不是只听到声音而已，我们在自己听到的声音之上又加上一个意见。

净香：没错，我们对那个批评有个意见——实际上，是非常强烈的念头和反应。

我早先曾经讲过一个从十楼跳下来的人的故事，当他下坠到第五层的时候，还在喊着："到目前还不错嘛！"他是在盼望自己可以永远停在空中。我们也是如此在过自己的日子：希望能够避免批评的声音，希望能够向地心引力挑战以使自己永远不会坠到底。

有些人是好像可以抗拒地心引力的。这些年来有个人带给我很多的欣喜，他就是格雷格·洛加尼斯（Greg Louganis），他可能是有史以来最伟大的跳水运动员。一个像洛加尼斯一般的优秀跳水运动员，有力气在跳板上跳得非常高，让自己在坠到水面的途中有更多的时间可以翻转，是高度带给他活动的空间。另外一个仿佛可以抗拒地心引力的伟大运动员是篮球运动员迈克尔·乔丹（Michael Jordan），他有时候看来就好像能够飞翔，令人赞叹。我们对芭蕾舞男星巴里什尼科夫（Baryshnikov）也是惊叹不已。他们全都可以跳得非常高，不过迟早都会再掉下来。就如一般常识所告诉我们的：地心引力总是永远得胜。

然而我们不照常识过活，我们不喜欢听到批评的声音，我们不喜欢下坠到底，一点都不喜欢。可是不管我们喜欢不喜欢，生命包含很多不愉快的输入，它很少会带给我们所想要的东西。我们把所有的时间都花在做那些没有人能够做到的事情上，我们想尽办法要停在空中好让自己永远不会下坠到底和死亡；我们是在逃避那无从逃避的命运。

人类的生活绝对无法逃避所有的不愉快，生活中总是会有批评、痛苦、受伤、生病和失望。我们的小心眼会对自己说："你不能依靠人生，你最好要取得一些保险才是。"所以我们就尽可能躲避和痛苦的真实接触。

当我们坐禅的时候，我们的心不断在幻想，在想办法"停在空中"。我们是做不到的。作为人类，我们就是会坚持去做那件做不到的事情：逃避一切痛苦。我们想："我要计划，我要找到最好的方法，我要找出一个可以让自己安全活下去的做法。"我们尝试用自己的念头来转化真相，好使真相永远接近不了自己。

我以前说过一个在禅堂里坐在我旁边的一个年轻妇女的故事。她不停地扭动，整个时间都在抚弄着自己的脚踝，一下子把脚伸出去，一下子缩回来，一下子扭到身后，动个不停。监督靠过来，悄声告诉她："你必须静止不动，你必须不再动自己的脚踝。"她说："但是它好痛。"监督回答："这个房间里有许多脚踝都在痛。"而她说："然而是'我'的脚在痛！"假如我们曾经受过类似的疼痛，就会同情其他

七、神奇

正在经历相同疼痛的人。不过,当别人感觉痛苦的时候,再怎么也跟"我们"自己感觉它的时候不一样。当别人说"我跟你有相同的感觉"时,事实上他们无法跟我们有一样的感觉,他们感觉的就是跟我们自己感觉的不一样。我们都有一个主要的目标:要把痛苦赶得远远的,让自己根本就不知道有那么一回事。我们想要停驻在自己念头的云朵当中,想些要怎样才能改善自己的策略和计谋。

想要改善自己并没有错,比方说,我们可能决定要少吃点零食、多做点运动或是多些睡眠,这些都蛮好的。出错的是我们会在这些努力上面,加上一个希望,以为改善自己就会使自己与不愉快的东西——批评之声、失望、疾病、老化——绝缘。等迈克尔·乔丹七十岁的时候,大概就无法像现在一样跳跃在篮框边沿了。我们在人际关系与婚姻上面也同样添加了什么期望呢?

学生:我们期望它们可以保证让我们快乐。

净香:没错。努力去改善一个婚姻是有用处的,但是我们会在上面添加一个希望,希望我们的伴侣可以帮助我们抗拒地心引力,停止我们的下坠。

只要我们认为一个鸽子的声音和批评的声音有所不同,我们就会挣扎;只要我们在自己的生活中不希望听到批评的声音,并且也不知道该如何去训练自己对它们的反应,我们就会抗争。我们在抗争什么呢?我们全都会这样做。

学生:我们会挣扎,是因为实际发生的事与我们心里所期望的不一样。

净香:是的。我们的心总是会以它们精微的方式添加"这个场面我喜欢或不喜欢"，我们总是有个判断。

纯然地聆听是没有判断的。当一个声音到达我们的耳膜时，判断并不存在，只有听觉的存在。接下来，才是我们修行时抗争的节骨眼。每天，感官的资讯都在不断地输入。然而，从我们人类的眼光来看，其中只有一部分是可以被接受的。

这难道表示你轻轻拂拭我的手或是插根尖锐的针在我手上，我都需要同样地喜欢它们吗？不是的，我当然会有个偏好。我们全都知道自己偏爱愉快的知觉（我自己尤其不喜欢医护人员扎根针在我指端抽血），偏爱本身并没有错，是我们添加在上面的情绪造成了我们众多的麻烦，因为这些情绪把我们的偏爱转化成强求了。修行能够帮助我们把这个过程倒转回来，把强求分解成简单的偏爱，不再有情绪的负担。举个例子说，要是我计划好一个野餐，一个偏爱是："我真希望今天不要下雨。"可是天公不作美，下雨了。我们很气恼："我准备好了这么多食物，我做了这么多事情——现在怎么办呢？老天真不公平！"这个时候，我们就是把自己的偏爱转成强求了。

我们为了要保护自己、让自己可以"停在半空中"，就不停地转着念头。而打坐可以帮助我们越来越客观地对待这些心理上的产物，让我们学习单纯地观察这些心理上的产物，然后回归对感官输入的直接体验来。打坐是个很简单的努力。

不过，如果我们在打坐的时候对自己诚实的话，就会发现自己根本不想去聆听身体。我们只喜欢想东想西，我们只喜欢想着那些会带给自己希望的念头，希望自己的人生能够永远"停在半空中"。我们不肯放弃这个希望。

七、神奇

因此，修行的第一个步骤就是诚实，要尽可能观察自己的念头和聆听自己的身体。在自己的希望消退之前，我们是不会花上很多时间聆听身体的，我们根本就不想去听。要在打坐多年之后，这个不情愿才会慢慢地改变。打坐并不是要达到一个开心或极乐的状态，它是让我们终于可以看出聆听一只鸽子的声音和聆听某人批评自己的声音之间并没有真正的不同。它们的"不同"是在我们自己的心里。修行就是让自己作这些挣扎，它不是让我们每天早上有一段极乐的时光，它是让我们直接面对自己的人生，让我们看出自己真正在做些什么。通常我们在做的是想要操纵自己和别人的生活，我们想要操纵他人以使这个"我"——这个由自我中心的想法所造出的幻觉——不受伤害，对此我们只需纯然目睹就好了。

诚实——觉察我们对自己以及坐在自己身旁的人的意见；诚实——"我实在很容易生气，很卑鄙"。像这样的诚实可以帮助我们越来越能聆听身体，两秒、二十秒或是更长的时间。我们越能够对只是动脑筋就能解决一切这点不抱希望，就越能聆听真实的声音。直到最后，我们也许可以明白人生是没有解答的。只有我们的小我在要求解答，但是解答是不存在的。到了某个阶段，我们甚至可以勘透若是解答不存在，那么问题也就不存在了。

像这样的谈论不是要让大家从字眼上省思一番。我们可以从中得到一点心得，然后就可以把它们抛开，回到简单、直接的修行上来。我们最后会变得十全十美吗？不会的；我们会达到什么目标吗？也不会，我们不会达到任何目标。我们已经到达了那个鸽之声与批评之声毫无差别的境界，我们的工作是去觉察自己已经到达了。

快　乐

　　常常会有人怪罪我总是强调修行的困难,这个责怪一点都不假,请相信我,修行的确是非常困难的。假如我们不去留意这些困难以及它们为什么会存在的原因,那么我们就是在自欺欺人了。修行的终极目标——不仅在我们打坐的时候如此,是使我们的整个人生变得快乐。我说的快乐并不是开心的意思,快乐与开心不同,开心有个反义词,而快乐没有。我们若是去追求开心,就一定会有不开心的时候,因为我们的情绪总是会从一个极端荡到另一个极端去。

　　我们偶尔会有快乐的经验,它或是很意外地出现,或是在我们打坐的时候发生,或是在我们的日常生活中发生。在禅修以后的一段时间内,我们也可能会感觉快乐。修行多年以后,我们就会有更深刻的快乐。不过,这要看我们是不是真正了解修行,并且愿意去实践它,而大多数人是做不到这点的。

　　快乐并不是一个我们需要去寻求的东西,我们只要没有执著在其他事情上面,快乐就是我们的本性。当我们尝试去寻找快乐的时候,不过是在自己的本性上面添加了一个念头罢了,更何况这个念头是毫无益处的。我们不需要去寻找快乐,然而我们是需要做点什么事情,问题是我们该做什么呢?我们并不觉得自己的人生很快乐,我们不断地想要找出一个补救的办法来。

　　我们的生命跟知觉有关,这个知觉就是我们感官输入的一切事物。我们看、我们听、我们摸、我们闻,这些就是生命的本质。但是我们在大部分时候,却是用另外一种行为来代替知觉,用别的东西把知觉遮掩住了,我把这个东西叫做算计。衡量并不是一个客观的、不动感

七、神奇

情的分析，像是我们观察一个脏乱的房间，揣度或衡量怎样可以把它整理干净。我说的衡量是以小我为中心："人生的下一个插曲会不会带给我什么我所喜爱的东西呢？它会伤害我吗？它是愉快的吗？它会让我身价高涨吗？它会带来物质的享受吗？"我们就是很自然地会这样算计，当我们什么事情都这样算计的时候，人生就失去快乐了。

我们的态度改为衡量，速度是快得惊人的。也许我们正在好好地做一件事情，突然有人批评了我们在做的事情，不到一秒钟，我们就跳进自己念头的圈圈里了。我们非常愿意进入批判自己或别人的那个有趣的空间，里面充满了戏剧性，我们比自己知道的还更喜欢它。作为人类，我们天生就偏爱戏剧，因此除非一个戏剧变得又长又痛苦，否则我们都会心甘情愿地陷身于它。以平常的眼光来看，处在一个纯然知觉的世界是很枯燥无味的。

假如我们有一个礼拜的假期，也过得十分愉快，起码我们自以为如此。休完假，我们回来上班，办公室的文档盒里装满了需要我们处理的事情，办公桌上面也盖满了需要我们回话的单子。而通常当人们打电话到办公室来的时候，是表示他们想要什么东西。也许我们拜托同事代为处理的工作被疏忽了，于是我们马上就在衡量这个情况："是谁搞砸了？""是谁懈怠了？""她干吗打电话来？我打赌一定还是为了那个老问题。""这根本就是他们的责任，为什么他们还要打电话找我？"同样的情形，在禅修结束之际，我们也许可以感受到一种快乐生命的流动，接下来，我们就开始奇怪这种感受躲到什么地方去了？虽然它们并没有去哪个地方，可是有件事情发生了：有一层乌云遮蔽了它们。

直到我们明白快乐其实就是正在发生的事情；减掉我们对它们的判断以前，我们就会只有一点点的快乐。当我们用体验知觉来代替迷失于算计中的时候，连在我们休假期间没有好好办理我们交代事情的人都可以是个快乐；它也可以是我们和所有需要回话的人之间的对谈，不论他们的要求是什么。快乐可以是喉咙发炎，可以是被临时解雇，可以是突如其来的加班，可以是数学考试，也可以是和要求增加赡养费的前妻之间的谈判，通常我们是不会把以上这些事情想成是快乐的。

　　修行是要处理自己的痛苦，这并不是因为痛苦本身很重要或很有价值，而是因为它可以作为我们的老师。痛苦是生命的另外一面，而在我们能够看清楚生命的每一层面之前，就不会有真正的快乐。老实说，禅修是一种人为控制下的痛苦，我们得到一个在修行的场合面对自己痛苦的机会。当我们打坐的时候，一个好的禅学学生应该具有的传统品质——谦逊、耐性、持久力、慈悲心，全都会受到考验，这些东西在书中看来都很有道理，然而它们在我们身体酸痛的时候就不再那么吸引人了。当我们准备好修行的时候，痛苦可以是一件幸运的事情。不过我们却不想承认这个事实，我自己当然也会躲避痛苦，有许多事情是我不希望在自己生活中发生的。但是如果我们不去学习与自己的体验同在，即使是那些会使自己痛苦的体验，那么我们就永远无法尝到快乐的滋味。快乐是：无论生命的现状是什么，都去体验它。要是有人对我们不公平，那是快乐；要是有人散播我们的谣言，那也是快乐。

　　我们国家丰裕的物质享受在某些地方却让我们很难体验源自本性

七、神奇

的快乐。到过印度的人有时候会报道那边的居民非常贫穷，却有极大的快乐；他们因为随时都面临生死问题，所以学到了我们大多数人很难学到的一些东西，就是去欣赏和感恩每一瞬间。我们很难做到这点，我们国家的兴盛——所有我们认为是理所当然应该有的东西以及我们想要拥有更多的东西——从某方面来说，却是一个阻碍——还有其他阻碍存在，更根本的阻碍——可见我们的财富确实是问题的一部分。

修行的时候，我们一而再、再而三地回归知觉，回归单纯的打坐。修行就是去聆听、去注视、去触摸，也就是基督徒所谓的——"上帝之脸"在世界示现之际，去单纯地接纳它。我们感觉自己的身体，我们聆听车辆和鸟雀的声音，只是这样而已，然而我们顶多只愿意在这种状态停留上几分钟，我们的脑筋就会立刻转到上个礼拜发生在自己身上的事情上，或是想下个礼拜将会有什么事情发生。我们对跟自己有麻烦的人、工作、一切的一切都念念不忘，这些事情出现在自己的念头中并没有关系，不过我们若是沉溺其中，就进入了以自我为中心的观点作为衡量的世界里，而我们之中大多数人把自己一生大部分的时间都花在了这种念头上面。

我们很自然地会想："假如我没有这么一个不讲理的伴侣（或是室友，或是其他人），我的生活就一定会比较平静，我就一定会更能够欣赏自己的人生。"这一点短期内也许是真的，我们是会觉得自己的生活好过些，但是这不如去面对惹我们气恼的事物来得有价值，因为阻碍物是这个气恼（我们习惯于对自己的戏剧执著，会陷身其中，飞快地动脑筋，惹得自己情绪激动）。气恼的日子没有快乐，一点也没有，因此我们就想避开自己的麻烦，除掉什么东西——我们的伴侣，我们的室友，或其他人——好让自己可以有一个再也不会气恼的完美之地。有这样一个地方吗？它会在哪里呢？有什么地方类似这种完美之地？我在多年前准许自己一天花上十分钟的时间做白日梦，我梦想的是一个热带岛屿，每天我帮自己的小茅屋添加点家具。我的幻想生活越来越美妙，到了最后，一切应有尽有，美味食品从天而降，还有浪花轻拍的海岸，以及茅屋旁恰好可以用来游泳的珊瑚礁。像这样有时间限制，又有知觉的白日梦并没有什么坏处。不过，我的梦想除了在我自己的脑中以外，是无法存在的。地球上没有任何地方可以让我们取得完全的自由，我们就算是坐在一个山洞里冥想，还是会想着什么事情："我在这个山洞里打坐是多么的高贵！"过了一会儿，我们又会想："我要找个什么借口，可以离开这儿又不会丢面子呢？"我们只要停下来，留意自己真正在想、在感觉的东西，就会发现在我们的行为之上，遮盖着一层自我怜惜的薄纱，即使在我们辛勤工作的时候也是如此，而觉悟就是去掉这层薄纱。觉悟是全神贯注在自己在做的事情上面，有什么事情发生了，就对它作出反应，套句现代术语，是"在生命的流程中"。快乐是：有什么事情发生了，我去感觉；有什么事情需要做，我去做。就这样一件事情接着一件事情去做。也许我会花点时间散散步，或者和朋友谈谈话，像这样生活是不会有任何问题的。快乐永远不会停止，除非我们用衡量打断了它：把事件当成问题来作反应——埋怨、排斥、牵强附会，"我就是不想做那件事情"。当发生的事情不是我们理想中的事情时，我们就有麻烦了；而如果一件事是我们喜欢的，我们也还是可能把做这件事的快乐耗尽。大家可以想到什么例子吗？

七、神奇

学生：我会想要十全十美。

学生：我会认为做这件事就能够抬高自己的身价。

学生：我会忘记专注于这件事，而只是想着快快把它做好。

学生：我会开始和别人较量，开始和别人竞争。

学生：我会担心自己是不是做对了。

学生：我会开始忧虑终有把它做完的时候。

净香：都很好。在我们的意识层面底下，有我们根深蒂固的习性，这个无意识的动机会驱策我们去做我们应做的事情，所有这些迟早都会显露出来。即使我们的生活中有个自己喜欢的活动，即使我们有个还算喜欢的伴侣，作为人类，我们就是会不断地去尝试改变一切，因此也就剥夺了自己的快乐。对一个情况所作的任何以自我为中心的算计，都会遮蔽住快乐的纯然知觉。每当我们有这类念头的时候，就去观察它、由它去，观察它、由它去，观察它、由它去，再回归自己的体验来，然后快乐就会出现在自己的眼前。

一个好的打坐不表示我们会忽然得到一个清明的空间，在其中一切都不存在，我们是偶尔会有这种经验，然而它们并不重要。一个好的打坐需要我们越来越情愿对发生的事情有所觉察，我们必须愿意去觉察："是的，我什么事都不做，只是想着大溪地。这不是很有趣吗？"或者，"我六个月前就跟男朋友分手了，可是我在干吗？我整个脑筋都还在想着这件事情。真有趣！"这类念头会制造情绪——沮丧、担忧、焦虑——然后我们就陷身于这些困扰里了，哪还会有快乐呢？

我们必须愿意不仅在自己打坐的时候会这样去修行，在自己的一生都会如此。要是我们做得到，我们就可以在自己生活中增加体验快乐的时间，但是我们必须付出代价。有些人愿意付出，有些人不愿意。有些人以为我可以帮他们造出快乐来，以为我有某种魔术，然而我除了告诉他们应该怎么修行以外，是无法帮他们做任何事情的，我只能帮自己修行，不能帮别人修行。所以，修行若是过于容易、不需要我们付出代价，那么我们就永远不会去转那门锁上的钥匙，永远尝不到快乐的滋味；而我们若是一直躲避生活中所有不愉快的事情，那把钥匙就永远也开不了锁。

  我们不用逼己太甚，根据每个人的能力而异，也许我们偶尔需要退后一步、松一口气。只是当我们这样做的时候，我们的问题就还是会黏附着我们；当我们千方百计想要摆脱它们的时候，它们依旧会跟着我们转。我们的问题喜欢我们，除非我们能够真正开始去留意它们，否则是摆脱不了它们的。我们总说希望自己能和世界合一，其实我们真正想要的是这个世界能够取悦自己。若想真能"与世界合一"，我们就必须经过很多年小心翼翼的修行，把杂草清除；没有任何捷径，没有任何方法可以让我们不付代价就能过个颇为容易和快乐的人生。我们必须能够看出自己会被个人的杂事纠缠不清，要能够留意到这点，然后回归自己通常一点也不感兴趣的纯然目睹的世界。铃木禅师曾经说过："从一般人的眼光看来，开悟是非常单调无味的。"只是体验此时此地的一切而已，不带一点戏剧性。

  我们体验自己知觉的能力全都不一样，每个人领悟道理的速度也都会稍有差别，不过，我们全都有这种能力。因为我们是人类，所以我们能够觉醒，而我们可以一直增长自己觉醒的时间。当我们觉醒的时候，每一瞬间都会转化，我们会觉得好过些，会觉得有能力去做下一件该做的事情，这个能力是可以不断地被加强的。我们必须对这一瞬间的自己能够有所觉察：如果我们在生气，我们必须知道自己在生气，必须感觉这个怒气，必须看出自己起了哪些念头；如果我们感觉无聊，就非去探索这点不可；如果我们受了挫折，就需要去留意这点；如果我们沉溺于批判或自以为是当中，也需要去留意它。我们若是对自己的情绪浑然不知，那么它们就会作威作福了。

总而言之，当我们打坐的时候，会产生两种行为：一种是纯然目睹，我们就只是坐在这儿，体验一切；另外一种是算计，我们从单纯的知觉跳出、跳进以自我为中心的对一切的批判当中。我们在打坐的时候，是要处理自己的紧张、压力以及不断重复的念头，我们还需要处理自己的无意识。这种做法就是步向快乐的唯一途径，处理当下所发生的一切。

混乱与神奇

当我和学生谈话的时候，听到他们为什么要打坐的很多原因："我想对自己多一些了解"，"我想使自己的人生更为完整"，"我想要更健康"，"我想要了解这个宇宙"，"我想要明白生命的意义"，"我很寂寞"，"我想要有个伴侣"，"我想使自己的人际关系更为美好"，等等。诸如此类修行动机有不计其数的版本，它们一点都没有错，都很好。可是假如我们以为打坐就是要达到这些目的，那么我们就是误解了自己在做的事情。没错，我们是需要开始了解自己，自己的情绪以及它们的作为，需要知道自己的情绪和身体健康之间的关系，需要留意自己人生的不完整以及这个缺陷所造成的影响。打坐会触及我们生活的每一个层面。然而只要我们忘记了某样东西，就等于是忘记了一切，没有这样东西的话，其他东西就都行不通了。很难给这样东西定一个名字，让我们姑且称它为神奇。当我们忘记邂逅事物的神奇时，我们就糟了，我们的生活就一定会不顺利了。

　　修行的时候，我们确实需要好好接触我刚才所提到的东西：情绪、压力、健康等因素。在我们习惯作这些接触以前，神奇不会出现。我们的接触并不需要完全，但只有当我们不再被这些因素惹得团团转时，才能见到神奇。比如，我若是和一个人在一起，而他总在激怒我，这就表示我根本忘记这个人的美妙了；再如，做一件自己并不想做的事情的美妙。昨天，我决定清理洗手台底下的空间，我们经常会忘记做这件事情，其实做这件事情也有其美妙之处：找到各类脏东西的惊奇。神奇并不是和我们在做的事情不一样的东西，我们会以为它是一个心荡神驰的境界。它是可以让我们心荡神驰——开车穿过落基山脉，观赏大峡谷，景色是如此的壮观，我们可以在那一瞬间见到它们的神奇。这种经验带有一种强烈的情绪上的感受，然而神奇不是永远都是情绪化的，我们也不可能永远处在这样的情绪化的境界里。

　　我们或许会假如只有在某些特殊的行为里才会有神奇："艺术家和音乐家大概更能够看到神奇，我是个会计师，我这行哪有什么奥妙呢？"即使艺术家和音乐家，也可能只在他们的特殊领域里看到神奇，他们在别处却不见得就能看到。比方说，物理学家和其他科学家看来仿佛是跟生命的奥妙毫不相关，不过我自己接触过许多物理学家，我发觉对他们而言，一个解答能不能优美是非常重要的。把优美摆在一堆数学题和电脑程式之间似乎很有趣。我曾经请教过一位物理学家为什么使用这个字眼,他解释得很简单:"任何一个好的解答都必须是优美的。"我再问他那是什么意思呢?他回答:"优美是表示把一切多余的东西都去掉,只剩下精髓而已。"这个做法当中也是颇具神奇。一个解答甚至不需要成真,物理学家是以理论为主的。从某种意义上来说,没有一个公式会是真的,也没有任何一个人际关系会是"真"的。但是在任何一瞬间,一个关系可以就是它的奥妙。假如我们不能认知这点,我们就无法认知自己的修行。

修行不是单单要变得健康、完整,或是要变为一个好人,虽然这些东西全都是修行的一部分。修行是跟神奇有关的。如果我们想要检讨自己的修行,下一次在生活中发生了什么自己不能忍受的事情时,就问问自己:"这件事情的神奇在哪里?"当我们修行的时候,这种能力会加强。不论生活中发生了什么事情,不论我们喜不喜欢它,我们都越来越能够看出它的神奇。当我们用这种方式对待一个人际关系的时候,可以说:"我爱你,不管你是什么样的人。"我们不会再吹毛求疵——"你话太多,你从不开口,你到处扔衣服,你从来不清理厨房台面,你总是挑剔我"——无处没有神奇,"不管你是什么样的人,我都爱你。"

我们要怎样知道自己的修行是不是一个真修行呢?就只有一个指针:我们会越来越能见到神奇。神奇是什么呢?我无法解释,我们不能用思考来了解这种事情,但是当神奇出现的时候,我们自然就会知道它的存在。

我自己有些时候会完全看不到它,不过要比五年前看得多些。一个真修行会推动我们越来越能够对神奇有所觉察，我的意思并不是说大家会进入一种极乐的境界，说不定它就仅是碰到一个自己不喜欢的人的美妙："真奇妙——她还是那个老样子！"我们也可能在一个重病的人身上看见这个神奇，这个人四周充满了光辉，让人强烈地感觉到他的存在。

当我们过着自己的一天，遭遇各种困难与气恼之际，问问自己："神奇在哪儿？"它永远就在这里，它是生命的本质。要是我们感觉不到它，只要继续自己的修行就好，我们不能强迫自己去感觉它。我们只能修行自己面对的障碍物，这个障碍物并不是由发生在我们身上的事情所造成，而是我们自己制造出来的，它也是神奇的一个部分。假如大家知道我在说什么，很好；假如大家不知道我在说什么，也没有关系。知道或不知道都是神奇的一部分，都很好。

学生：我近来常常想着我们与伊拉克之间的冲突，我看不出其中有什么神奇的东西。

学生：我觉得那个冲突非常可怕，在我这种感觉底下，我觉得害怕。我们不想看出神奇，因为我们陷身于恐惧之中。

净香：是的，一般而言，这是真的。

学生：当我想着这个冲突的时候，可以感觉某种奥妙，因为世界说不定就会因此而更统一。

净香：从我个人的眼光看来，这个冲突十分可怕，但是这场混乱的本身倒是很有趣。在物理学中，有一种颇新的学说，叫做混沌理论。战争产生混乱，混乱制造机会。整个中东乱成一团，从今以后，当地局势会大不相同，我们与相关国家之间的关系将会不一样，它们彼此之间的关系也会不一样。我们在这场混乱中看不出有什么规律，因为我们是人。混乱不一定就不好，再恐怖的情况之下，也还是会带着神奇。神奇就是正在发生的事情，我们无法加以批判或评价。当然，假如我可以防止杀戮的话，我会去做的。战争、杀戮全都没有道理，到处都是一片混乱。混沌却不是混乱——它是神奇。从混沌中，会诞生新的秩序；从秩序中，又会产生新的混沌。生命就是会如此周而复始、循环不息。我们若是可以接受混乱，心中就会平安。它并不表示不要采取任何举动，然而即使我们的举动也是混沌的一部分。总之，我们对事情永远会有两种看法：一种是从个人的立场来看，另一种是以经过打坐所发展出的带着惊喜的眼光来看。举例而言：上回大战死了几百万人，真可怕！可是从整个地球福祉的观点来说，人是越少越好，这个地球上的人是太多了。假如是我自己被杀或是我认得的人被杀，当然对我个人来说，是个大灾难。不过，地球上的生命是无法被固定在一个僵化的位置上的。萨达姆（Saddam Hussein）是棋盘上的下一步棋，他动，大家也会跟着动，世界将会有场大乱。是好？是坏？都不是，它只是它的样子罢了。

学生：好像一个癌细胞一样，我们想要把癌细胞杀死，因为它们在伤害整个身体。

净香：但是癌细胞自己却不会这么认为，它只是在做这件事而已。

学生：我们对癌症是需要采取必要的治疗步骤，然而在某个阶段，也是可以认知它的神奇的。

净香：我们可以一边和癌症战斗，做一切可以让自己活下去的事情，一边又可以感受整个过程的美妙。要是我得了癌症，一定会与之搏斗一番，我是一个斗士。而在我搏斗的同时，神奇是永远存在的。

学生：我觉得自己最不想见到的就是这个神奇了。

净香：你说得不错，我们最不想见到的就是这个神奇，因为它会使我们觉得卑微，让我们有屈辱的感觉。人生的一切都很神奇，可是因为人生几乎永远是不可能让我们满意的，所以我们就看不出它的神奇来，然后我们还奇怪为什么自己这么沮丧？我们从自己生活中驱逐出境的东西其实正是我们真正想要和需要的东西。

学生：想着中东局势的新平衡让我联想起自己家中近来的紧张气氛。我们两个人也在经历我们的小战事和改变，我们也在努力求得一个新平衡，就像是这个世界在各处发生的事件的一个小缩影。眼见中东的冲突，我对自己家里发生的事情就可以看得比较清楚。

学生：我在中东住过三年，很清楚许多阿拉伯人共有的一个观点。我们国家的石油大部分是从那个区域进口，然而我们却非常的浪费资源。我们对石油有个贪婪的需求，这个贪婪已经失去了控制，我们是在拿别人的资源来满足自己的贪婪，变成那个区域混乱的原因之一。阿拉伯人在这方面对我们的看法倒是蛮有根据的。

学生：我最近才从非洲回来。我在非洲旅行的时候，偶尔会遇见穿着飘逸大袍的阿拉伯男人。我留意到自己对遇见阿拉伯男人的反应，我的身体会变得很紧张，这是因为我听过某些阿拉伯文化是多么压抑女性的传闻。有一天，当我走在登机通道上的时候，不小心碰到一个阿拉伯男人。他说："对不起！"并且抬头望着我的眼睛微笑。在那一瞬间，好像有什么东西对我开启了，我只是在看着一个人，而非一个阿拉伯人了。

学生：我对自己周遭的混乱经常感到不可思议，我自己看到过许多冲突，别人也会告诉我他们经历的事情。我见到洛杉矶的人去上班的情形，真是一场大混乱，可是几乎每个人都到得了办公室，令人难以置信！要是一个人去指挥全盘交通——"你走这边，你走那边。"——根本就不可能办到。每条公路似乎都已经塞车塞到了快要瘫痪的地步，却由于这个压力，大家稍微退让一下，让别的车子挤进来，于是整个交通系统就流通了，没有全面瘫痪实在让人惊叹。

净香：我有回在去洛杉矶的飞机上，和一位身为都市计划员的乘客聊天。他望着窗外，看到下面的高速公路和建筑物，说："整个交通过不了多久就要全面瘫痪了！"但是因为大家调整来、调整去，所以还是没有瘫痪，大家不管怎样反正都可以适应过来。

学生：因为交通混乱是不可避免的事情，所以我知道自己在开车时是蛮松弛的，可能别人也是如此，也许这就是洛杉矶没有比现在更疯狂的原因。任何一个想在高速公路或拥挤的街道上开车的人都必须放轻松，才能应付这令人血压升高的状况。在这个疯狂的城市，大家必须接受发生的一切，放轻松，好像在玩一种灵性的游戏一样。

净香：我们眼看中东和其他地方的战事，就可以看出我们大家内心暴力的结果。我们以为我们可以用外在的争斗和战争来解决问题，我们花费巨额经费在军备上面，然而在工业化的国家中，我们国家的儿童死亡率却在前几名，这些都增加了混乱。对发生的事情有个人的立场，并且想法去改变它是可以的。不过我们的个人立场必须用另外一个认知来平衡一番，就是有千万件事情——比我们能够理解的多得多——在一直不断地发生、转换、改变。

直到我们正视自己的境遇，自己生活中的各种混乱，我们无法用任何有效的方式来做事情。每件事情都一定会有它本身的混乱，当我们能够面对它的时候，就可以用不同的眼光来看它。我们却不愿意去面对事情，我们宁愿住在自己制造出来的盒子里，不断地重新布置墙壁，却不想夺门而出。我们真是喜欢自己的小牢房，这就是为什么修行这么艰难的原因，作为人类，抗拒是非常自然的行为。

一个像伊拉克总统萨达姆这样的人不会突然没来由地出现，他是许许多多情况之下产生的结果，就跟当年的希特勒一样。可是我们绝对不要以为假如整个世界都坐禅的话，就不会再有混乱了。事情不是如此，混乱还是会继续下去，我们不需要为此烦心。我们只要能够修行，就会比较愿意接受事情本来的样子。我们对一件事情的走向依然会有着私人的偏好，却不会再有个人的强求。偏爱与强求是非常不同的。当一件事情不照我们偏好的方向进行时，我们会更快速地作出调整，这就是多年打坐以后会产生的结果。大家若是在追求别的东西，那就真是抱歉了。

有个看来很矛盾的道理是：学习与混乱同在却会带来深深的祥和。我们平常是不会这么想的。

学生：它就是神奇吗？

净香：是的，它就是神奇。

七、神奇

八、无奇

从戏剧化到平淡无奇

在禅修中,我们是从一个戏剧化的人生——像一出午间连续剧一样——转化成一个非戏剧化的人生。不管我们怎么说,我们全都是非常喜欢自己的个人戏剧的。这是为什么呢?因为不论我们的剧码是什么,我们到底是在它的中心点,也就是我们最喜欢待的地方。经过修行,我们会逐渐从这种自我关注中转移开来。也就是说,修行是为了把一个戏剧化的人生转化成一个平淡无奇的人生。听来真是枯燥乏味。现在让我们仔细看看这个过程。

当我们开始打坐的时候,可以先做几次深呼吸。先把腹部、胸腔深深地吸满气,然后慢慢地呼出,最后屏息一下,如此反复地做上三四次。从某种意味来说,这样做十分人为化,不过,它能够帮忙制造一种平衡,形成打坐的一个良好基础。做完这个以后,下一步是去忘记它,忘记要控制自己的呼吸。当然我们无法完全忘了它,但是控制自己的呼吸是没有用的,我们只需要去体验它。这和控制大不相同。我们不需要试着让自己的呼吸又长又慢又均衡，像很多书籍所建议的一样，我们只需要让自己的呼吸做主，让它来指挥我们就好。如果我们的呼吸很浅，随它去，当我们真去体验自己的呼吸时，它自然而然就会开始缓慢下来。我们的呼吸不深是因为我们想要对自己的人生动脑筋，而不去体验它；当我们这么做的时候，每样东西就会变得更肤浅和受约束，"忧心忡忡"是描述这个状况非常恰当的一个成语。我们的头脑、喉咙、肩膀都很紧张，我们在害怕，我们的呼吸也就会既浅又急。一个既深又缓的呼吸（打坐多年以后通常会如此）是出现在一个放弃了希望的人身上。当我们慢慢地放弃自己的一切期望时，我们的呼吸就会慢慢地变得深缓。并不是说我们要去改变自己的呼吸，我们在这方面的修行只是去体验自己的呼吸而已。

我们还会认为自己应该有一个安静的心灵。许多书上提到：要开悟就要有一个安静的心灵。没错，当我们不抱希望的时候，我们的心就会安静下来。我们只要怀抱希望，我们的心就会想着怎样让那些我们希望发生在自己身上的美妙事情能够发生，就会想着让那些我们不希望发生在自己身上的可怕事情不要发生，因此我们的心根本就不可能安静下来。我们若不去强迫自己的心安静下来，那么我们该怎么办呢？我们可以对它在做的事情有所觉察，也就是给自己的念头加上标签。我们不再沉溺于希望，而开始看出："真是的，今天已经发生了二十次，我还在期望有什么减轻痛苦的方法。"在一次禅修中，我们可能想了五百次"我希望他在禅修结束以后会来个电话"，那么我们就标志："有个希望——他在禅修结束以后会来个电话"，"有个希

八、无奇

望——他在禅修结束以后会来个电话"……当我们这么做上五百次以后，会发生什么事情呢？我们就终于会看出自己念头的本质：毫无意义。本来事实就是：他或者会打电话来，或者不会。我们经年累月像这样留意自己的心，心里的那些期望就会慢慢地耗尽。然后会剩下什么呢？我知道这个答案听来会十分可怕，剩下的就是生命本身而已。

在进行这个过程的时候，带着一种探索的态度会有所帮助。打坐的时候，我们应该要探索，留心自己真正在做些什么，不要把打坐当成是什么非得有所进步的东西，去评价自己的打坐是好是坏。打坐并没有什么好坏之分，有的只是我们对自己的人生有无觉察之分。当我们维持更多的觉察时，就能够用一种新的眼光来看自己的种种疑问，就能够用一种不同的方式来看一切事情。这个过程随着时间会逐渐发展，而我们的心也就会逐渐平静下来——不是完全的平静，平静的也不是我们的念头（我们可能打坐了二十年，而仍然有着源源不绝的念头），平静下来的是我们对自己念头的执著。我们看着它们就会越来越像看场表演，好像观赏小孩子游戏一般（我自己的心就几乎是想个不停，它要去想，就随它去想吧）。是我们对念头的执著挡住了三昧，只要我们能够不执著于念头，只是去体验一切，那么就算念头不断，我们依然可以处在三昧的境界中。不错，我们打坐得越久，我们念念不忘的东西就会越少，我们也就会想得越少，我们的心的确因此就会越发平静，不过这点绝对不是由于我们对自己说"我必须要有一颗平静的心"而做到的。

当我们打坐时，偶尔可以获得对自己人生的各种洞察力。洞察力本身不好也不坏，从禅学修行的观点来看，它们甚至不很重要。虽然洞察力或许会有些用处，它们却不是我们坐禅的重心。当它们发生的时候，我们突然之间会发现："噢，是真的——我真是会这样做，有趣极了。"但是，即使对这些洞察力的理解，也只不过是在我们心里来来去去的念头罢了。我们需要像科学家一样活在这个我们称为人生的实验里，我们自己和我们的思想都展现在眼前，我们需要带着好奇心来观赏这场表演，而不要把它当成自己的个人戏剧来看。我们越能发展这种观点，我们的人生就会越好过。例如，我们在做一个盐与糖的实验，我们不会说："真可怕！盐跟糖在打架！"我们不会在乎盐跟糖在做什么，我们只是看着它们，观察它们的交互作用。反之，通常我们会十分在乎自己在想些什么，我们不会只带着兴趣观察自己的想法，好像科学家在等着瞧会发生什么反应一样："假如我混合这两样东西——真有趣。假如我改变它们混合的比例——真有趣。"科学家们只是单纯地留意和观察。

当留意、观察和体验自己人生的这个品质增强时，真相（也就是觉察）就会与幻象（我们念头的小小戏剧）相遇，如同光线照亮黑暗一般，我们就会把哪个是真、哪个是假看得更清楚。当我们把更多的真相带进自己的生活中时，在过去是黑暗、苦恼的事情仿佛改变了；当我们把更多的觉察带入自己的生活中时，我们的个人戏剧就会慢慢地被消解。我们不是真想这么做，我们喜欢自己的个人戏剧，喜欢保持它们。我们每个人都有一个自己特别喜爱的故事，比如："我的情况特别的糟，我小时候过的日子比别人都苦。"或者是："单单那个经历就十足把我整惨了。"没错，过去的确是发生了一些事情，造成了我们的局限，然而只要我们坚持相信自己说的故事就是自己人生的缩写,那么真实的修行就无法发生,我们的信仰体系会把它挡住。

除非我们能够稍微放弃这种个人信仰,否则任何人,包括我在内,都帮不上忙。有时候,足够程度的痛苦会产生一个觉察能够进入的小裂缝,可是在这个小裂缝产生以前,任何人都无法做任何事情。有些非常固执的人,到死都还在坚持自己的个人代码。像这样的人,人生过得十分辛苦。一个有如"我是个受害者"的信仰体系就像是一个黑暗的壁橱,要是我们喜欢坐在这个壁橱里,并且把门关得紧紧的,就没有东西能够进得来。不幸的是,我们只要是坚持坐在这个壁橱里(我们全都会在某些时候如此),就会发现根本没有人真想要进来陪伴我们。坦白地说,没有人会对别人的戏剧真感兴趣,大家都只是对自己的戏剧有兴趣而已。我也许喜欢把自己关在自己的壁橱里,但是我绝对不想坐进你的壁橱里。

我们都会进入自己的特殊壁橱里。这些壁橱是我们个人的戏剧,我们喜欢单独处在其中,让自己有那种坐镇中心的感觉。我们的不幸是非常生动有趣的,不管我们自己知不知道,我们真是喜欢它。可是一旦我们有过把门打开,让光线透进来的经验,一旦我们见到壁橱中有光线的模样,我们就永远无法再无限期地留在壁橱里了。也许需要经过很多年的修行,不过我们终归都会把门打开。禅修有个作用是强迫我们之中某些人把门打开,这就是为什么禅修有时候会让我们困窘不安的原因。

修行到了某个程度,我们就会开始发现在自己的生命中发生过什么事情其实并不是问题的症结。事情总是不断地在发生,发生的事情也总是有我们喜欢和我们不喜欢的,永远都是如此。当我们更能够像个科学家一样，就更不会陷身于发生的事情里，而更能够去单纯地观察。随着修行，我们观察的能力以及采取行动的意愿就会增强。我们在刚开始修行的时候，这些意愿和能力都可能会很小，我们的工作就是要去增强它们。

到了最后，我们的感觉就一点也不重要了，我们是不是觉得沮丧、恐慌、浮躁或者开心全都不重要。一个学生的工作就是去留意、去体验、去觉察。举个例子说：沮丧在被完全体验之后，就不再是沮丧，而变成三昧了。恐慌也同样是能够被体验的，当我们体验它的时候，就会发生一种转变，我们就不会再去担心它。没有任何情况、没有任何感觉是重要的，重要的是这个去体验的机会。

我们时常认为自己需要去挖掘潜意识，好好地处理它们，其实这点并不很对，毕竟这些东西能够躲在哪里呢？我们的这个假如，认为在意识底下潜伏着什么终究会现形的东西，并不很正确，虽然我们很可能会有这种感觉。禅修的时候，我们也许会变得情绪化、伤心、绝望。但是这些情绪并不是突然之间出现的什么隐秘东西，它们就是我们的本来面目，我们只不过是在体验自己的本来面目罢了。当我们试着把这些东西现形的时候，其实只是另外一种形式的自我改善，依旧是行不通。总之，修行并不是让我们坐着以使自己深藏的东西可以显现，好来处理它们，好来改善自己。事实是：我们已经是美好的了，修行并不是要让我们达到什么目的。

我们用自己的罪恶感和自己的理想挡住了觉察。比方说，假如我告诉某人："我实在不是一个好老师，我没有把每个情况都处理得很好。"当我对自己这个想法变得执著以后，就会把所有学习的能力都挡住。我的罪恶感以及我的"应该怎样"的理想挡住了唯一重要的事情,就是一个清明的觉察:"我看得出发生了什么事情,我是搞砸了,不是吗?好吧,我能够从中学到什么呢?"另外一个例子可以是:假如一个因为有客人来而紧张兮兮的主妇把晚餐的饭菜全煮焦了,这个主妇不需要大为恐慌:"我的天啊!完了,完了,我把东西全烧焦了,大家心里会怎么想我呢?"这个时候,有什么事情是可以做的呢?只要找出家中所有的面包来分给大家吃就好了。晚餐烧焦并不是世界的末日,然而罪恶感会挡住了我们学习的机会。

　　唯一重要的事情就是对发生的一切能够有所觉察。当我们只是想着自己的理想和罪恶感时,就很难作出决定,因为我们看不出自己是如何陷在烦恼中的:"这样做对我有好处吗?会有什么后果呢?这样做真的好吗?我的生活会不会更有保障、更为美妙、更加完美呢?"这些问题全都不对。什么问题才是对的?什么决定才是正确的?我们无法作出判断。但是如果我们没有沉溺于罪恶感、理想和完美主义之中——这些经常会被我们带进自己决定里的东西——在某个时候,我们自然就会知道答案。

　　所有修行的技巧都会有所帮助,它们也全都有其限度。不论我们修行的时候采用什么技巧,在一段时间之内都会有些用处——直到我们不再真正地使用它们,或是心不在焉地使用,或是开始做起白日梦来了。任何一个技巧最重要的就是我们的决心,我们必须想要专心于此刻,想要有觉察,想要修行,而没有人是能够永远都保持这个决心,我们只能断断续续地拥有它。我们又都会想要找到一个能够帮助自己照料一切的老师,我们全都想要被拯救、被照应。因此,修行的意志是最重要的一件事情。没有技巧能够拯救我们，没有老师能够拯救我们，也没有禅学中心能够拯救我们。没有任何东西能够拯救我们，而这点是最残酷的打击了。

把我们戏剧化的人生转变成一个平淡无奇的人生表示把一个我们在不断追求、分析、希望和幻想的人生转变成一个纯然体验当下的人生，它的关键是觉察，去单纯地体验痛苦的本质。

像这样的修行会有一个极大的效果：它会去掉我们的戏剧化。它不会去掉我们的个性，我们全都不一样，我们还会继续不一样。可是那些戏剧却不是真实的，它们是到达一个能够关爱他人、功能正常的人生的障碍。

平常心

一个平常心就是：能够用一种转化的态度来体验人生。字典上，"平常"的定义是"只有或包含一个部分而已"。我们的觉察可以同时吸收多层面的东西，就像我们的眼睛可以同时看见许多细节一样。不过，觉察本身就只是一件事情，它本身是不会改变、增减或变化的。觉察是全然简单的，我们不需要在它上面添加任何东西，也不需要去改变它；它既不矜持，也不矫饰，它的本质就是如此。觉察不是一样东西，可以被别的东西所影响，当我们在纯然目睹中生活的时候，并不会被自己的过去、现在或将来所影响。因为觉察无法伪装为任何东西，所以它是谦逊的、低下的、简单的。

修行是要发展或显露出我们的平常心。我时常听到人们抱怨有被生活压迫的感觉,这表示他们陷身于种种物质、自己的念头以及生活里所发生的事件当中,情绪上受到影响,因而觉得愤怒和气恼。当我们如此感觉的时候,就可能会说出什么话和做出什么事来,不仅伤害了自己,也伤害了别人。我们不再抱持一个纯然目睹的平常心,我们被外在环境的多种层面搞糊涂了,再也看不出其实所有外在的东西就是我们自己。除非我们能够有八九成的时间在用平常心过日子,否则我们就无法看出一切的一切都存在于自己的心中。修行是要发展我们的平常心,这件工作并不容易,它需要无穷尽的勤勉、耐性和决心。

单纯地活着,活在觉察里,我们就会对过去、现在与将来有所了解,就会开始不再被多如弹雨的经验所影响,就可以用感恩和慈悲来过日子。我们的生活就不会再围绕着批判团团转:"噢,他对我真是严厉,我十足是个受害者。""你伤了我的心。""你不是我所喜欢的样子。"

有时候会有人告诉我:他们的人生在禅修以后会非常顺利,不再有任何问题,同样的麻烦依旧存在,但是它们却不再是那么让人感到困难了。这是因为在禅修的时候,我们的心会变得比较单纯;不幸的是我们又会失去这种单纯,因为我们又会重新陷身于自己周遭看来十分复杂的人生里。我们又会觉得样样事情都不如意,然后就又会开始挣扎,被自己的情绪所左右。这种时候,我们的举止就经常是破坏性的。

我们打坐得越久,就越会在某些时间里——开始时,会很短暂,慢慢才会变长——发觉别人即使再蛮横不讲理,我们也不需要去和他们对抗。我们会不再把他们看成是麻烦,而开始欣赏他们的缺点,同时又不会作想要改正他们的打算。例如,我们开始欣赏别人的沉默、别人的饶舌或是别人脸上涂抹得厚厚的脂粉。不带批判地欣赏整个世界，就是一个认知的生命的态度，而要能做到这点，需要许多年的修行。即使如此，也并不表示我们会对每个难题都能不带反应地去体验，但是终究会有一种转化发生，我们会从一种完全反应性的生活——任何一件发生的事情都会引发我们宠爱的防御系统——转移开来。

一个平常心并不神秘，在一个平常心里，只有觉察的存在，是开放的、透明的，一点也不复杂。我们大多数人却在大部分的时间里无法拥有它。不论如何，我们越能接触这个平常心，就越能感觉世间的一切就是自己，就越会觉得对世间的一切负有责任。当我们感觉自己是与万物相通的时候，我们的行为自然而然就会不一样了。

当我们沉溺于自己的念头中时，我们就没有在做自己该做的工作——在当下，体验过去与将来。我们甚至会想象假如我们把自己关在一个房间里面独自生着闷气，是没有关系的，而事实是：当我们如此纵容自己的时候，就没有在做该做的工作，因而我们的整个人生都会受到影响。反之，当我们能够维持自己觉察的时候，就算自己不是很清楚，也已经在往痊愈的路上走了。我们若是修行得够久，就会开始明白一个真理，我们就会了解"当下"是包含了过去、现在与将来的。当我们能够抱着一颗平常心打坐而没有被自己的念头缠身时，某样东西就会渐露端倪，一扇一直紧闭着的门就会逐渐打开。而要能发生这些，我们就必须修行自己的愤怒、气恼、批判、自怜以及自己认为是过去决定了现在的那种观念。当那扇门开启之际，我们就会看出当下即永恒，而从某一方面来说，整个宇宙是从当下开始，在每一秒钟里

八、无奇

展现出来。生命的痊愈就发生在觉察的那一秒钟。

痊愈就是带着平常心,单纯地活在当下。

桃乐丝与锁住之门

我们全都在追寻什么。大多数人都会有一种在哪里都不够完整的感觉,并且在寻找可以弥补那个洞的某样东西,即使是那些说着"我并没有在追寻,我对自己的生活十分满意"的人,也是在以他们自己的方式追寻着。因为这个原因,人们会去参加各种教会、各种禅学中心、各种瑜伽中心、各种个人成长研讨会——大家抱着一个希望,想要找到那个失落的部分。

让我告诉大家一个名叫桃乐丝的女孩的故事。这个桃乐丝可不是《绿野仙踪》里住在堪萨斯州的桃乐丝,她住在圣地亚哥一栋巨大的维多利亚式的老房子里,她的家族已经有好几代住在那儿了。他们家里每个人都有自己的房间,还剩下好多空房间,另外还有个阁楼和地下室。当桃乐丝很小的时候,家人告诉她一件怪事情:这栋老维多利亚式建筑的顶楼有一间锁住的房间,就大家记忆所及,那个房间永远都是锁着的。有个传言是那个房间曾经被开启过,但是没有人知道它里面有什么东西。它门上的锁也非常古怪,大家对那个锁都束手无策。房间的窗子也全都挡住了,桃乐丝曾经在房子外面架个梯子,爬到窗口,想看看里面有什么,可是什么都看不到。

家里的人对那个房间都已经习惯了,大家知道它在那儿,却不想对它再多费神,因此也就没有人再去提它。但是桃乐丝不一样,从她小时候开始，就对那个房间以及房间里的东西着了迷，她觉得自己非要把那把锁打开不可。

大部分时间，桃乐丝过的日子和别的人没有两样。她慢慢长大，长成了一个十多岁的少女，梳个最流行的发型，有自己最要好的女朋友，有自己最要好的男朋友，喜欢最新潮的化妆，喜欢最新排行榜的歌曲，一切都蛮正常的。然而她对那个锁住的房间从来没有失去兴趣过，甚至可以说她的生活被那个房间主宰了。有些时候，她会上楼坐在那个房间前面，盯着那扇门瞧着，想知道门后面到底是什么。

当桃乐丝再大一点的时候，她感觉那个房间似乎和她自己人生中某个失落的部分有关联，因此她开始各式各样的训练和修行，想找到开启房门的秘密。她尝试过许多不同的事情：去各种中心，去不同老师那里，寻找把锁打开的方法；她去过各种研讨会，去过让自己重生的教会，甚至试过心理学的催眠术。她什么都试过了，但是没有一样东西能够帮她把锁打开。她的追寻持续了很多年，一直延续到她读完大学进入研究所的时候。她发展出能够让自己进入各种精神状态的技巧，可是仍然无法把那扇门打开。

有一天，当她回到家的时候，家里空无一人。她爬到顶楼，坐在那个房间前面，运用某种秘教的修行，进入了一个深入的冥想境界里。突然之间，她一阵冲动，伸出手去推那扇门——而它竟然慢慢地开启了。桃乐丝非常害怕，在她想要把锁打开的那么多年中，从来没有发生过这种事情。她既恐惧又兴奋，颤抖地强迫自己进入那个房间，她发现……

失望和迷惘。桃乐丝发现自己不是站在一个奇怪、新鲜、美妙和

八、无奇

充满奥秘的房间里,而是回到了那栋维多利亚建筑的一楼,回到了那些熟悉的东西当中。她还是站在老地方,周围还是老样子,家具也还是原先就有的,每样东西都跟原先一模一样。几个钟头以后,带着失望和迷惘,她又上到顶层,发现房门依然锁着。桃乐丝是把门打开过——但是也可以说,她并没有开过门。

日子还是照常在过,桃乐丝结了婚,生了两个小孩,她和家人仍旧住在那栋维多利亚房子里。她是个好妻子、好母亲,不过,她从来就没有放弃过对那个房间的着迷。实际上,她唯一一次开启那扇房门的经验更是激发了她。她花上很多时间在顶楼那扇锁住的门前盘腿打坐,想要再次把门打开。她曾经打开过,应该可以再开一次!果然,在她多年尝试以后,终于又发生了:她一推门,门就开了。她兴奋地对自己说:"这次一定没错了!"她走进门去——发现自己再一次回到那栋维多利亚房子的一楼,跟自己的先生、孩子在一起。她飞奔上楼,来到那个神秘的房前。她看到什么了呢?门依旧是锁着的。

有什么办法呢?锁住之门就是锁住之门。桃乐丝继续过她的生活,孩子们渐渐长大,她增添了少许白发。她照样花很多时间在那扇门前打坐,她算是一个蛮尽职的妻子和母亲,但是她的注意力还是大部分都在那个房间上面。她是一个坚持、勤勉的人,不轻易放弃。每过一段时间,她就能够把门打开,走进门去,而每次都发现自己又回到一楼,回到她生活的老地方。

在这些事情发生的同时,那栋房子慢慢地被东西塞满。家里每个人都好像在囤积越来越多的东西,原先的空房间全变成废物储藏室了。

房子里面放满了东西,以至于根本没有让客人落脚的地方,连桃乐丝自己和家人都快要没有空间了。整栋房子只剩下桃乐丝、她先生和孩子走动的地方——这样也算是正好,因为大家都只专注在自己的事情上面,对要照顾其他事情根本连想都没时间去想。

渐渐地,桃乐丝的着迷磨掉了不少,她开始不再那么挣扎,不再花那么多的时间坐在那扇门前。如今,她会把更多时间花在自己的孩子和孙子身上,并且开始照应房子:把地板重新翻修,把窗帘重新换过,等等。因为桃乐丝过去总是忙于坐在那扇门前,所以房子虽然有损坏,可是却被疏忽了。她的注意力慢慢地转移回来,回到处理每天应该处理的事情上面。这是一个缓慢的过程。她偶尔还是会上楼,看着那扇门,然而她知道自己即使能够把门打开,照样没有什么好惊奇的。她越来越不把别的事情放在心上,只是过着她的生活,处理生活中一件又一件的事情。有一天,当她又一次到了顶楼,不经意地望向那扇锁住的门,天啊!门是敞开的!门内,是一间舒适的客房,有张舒服的床,有个五斗柜,以及让客人舒服惬意的其他布置。

见到这间宽大、美好的客房,桃乐丝觉察到整栋房子其他部分这些年来的改变,她看到每样东西的拥挤狭促,看到要在房子里面四处走动的困难。有了这种认知以后,改变就开始发生了。桃乐丝甚至不需要做些什么事情,那栋老维多利亚建筑的房间就自动开始清除多余的废物,房子里面能够放东西和让人走动的地方越来越多,出现了许多空间。仿佛原先堆积在四处的废物都是些不实在、幽魂似的东西,根本就没有真正存在过。房子恢复了原状,到处有多出来的房间,可以接待很多客人。桃乐丝如今发觉:那扇门根本从来就没有上过锁,

八、无奇

是她自己僵硬地试图推开门而使得那扇门紧紧地闭着。

我们对修行的一个根本幻想也是如此：以为修行之门是锁住着的。这个幻想很难避免，我们多多少少都会有。只要我们认为那扇门是紧闭着的，那扇门就会紧闭着。我们会尝试各种方法想要把门打开，我们会去各种中心、参加各种研讨会等，直到最后，我们才会发现那扇门从来就是开启着的。

而桃乐丝一生徒劳无功的努力，对她而言，却是恰恰好，正是她所需要做的事情。实际上，我们也全都需要经过这些过程，全都需要尽己所能去努力修行。能够这样做的话，到了最后我们才能领会：根本从一开始，一切就是完美的。只要我们不用幽魂似的废物把四处弄得凌乱，我们的屋子就会宽畅，我们的房间就会敞开。可是在我们明白这个道理以前，我们就是无从知道它。

有一种基督教的灵性训练是去修行上帝所在。作为基督徒的人寻找万物的灿烂光芒，也就是通神家所谓的上帝之脸。这种灿烂光芒并不是隐藏在什么遥远的地方，它就在当下，就在我们鼻子前面。同样道理，桃乐丝发觉自己终生在追寻的其实就是自己生命本身：家人、客人、房子、房间，它们全都是上帝之脸。

不过，我们看不出这点来，否则我们就不会如此折磨自己和折磨别人了。我们不仁慈，我们不诚实，我们喜欢操纵一切。如果我们看得出自己在过的这个人生就是上帝之脸，我们就不会有这样的举止——倒不是因为有什么圣诫或禁令，而是因为我们勘透了生命的本质。

并不是说修行——在那扇门前打坐——没有用处；然而大部分我

们叫做修行的东西——追逐理想或开悟——只不过是种幻想而已，是开启不了那扇门的。直到我们把这个事实看得清清楚楚之前，非得走过许多迂回的道路，经历许多失望和痛苦不可——这些都是我们人生的老师，我们所有的挣扎都是对那扇门学习的一部分。我们只要是能够好好地修行，迟早人生的疑团就会变得更清楚，那扇门也会更常开启。

学生：要是桃乐丝选择在她的厨房打坐，身在她的家人和日常工作之间，而没有躲到房子的顶楼去，远离了一切，可能她就会少浪费点时间。

净香：在我们看出答案以前，总是会在自己认为答案会在的地方寻找，我们也总是会一直做着同样的事情，直到我们不再做为止。这不是好，也不是坏，事情就是如此。我们必须磨尽自己的各种幻觉。假如我们对自己说："开启那扇门的方法就是多和孩子们相处。"这就变成另外一个萦绕于心的想法了。无论如何，这种和自己的孩子相处以便自己开悟的做法大概也不会让我们变成更好的父母吧。

学生：难道修行不是为了要开阔自己的心胸吗？难道这不就是桃乐丝试着在做的事情吗？

净香：是的，我们是可以这么形容。而桃乐丝发现了什么呢？

学生：她的心胸永远都是敞开的。

净香：对。我们受不了的父母、伤害过我们的伴侣、惹我们恼火的朋友。若不是我们在心里觉得他们有过错，否则他们哪会有一点错呢？但是在我们看清楚这个道理以前，我们就是看不见它。

学生：假如你讲的这个故事是与客房有关的话，那么桃乐丝根本

八、无奇

就没有想过要邀请客人来。

净香：没错，她根本就没有这么想过。

我们认为自己应该友善些、仁慈些、殷勤些，不过，我们如果只是沉溺于自己的幻觉中，就无法真正去款待别人了。我们也许会做出那些举动来，可是真正的好客表示单纯地做自己。我们要是连自己都无法接受，也就会无法接纳别人。

学生：当我们陷身于自己的个人戏码中，如同桃乐丝一般，就不能真正地让别人亲近；当我们看穿自己的闹剧时，才能更客观地看出别人的需要，才能作出恰当的反应来。

净香：是的。大家都有过这种经验，就是当自己非常生气的时候，会完全看不到别人的困难。我们把整个心思都放在自己的问题上面，再也没有空间给别人了，没有一间空的"客房"。

然而我们不能只是说"我不会再受困扰"，然后用意志力来让它发生。这样做的时候，我们还是在认为自己的生命有个缺陷，认为自己必须把那扇锁住的门打开，看看门后面是什么。

学生：我自己的修行可以说是一连串的失望。我会幻想："这个研讨会一定可以解决一切。"我去参加，虽然它在某些方面有所帮助，我的幻想到了最后还是会破灭。我发现自己很难单纯地去体验自己的失望，去感觉自己易受伤害的敏感部分。我会想办法将它们掩盖起来，并且告诉自己："我只需要更加努力，我只需要去参加另外一个研讨会。"

学生：我觉得自己浪费了很多精力和时间——人生的宝贵时间——抱怨我的父母，抱怨我一生的习惯，这些全都是想要去开那个门锁的努力。

净香：追究过去，说"我应该如何不一样"，是徒劳无功的。在任何一个时候，我们都只能就是我们自己的样子，我们都只能见到我们所能见到的。因此，罪恶感永远是没有意义的。

学生：听来好像我们非得先受一些苦不可，我们先得被钉在十字架上受苦，然后才会降伏。

净香：你说的话，若是减去它的戏剧化成分，倒是真的。我们大家都很顽固，这倒也没有关系。

学生：桃乐丝能够享受人生吗？困扰我的是：一个人得挣扎那么久的时间。

净香：我想桃乐丝即使在勘透自己的人生以前，也是可以偶尔享受它的。我们全都会偶尔享受自己的人生。但是在我们的享乐和满足之下，依旧存在着焦虑，我们依旧在寻找那扇门后面的东西，而我们害怕自己永远找不到它。我们认为："假如我有这样或那样东西的话，就会开心了。"暂时的享乐是除不掉我们暗藏的不安的。没有一条捷径，我们终归需要看出自己是谁，看出那扇门后面的房间里有什么。

学生：对我而言，那个底层的感觉是恐惧，在我做的每一件事情底下，都有这股隐隐的暗流。在大部分的生活里，我对它并没有觉察，不过它确实在那儿，控制着我的人生。

净香：打坐的时候，我们可以把注意力集中在那股隐隐的暗流上面，这表示去留意自己的念头以及自己身体的轻微紧缩。对桃乐丝而言，当她对那扇锁住的门的着迷开始减轻，对整栋房子其他部分的情

八、无奇

况开始留意时,她就是在做打坐时所需要做的事情了。她的期望开始消失。

学生:我们只需要做好眼前的工作就好。

净香:对,处理需要被处理的事情会让我们回归这一当下自己的本质。

关于桃乐丝的故事,大家觉得房子里面那些堆满了废物的房间是什么呢?

学生:是执著不放手的东西。对许多事情的想法和回忆。

净香:是回忆、幻想、希望。

学生:好像我们每次有什么工作需要立即做好的时候,反而会把心思放在自己的恐惧、焦虑或别的东西——那扇锁住的门——上面,而忘记去专注手边的工作了。其实,那个恐惧(或其他东西)是无关紧要的,我们有个工作得做,而不管自己是害怕不害怕,都只需要去做。我自己也会和人生抗争,因为我没有去做那些该做的事情,却反而去和自己心底的恐惧战斗——想要打开那扇锁住之门。

净香:没错。而非常矛盾的是:想要打开锁住之门的唯一方法就是忘记那扇门。

经常会有学生对我抱怨,当他们打坐的时候,总是会有什么东西干扰他们的觉察:"我变得脑袋空空的。""我变得很紧张,坐都坐不住。"在这些抱怨底下,是一种想法,认为要能有效地打坐,我们就必须消除一切不愉快的东西;认为那扇锁住之门必须打开,我们才能触及门后面的好东西。

如果我们脑袋空空,我们就是脑袋空空;如果我们很紧张,我们就是很紧张，它是我们在这一当下生命的真相。一个好的打坐就是单纯地体验这些：体验脑袋空空或是紧张不安。

大家经常会尽一切努力想要消除自己苦恼的感觉："我神经太紧张了，我需要参加一个禅修会，好让自己放松点。"于是我们就去参加了一个禅修会，放松了些——可是能维持多久呢？想要解除自己的紧张就好像是看着那扇锁住之门，想要找出开启之法一样。假如我们把心神全放在想要打开那扇门上面，也许可以找到暂时打开它的技巧。然而，我们会发现自己马上又回到自己的生活当中，跟原先没有什么两样，照旧是住在同一栋房子里。我们需要做的是过着自己的日子——打扫房间、照顾孩子、上班、买菜，以这些来代替对那扇门的着迷。

学生：我刚才在和一个朋友说过去的一年，我们两个过得是多么辛苦。我们在二三十岁的时候，都抱着一个事情会逐渐好转的希望，如今我们两人都已经四十多岁了，终于无奈地发觉我们的希望并不会实现，我们的生活并不会好转！

净香：很矛盾的是：这个痛苦的对迷梦的觉醒却会帮助我们感激眼前的人生。只有当我们放弃一切都被安排妥善的希望时，才终于会觉察到它们本来就已经很好了。

学生：我最近刚刚有过类似的认知。多年来，我一直告诉自己：当我存够了钱，可以办退休的时候，我的生活就一定会好转，我会有更多的时间做志愿工作，更多的时间看书，更多的时间打坐，等等。如今，我开始明白自己需要做的事情其实就是把上班时候的工作做好而已。假如我正在忙着把一件工作完成，却有人进来干扰了我，在那一瞬间，那就是我需要处理的事情。我需要做的就是正在做的事情。

八、无奇

净香：在我们讨论结束的时候，让我们问问自己："我是怎样在想要打开那扇门，而不是在纯然地过自己的日子呢？"我们全都在想要打开那扇门，想要找到开门的钥匙或方法；我们全都在寻求那位完美的老师、那个完美的伴侣和那份完美的工作。能够留意到自己在想要打开那扇门这点是非常有用的，它能够帮助我们看出自己的生命本质是什么。

荒漠飘泊

飘泊于荒漠中，寻找上帝应允的人间天堂——这就是我们的人生。禅修的训练会加深这种飘泊的印象，让我们觉得迷惘、气馁和失望。我们也许读过很多描述那个人间天堂是多么美丽的书，书中描述若能对佛性有所觉察、若能获得开悟等就会如何如何，然而我们发现自己依旧是在飘泊之中。我们唯一能够做的就是成为飘泊本身；成为飘泊本身意味着体验禅修的每一刹那，不论那个刹那是什么。当我们历经干旱和口渴而活下来的时候，可能会发现一件事情：飘泊于荒漠中"就是"上帝应允的那个人间天堂。

要理解这件事情是非常困难的。我们身受痛苦折磨，我们想要自己的痛苦停止，我们想要到达一个痛苦不存在的人间天堂。

作家史蒂芬·拉维（Stephen Levine）在为那些临死或有严重精神疾病的人工作时观察到：当我们深深地进入自己的痛苦以至于能够看出这个痛苦不仅是"自己"的痛苦，也是"所有人"的痛苦时，真正的痊愈就会发生。发现自己的痛苦并非自己专属会极度地令人感到激励，而修行能帮助我们看出整个宇宙都在痛苦中。

对于人际关系，我们也可以有相同的说法。我们通常认为人际关系有个时间性：它们有个开始，持续一段时间，然后就结束了。然而我们永远活在某个人际关系里，永远和别人有所联系。在一段特定的时间里，一个人际关系可能会以某种特殊的方式显现出来，可是在它显现之前，就已经存在了；它在"结束"之后，也还是会继续存在。我们即使和那些已经逝世的亲人之间，也依然维持着某种关系；过去的朋友、过去的恋人、过去的姻亲都会继续在我们的生活中出现，他们都是我们这个人的一部分。一个人际关系也许需要结束它可见的部分，不过，那个实际的关系是永远不会结束的。我们大家彼此之间并没有真的分开来，大家的生命全是联结的，都只有一个痛苦，都只有一个快乐，它们是我们所有人共有的。我们一旦能够面对自己的痛苦，愿意去体验它，而不去遮掩它、躲避它或是寻求借口的时候，我们对别人以及对自己人生的看法就会发生一种转化。

就如史蒂芬·拉维所说，我们能够承受自己的困境与苦难的每一分钟都是一个小小的胜利。在体验自己的痛苦和烦躁时，我们就把自己和别人、自己和人生的关系开启了。这个过程是非常缓慢的，我们的习惯模式不会在一夜之间就倒转过来。我们在自己想要有的以及宇宙呈现给我们的现实之间不断地挣扎，而禅修时，我们就可以把这个格斗看得更为清楚。我们会看到自己的美梦，看到自己想要把事情想通和追逐偏爱理论的努力，看到自己对于找到一扇可以进入那个人间天堂——一个所有挣扎和苦难都会停止的地方——的门的希望。我们不停地追寻：想要一个理智的人，想要一个理智的关系，想要一个理

八、无奇

智的工作。而这些要求永远都不可能完全实现,因此我们的压力和焦虑会源源不断地随着需求而来,两者是不可分的。

有时,强化自己的焦虑会有所帮助,让它到达一个自己不能忍受的地步,我们就会愿意退后一步,对发生的事情采取另外一种眼光来看;我们也许就不会再不断地思索外界——我们的伴侣、我们的工作等——到底是哪里出了错,而会开始把自己理想的关系转移到和当下的关系上来,学习怎样在一个人际关系中或是一个冗长讨厌的工作上,成为自己。我们会开始看出自己和万物之间的联结,看出我们的痛苦也就是别人的痛苦,别人的痛苦也就是我们的痛苦。比如,一个不觉得自己和病人之间有任何关系的医生,只会把病人看成是一个又一个的问题,病人一走出诊疗室,他就可以把他们忘得干干净净了;而一个觉得自己的不舒服和烦恼也就是病人的不舒服和烦恼的医生,会被这种联结的感觉鼓舞,就可以更为精确和有效地工作了。

我们生活中那些烦琐的事就是我们为了寻找那个人间天堂而在其中飘泊的沙漠,我们的人际关系、工作和其他所有我们不想做的日常琐事都是上天赐予的礼物。我们需要刷牙、需要买菜、需要洗衣、需要收支平衡,所有这些琐事——荒漠飘泊——其实就是上帝之脸;我们的挣扎、逼得我们快要发疯的伴侣、我们不想写的读书报告——就是人间天堂。

我们是一个会对自己人生起念头的专家,却不是一个能够体验自己的生活、自己的痛苦与快乐、自己的失败与胜利的专家。即使我们的开心也夹带着痛苦,因为我们知道自己也许会失去它。

人生十分短暂。我们正在体验的当下一转眼就过去了,永远不再回来，我们永远再也见不到它。我们每过一天，就过了成千上万这样的刹那。我们要怎样过自己所余不多的日子呢？我们要把它们全花在"人生是多么可怕"的念头上吗？像这样的念头甚至不是真实的。我们无从避免这样的念头，但是起码我们可以觉察自己正在想着它们，而不至于沉溺其中。当我们能够和自己的痛苦——念头以及身体的知觉——一同打坐时，痛苦就会转化成宇宙意识，它就会变成快乐了。

史蒂芬·拉维说过：我们生命的重点是去实践我们的因缘，也就是与生命和解。这表示要从我们小我的、分离开来的、受限制的"我要"所产生的痛苦中痊愈，变的坦然与开朗。我们生命的重点就是要成为这种坦然开朗、快乐的本身。而快乐包含了苦难和开心，包含了一切的现实。像这样的痊愈就是我们生命的意义。当我和自己的痛苦和解的时候，甚至连想都不用想，我同时也治愈了你。修行是要发现"我"的痛苦就是"我们"的痛苦。

话说回来，我们是无法终止自己的人际关系的。我们可以离家出走、可以离婚，却不能把一个关系终止。当我们自以为可以结束一个关系之际，所有的人都会痛苦。我们不能结束与自己子女之间的关系，我们甚至不能终止与一个自己不喜欢的人之间的关系。要真正终止一个关系，我们就需要与他人分离开来，而这样做并不是我们的本性，因此我们永远也无法做到。当我们尝试和他人分开来的时候，万物都在痛苦。

如同史蒂芬·拉维所说，我们生下来就是为了要与生命和解，要与自己的痛苦和解，也要与整个世界的痛苦和解。对我们每个人而言，这个痊愈的过程都会不一样，不过，基本的目的却都相同。

八、无奇

我们必须听见这个真理,必须千千万万次地记住它。要从事这个工作,我们就必须和我们社会的潮流反方向而行。我们社会的潮流告诉我们:人不为己,天诛地灭。日常的修行、参加禅修、和禅学中心保持联络,都能帮助我们从事这个工作,这个与自己生命和解的工作,认清自己即使在此刻也已经到达了"应许之地"。

修行即付出

真正的修行跟付出有关。不过,这点很容易被误解,所以我们对它必须特别地小心谨慎。我最近读了一本书,作者是一位人称"和平朝圣者"的妇女。她在三十年中,背着简单的随身衣物,走过两万五千多英里,作为和平的见证。她的书显示出她是真正了解修行的人。她把修行描述得非常简单:我们若是想要快乐,就必须付出、付出、再付出。我们大部分人却只想获得、获得、再获得。作为人类,我们就是会如此。

这位和平朝圣者历经多年艰辛的训练才转化了自己的人生,对她而言,她的训练就是去完全地付出。这句话听来十分美妙——如果我们能够正确地了解它的意思。初学学生通常对禅修会带有以自我为中心的观念:"我要修行,好让自己开悟。""我要修行,好使自己平静。""我要修行,好让自己变成一个整合的人。"但是,修行的重心却是付出、付出、再付出。假如我们把这句话当成一个新的理想来接收,那么我们就还是错了。付出并不是一种念头,我们也不能抱着想要得到回报的期望去付出。我们大多数人都会把付出和以自我为中心的动机搞混,直到我们的修行非常坚固之前,我们就是会这样做。

我们必须问问自己:"付出是什么?"只是这个问题就能让我们忙上好几年。举例而言:我们应不应该不管别人的要求是什么都满足他们呢?有些时候是应该,有些时候是不应该;有些时候我们需要说不行,有些时候我们又需要避开来。

没有一个固定的公式,因此我们就一定会失误——没有关系,我们就去修行自己行为所造成的结果。这个过程是很耗时的,也许经过许多年以后,我们就可以抓住付出的本质了。有个住在日本的禅师,要求新来的学生在跟他作任何探究以前,自己先修行个十年;等十年以后,学生回来,他又要求他们再去打坐个十年。虽然这并不是我个人的教学方式,那位禅师却是蛮有道理的,要发觉自己的生命是什么是需要花很长时间的。

上个礼拜,我接到两个电话,都是要求我给他们有关修行的忠告的。其中一个说她有个朋友获得了一个非常古怪的灵性体验,她需要一本可以把朋友纠正过来的好书。另外一个在半夜一点半钟左右打来电话,告诉我他读了一本有关开悟的绝妙好书,觉得自己的修行似乎没有开悟,因此要求我帮他想出原因来。我告诉他:半夜三更打电话给别人不是一个好主意。他说:"噢,现在已经半夜了?"我回答:"开悟跟觉醒有关,而当你想要觉醒的话,就必须知道现在是几点钟。"他说:"我从来没有这么想过。"

开悟是一种在每个当下都能完全付出的能力。它不是得到什么伟大的体验,这种体验可能会发生,然而它们并不会造就一个开悟的人

八、无奇

生。我们必须问自己："在这一瞬间,付出的意义是什么呢？"比方说：当电话响的时候,我们该怎么付出？当我们做需要体力的工作时——清扫、煮饭、油漆——完全付出的意思又是什么呢？

　　虽然我们无法用思考把自己变成一个能够完全付出的人,我们却可以留心自己是在什么时候没有完全付出。我们会把自我中心的动机隐藏起来,不让别人看见。而修行可以帮助我们觉察自己是多么的自我中心。事实是：在每一瞬间,我们就是我们的样子,我们需要去体验这点,需要知道自己的念头和身体的感觉。我们无法强迫自己变为某一种人,我们要是这么想的话,那就是我们修行中最大的一个陷阱了。但是我们可以留意到自己的懒惰、不宽容、坏心眼以及自己会耍弄的其他把戏。当我们觉察到自己是什么样的人时,一切就会开始慢慢转化——就像我的许多学生一样,看来真是令人惊喜。当这种转化发生的时候,仁慈和付出就会扩展。这些就是我们修行所需要做的。不是去制造一个新的理想："我应该付出,可是我不想在今天下午去探望他。"我们只需采取适当的行动,然后体验在自己身上发生的变化。

　　请大家：付出、付出、再付出,修行、修行、再修行。这就是开悟之路。

责任编辑：王　昕
装帧设计：朱　锷

图书在版编目（CIP）数据

生活在禅中／（美）贝克著；陈丽西译 .—深圳：深圳报业集团出版社，2009.3
书名原文：Nothing Special：Living Zen
ISBN 978-7-80709-250-6

Ⅰ. 生… Ⅱ. ①贝… ②陈… Ⅲ. 禅宗—人生哲学—通俗读物
Ⅳ. B946.5-49

中国版本图书馆 CIP 数据核字（2009）第 023958 号

NOTHING SPECIAL：Living Zen by Charlotte Joko Beck
Copyright © 1993 by Charlotte Joko Beck
Simple Chinese translation copyright © 2009 by Lipin Publishing Company
Published by agreement with HarperSanFrancisco,
an imprint of HarperCollins Publishers
All Rights Reserved

生活在禅中

[美] 夏绿蒂·净香·贝克　著
陈丽西　译

深圳报业集团出版社出版发行
（518009　深圳市深南大道 6008 号）
三河市华晨印务有限公司印制　新华书店经销
2009 年 4 月第 1 版　2015 年 5 月第 2 次印刷
开本：787mm×1092mm　1/16
印张：18.25　字数：196 千字
ISBN 978-7-80709-250-6　定价：32.00 元

深报版图书版权所有，侵权必究。
深报版图书凡是有印装质量问题，请随时向承印厂调换。